国家社科基金
GUOJIA SHEKE JIJIN HOUQI ZIZHU XIANGMU
后期资助项目

殷墟甲骨岁祭研究

李凤英 著

中華書局

图书在版编目（CIP）数据

殷墟甲骨岁祭研究/李凤英著. —北京:中华书局,2024.7. —
ISBN 978-7-101-16694-1

Ⅰ.K892.29

中国国家版本馆 CIP 数据核字第 2024J75Y64 号

书　　名	殷墟甲骨岁祭研究	
著　　者	李凤英	
丛 书 名	国家社科基金后期资助项目	
责任编辑	白爱虎	
责任印制	管　斌	
出版发行	中华书局	
	（北京市丰台区太平桥西里 38 号　100073）	
	http://www.zhbc.com.cn	
	E-mail:zhbc@zhbc.com.cn	
印　　刷	三河市宏盛印务有限公司	
版　　次	2024 年 7 月第 1 版	
	2024 年 7 月第 1 次印刷	
规　　格	开本/710×1000 毫米　1/16	
	印张 19½　插页 2　字数 320 千字	
国际书号	ISBN 978-7-101-16694-1	
定　　价	98.00 元	

国家社科基金后期资助项目出版说明

后期资助项目是国家社科基金设立的一类重要项目，旨在鼓励广大社科研究者潜心治学，支持基础研究多出优秀成果。它是经过严格评审，从接近完成的科研成果中遴选立项的。为扩大后期资助项目的影响，更好地推动学术发展，促进成果转化，全国哲学社会科学工作办公室按照"统一设计、统一标识、统一版式、形成系列"的总体要求，组织出版国家社科基金后期资助项目成果。

全国哲学社会科学工作办公室

目 录

序

拜读李凤英副教授的《殷墟甲骨岁祭研究》一书,令人感叹并由衷钦佩!

首先,该书的选题十分有意义。众所周知,商朝的统治者极端迷信,他们"尊神,率民以事神"(《礼记·表记》)。殷墟甲骨卜辞中的祭祀卜辞表明,商人祭祀神灵的种类(或言祭名)繁多而复杂,国内外甲骨学者先后做过不少研究统计,最新的成果是李立新博士的《甲骨文中所见祭名研究》,据他统计,"商代甲骨文祭名大约有 200 个左右"[①]。不过,到目前为止,学者们除了对晚期卜辞中的"周祭"和"祊祭"做过系统研究,已基本掌握其规律外,对其他祭祀,特别是对各期卜辞中频繁出现的"岁祭"卜辞,却从未见到有全面、系统的整理与研究。学者们对岁祭的探讨,或仅局限于对某一期的岁祭卜辞,或仅对某一版岁祭卜辞,或仅从岁祭卜辞的某个角度做过探索。陈梦家先生曾说:"从岁祭变为周祭,在制度上有根本的变化。"[②]这是指出岁祭的祭祀是有制度性的,而周祭是从岁祭变化而来的,但岁祭与周祭在制度上又有根本的不同。时至今日,因对岁祭缺乏系统性的研究,学者们对陈梦家先生的上述话语仍是似明非明。李凤英副教授选择系统、全面地研究卜辞中的岁祭卜辞,填补了系统研究岁祭的空白,该选题的实施对促进商代祭祀制度的研究是十分有意义的。

该书具有以下特色与优点。

一、汇集资料丰富、翔实、完备。作者花费巨大力气,穷尽收集了殷墟甲骨卜辞中几乎所有的岁祭卜辞,竟多达 1363 例。在如此丰富材料的基础上所做的研究,其成果必定会超越前人,所得的结论必定会令人信服。

二、该书研究岁祭卜辞按时代先后安排章节,脉络清晰,结构严谨。在目前学界对甲骨文断代问题尚存争议的背景下,作者采用董作宾的五期分

[①]李立新:《甲骨文中所见祭名研究》,中国社会科学院研究生院博士学位论文,2003 年。
[②]陈梦家:《殷虚卜辞综述》,北京:中华书局,1988 年,第 450 页。

法结合陈梦家的卜人分组法,对岁祭卜辞进行分期、分组归纳整理,逐次对每一片岁祭卜辞进行详细的考察研究,然后再对比各期、各组岁祭制度的变化和异同,其研究实践证明,董、陈的甲骨文断代理论是科学的,断代方法是正确的。

三、该书对收集到的1363例各期、各组岁祭卜辞按卜辞文例特征进行分类,即首先以前辞形式特征进行分类,如果各类卜辞的命辞形式又有不同的特征,材料又足够多,就再进行细分类。这就厘清了繁杂的岁祭卜辞的构成脉络,其研究必是扎实的,所得结论必是准确的。

四、该书对各期各组岁祭卜辞,从卜辞文例、岁祭对象、祭祀规格,以及岁祭时间、地点、伴祭等方面,均分别进行了详细探讨。得出岁祭是商王及王室贵族对先公、先王、先妣、高祖神、父、母、寻、兄、子、外族神、自然神的一种常祀。各期的岁祭都有较严谨的制度,厘清了岁祭制度的发展与变化情况。提出了不少新的见解,有不少新创获。尤其是对商代的祭祀制度,对卜辞的断代研究都做出了新贡献。试举几例如下:

其一,作者通过对第一期宾组、午组、𠂤组、花东组岁祭卜辞的研究,证明了陈梦家"虽都是武丁时代的,然而也有早晚之不同,𠂤、子两组大约较晚"①的论断是正确的。

其二,作者发现第三期廪辛卜辞的岁祭专门祭祀其父祖庚(父庚),却不见岁祭其他父辈先王;而康丁卜辞的岁祭则是专门岁祭祖庚以外的其他父辈先王,唯独不见岁祭父庚(祖庚)的,表明祖庚很可能是廪辛之生父,父子为旁系;祖甲是康丁之生父,父子为直系。这是个很重要的发现。

其三,作者在第四期卜辞中找到390例岁祭卜辞,其中50例无前辞,131例属残辞,剩余的209例分布在五种类型中,前辞形式分别为:①干支贞;②干支卜;③干支卜+贞;④干支;⑤贞。作者对第四期岁祭卜辞与第二期岁祭卜辞的文例、祭祀对象、祭祀规格等做了对比考察,发现林沄将第四期卜辞"丙午卜,父丁㞢夕岁一牢"(《合集》32448)中的"父丁"认作祖甲之称武丁②是不能成立的。理由如下:第一,第二期岁祭卜辞中没有"干支卜"这一前辞类型;第二,第二期岁祭卜辞没有用"牢"作牺牲的;第三,第

①陈梦家:《殷虚卜辞综述》,北京:中华书局,1988年,第166页。
②这个说法比李学勤认定的"历组"卜辞是武丁晚年至祖庚时期的卜辞又晚了一个王世,即晚到祖甲之世了。可见持"历组"卜辞提前说的意见也不一致。

二期卜辞岁祭父丁常在暮时。也就是说,第四期卜辞《合集》32448的前辞类型、岁祭用牲种类特点、岁祭时间,都与第二期岁祭卜辞不同,因此,该版卜辞只能是第四期卜辞,"父丁"应是武乙称康丁,不能将其提前到第二期祖甲时。这是很有说服力的论证。相信随着卜辞研究的越来越深入,"历组"卜辞不能提前的证据必会越现越多。

其四,作者从历史演变的角度,追踪了第一期至第五期岁祭卜辞文例的演变规律,追踪了第一期至第四期岁祭制度的演变规律(第五期的岁祭卜辞信息很少,大多只是笼统的贞问),得出不同时期的岁祭卜辞的文例都有一定的特征,掌握这些特征,对于辨别岁祭卜辞的时代很有帮助。而掌握不同时期岁祭制度的特点,同样也会对分辨岁祭卜辞的时代有重要意义。如在对先妣的岁祭上,第一期岁祭先妣的比例高于直系先王,第二期两者相同,第三期之后则低于直系先王,到第四期岁祭先妣已不到岁祭直系先王的一半了。再从岁祭父辈先王来看,第一期不重视父辈先王的岁祭,后期就逐渐受重视了,到第四期时就特别重视对父辈先王的岁祭了。再从岁祭母辈来看,第一、第二、第三期岁祭母辈的卜辞占所有祭祀对象的比例分别是7.1%、4.8%、10.8%,但到第四期时就没有母辈受岁祭了。也即将各期岁祭父辈与岁祭母辈的情况进行比较,第一期岁祭母辈远多于父辈,第二、第三期两者相等,第四期则只有对父辈的岁祭。

其五,该书另一个特别值得注意的成果是对外族神伊尹的祭祀。作者发现,在第一、第二期岁祭卜辞中没有见到伊尹被祭祀,伊尹受岁祭首见于第三期康丁卜辞中以及第四期卜辞中。这是证明"历组"卜辞不能提前,不属于第一、第二期卜辞的又一重要证据。

其六,作者总结说:"从岁祭卜辞的角度看,四期卜辞与一、二期卜辞有明显的区别。无论从卜辞文例还是卜辞内容,包括岁祭对象、岁祭规格、岁祭时间、岁祭地点、岁祭之伴祭等,都找不到把四期历组卜辞提前到一期或二期的证据。"这是从岁祭制度上证明"历组"卜辞不能提前到第一至第二期的又一证据。

五、作者在书后附有已发表的《论商代纪年用"岁"的甲骨文证据——与周祭纪年用"祀"比较》一文,该文把岁祭卜辞与周祭卜辞的各种特征作了全面深入的比较后得出,两种祭祀的共同特征是以年为单位循环往复地举行。周祭特征是用"祀"记年,岁祭特征是用"岁"记年,"岁"与"祀"两个词互补地存在于甲骨卜辞中,早期的"岁"被后期的"祀"取代了。

　　总之,该书是一部学术研究性兼资料性的学术著作,它的出版必定会推动对商代祭祀制度的研究,必定会推动甲骨学、甲骨断代学、商代史研究向纵深发展,必定会在学术史上占有重要的地位。

　　　　　　　　　　　　　　　　　　　　　　　　　常玉芝

　　　　　　　　　　　　　　　　　　　　　　2022 年 12 月 29 日

前　言

　　“有关祭祀制度的内容在殷墟甲骨文中占了相当大的比例,作为‘国之大事’之一的祭祀,在当时人们的社会生活与精神生活中都占有相当重要的位置,自然应是甲骨文研究的一项重要课题。但是至今除了对周祭制度的研究已相当深入外,其他诸种祭祀制度的研究仍相当薄弱……例如在卜辞中与周祭卜辞形式相近的岁祭至今尚很少有学者作深入研究。”①有鉴于此,本书拟对收集到的1363例岁祭卜辞进行系统考察,在仔细对比、分析的基础上,尝试勾勒出岁祭制度的面貌,并揭示其特点与历史演变的轨迹。

　　回顾甲骨文岁祭研究的历史,早期的研究多数散见于一些通论性的著作中。1939年唐兰在《天壤阁甲骨文存并考释》一书中认为:“岁当读为刿,割也,谓割牲以祭也。”②这是最早揭示“岁”之内涵的论述。上古汉语动词与名词往往是一体的,“岁”作动词表示割牲与作名词表示岁祭相因。为了系统考察与“岁”有关因素的变化规律,我们暂时把两种意义的“岁”放在一起讨论。一条常见的岁祭卜辞多由前辞和命辞组成,命辞主要由“岁”及其所关涉的岁祭对象与祭品组成,这些都是研究岁祭的核心元素。

　　1956年陈梦家在《殷虚卜辞综述》一书中认为:“从岁祭变为周祭,在制度上有根本的变化。”③首次提出岁祭与周祭的关系。周祭既是从岁祭变来,二者制度上虽有根本的不同,也一定有相因之处。周祭“是商王及王室贵族用翌(日)、祭、壹、劦(日)、彡(日)五种祀典对自上甲以来的先公、先王和自示壬之配妣庚以来的先妣轮番和周而复始地进行的一种祭祀”。④ 系统地研究岁祭卜辞,探讨岁祭制度的特征将有助于更确切地认

---

①朱凤瀚:《近百年来的殷墟甲骨文研究》,《历史研究》,1997年第1期。
②唐兰:《天壤阁甲骨文存并考释》,第31页。转引自宋镇豪、段志洪主编《甲骨文献集成》第2册,成都:四川大学出版社,2001年,第480页。
③陈梦家:《殷虚卜辞综述》,北京:中华书局,1988年,第450页。
④常玉芝:《商代宗教祭祀》,北京:中国社会科学出版社,2010年,第427页。

识两种制度的相因之处与不同所在。①

　　以岁祭为专题撰写的论文始见于1990年日本学者伊藤道治的《论第二期卜辞中所见的秉岁之祭祀》。② 其结论包括:①岁祭卜辞中同时有"宾"、"叔"时,"岁这样的祭祀是主要的行为……宾、叔是附随于岁的行为"。现在一般认为"宾"与"叔"不同,后者是祭名,而前者是一种仪式。③文章率先研究了岁祭卜辞中岁祭与相伴祭名的关系,这种方法最早见于1975年日本学者岛邦男的《殷墟卜辞研究》,书中把同一条卜辞的不同祭名系联成同一个祭群进行研究。与岁祭相伴的祭名除叔祭外还有侑祭、 祭、酒祭等。祭群系联的方法有助于了解岁祭与相伴祭祀的关系。②岁祭与裸、哉祭是两种不同系统的祭祀,辞尾"'亡尤'与'亡祸'则是分别与各自的系统相关联的用语"。这个结论不准确,因为第五期裸祭卜辞中也有"亡尤"作辞尾的,如:

　　（1）贞:王宾裸。亡尤。（《合集》35514）
　　（2）贞:王宾羌甲裸。亡尤。（《合集》35708）

　　甲骨文研究的结论主要来自对材料的归纳,结论的准确性在很大程度上取决于汇聚材料的丰富和完备,故我们在研究岁祭制度时,首要的是尽最大努力将岁祭卜辞尽可能收集齐全。

　　2005年,李学勤发表《论清华所藏的一版历组岁祭卜辞》一文,④把清华藏的一版岁祭卜辞与同类岁祭卜辞比较后得出结论。①"它们都是一种特殊的岁祭卜辞,有同样的文例和字体风格,显然属于一个很短的时期。综观这些材料,知道当时曾逐日举行先王的岁祭,每次祭祀都设定在和所祭先王的日名相同的日干进行,然而并不拘泥先王在世系上的先后。"②"羌甲的祀品特别多,超过其兄祖辛,只能说是对他特加尊崇……这里讨论的岁祭卜辞,不仅祭祀羌甲,还祭及羌甲之子南庚,甚至小辛,对于世代较近的先王,显然是偏重了。"文章讨论的材料仅限于一版岁祭卜辞,但在研究方法上启示我们:①相同文例的岁祭卜辞往往体现特定的岁祭意旨;

①详细讨论见附录《论商代纪年用"岁"的甲骨文证据——与周祭纪年用"祀"比较》。
②[日]伊藤道治:《论第二期卜辞中所见的秉岁之祭祀》,《中原文物》,1990年第3期。
③详见本书第二章"王宾卜辞"下。
④李学勤:《论清华所藏的一版历组岁祭卜辞》,《出土文献研究》第七辑,上海:上海古籍出版社,2005年,第5页。

②岁祭日名与先王日干名的关系是岁祭制度的一部分;③岁祭对象的不同类别以及同一类中不同岁祭对象之间祭祀用品的种类、数量的差别体现了不同的岁祭制度。有鉴于此,我们对同一文例岁祭卜辞中的岁祭对象及其岁祭规格进行分析,并从比较中揭示相应的岁祭制度。与岁祭日名关联的岁祭占卜日名与先王日干名的关系作为岁祭时间的一部分进行讨论。

2007年台湾学者魏慈德发表《花东甲骨卜辞的祭祀现象》一文,讨论了花东岁祭卜辞的前辞部分,认为前辞作"干支卜"与"干卜"的,代表两种不同性质的祭祀。"前者是有固定日期固定受祭者的祭祀,后者则否。而从干卜类的受祭对象来看,推测当时对妣庚的祭祀必定非常频繁,以致这类卜辞以祭祀妣庚为主,或者也是因为基于频繁且没有规律可循的关系,因此可以省略确切的干支日期。"①实际上,花东岁祭卜辞较魏慈德所说的更为复杂。首先,"干支卜"一类主要岁祭对象也包括妣庚;其次,"干卜"类主要岁祭对象除妣庚外,还有祖乙、祖甲;再次,花东岁祭卜辞的前辞类型除上述两种类型外还有"干支"与"干"两类,而"干"一类才是专门岁祭妣庚的。虽然这篇文章的结论值得进一步拓展,但在研究方法上启示我们:区分不同的前辞类型是很重要的。有鉴于此,在分析岁祭卜辞文例时,我们首先根据前辞类型分类,然后再根据命辞形式的不同特征进行细分类。

以上论文都对岁祭卜辞作了比较深入的研究,只是材料仅限于局部,首次较全面地讨论岁祭卜辞的是2007年连劭名的《商代岁祭考》②一文。文章揭示出岁祭时占卜用牲的种类、数量、性别、颜色,还发现"王宾"卜辞有不同的类型,为进一步研究岁祭提供了扎实的基础,不足之处是没有把岁祭用牲与岁祭对象结合起来作比较研究,也没有把"王宾"卜辞与同期的其他类型卜辞作对照研究。因此,岁祭卜辞还有进一步深入探讨的空间。

2014年齐航福在《殷墟甲骨文中句式使用的组类差异考察——以"岁"字句为例》③一文中认为,"岁"字句的句式在不同组类的卜辞之间存

①魏慈德:《花东甲骨卜辞的祭祀现象》,《南方文物》,2007年第2期。
②连劭名:《商代岁祭考》,《考古学报》,2007年第2期。
③齐航福:《殷墟甲骨文中句式使用的组类差异考察——以"岁"字句为例》,《中国语文》,2014年第2期。

在较为明显的差异。句式内容涉及“岁”字句的双宾语及受事主语等。从语法角度分析的宾语、受事主语，其语义内容即包括岁祭对象与岁祭用牲，这一研究有益于深入理解岁祭卜辞。

2019年方稚松在《甲骨文用牲法词语连用之句子结构及语义关系——兼谈“蚊”的释读》①一文中辨析了卜辞中的祭祀方式与用牲法的不同。文章认为“岁卯”中的“岁”是祭祀方式，“卯”是具体用牲法动词，“卯”是处置“岁”所用祭牲的手段，“岁”是卯牲的目的。文章同时还讨论了与“卯”类似的“蚊”。这一研究有助于分辨岁祭与岁祭用牲法的不同。

在排比、研究材料时，我们发现不同时期的岁祭卜辞各有特点，如五期卜辞很少有受祭对象和祭品信息，王宾卜辞又大多出现在二期，故本书首先将岁祭卜辞作了分期归纳。目前，在甲骨文分期研究上，学界有持董作宾十项断代标准的五期分法和持李学勤的“历组”卜辞提前说两种意见。前者得到考古学地层材料的印证，更有说服力。常玉芝在《殷墟甲骨断代标准评议》一书中明确指出：“董作宾、陈梦家的甲骨断代学说尽管有需要补充、修正、完善之处，但其断代理论是科学的、适用的，他们提出的断代标准和断代方法至今仍然具有强大的生命力。”②常玉芝先生这一观点提出后至今尚未见到有说服力的反驳。有鉴于此，我们采用董作宾五期分法并结合陈梦家的卜人分组法，把岁祭卜辞分成了五期分别研究。

借鉴上述研究成果形成了本书岁祭研究的总体思路。首先，对每期岁祭卜辞进行分组、分类梳理。第一期分宾组、午组、𠂤组、花东组四组，第二期分祖庚、祖甲两类，第三期分廪辛、康丁两类，第四期暂时无法作相应的分类，第五期很少有岁祭对象和祭品信息，也只作整体考察。其次，对每一组、类岁祭卜辞依前辞的不同分出小类，同一前辞类下面再根据具体材料的特点作细分类。例如二期“干支卜+某贞”类下，根据命辞之首有无“王宾”、“翌日干支”分成三类；三期、四期的“干支卜”类和四期“干支贞”类下根据命辞中岁祭有无伴祭各自分成两类。虽然这些分类的“特点”并非某一期所独有，例如第二期命辞句首的“王宾”或“翌日干支”在第一、三、四、五期中也有，但只在第二期大量存在；又如有、无伴祭的岁祭卜辞在一

①方稚松：《甲骨文用牲法词语连用之句子结构及语义关系——兼谈“蚊”的释读》，《文史》，2019年第4辑。
②常玉芝：《殷墟甲骨断代标准评议》，北京：中国社会科学出版社，2020年，第326—327页。

至四期中都有,但只有在第三、四期大量存在。这样细分的结果就使一至四期彼此之间的框架不能平行对应,但考察发现,各小类的岁祭制度有明显的特点,例如三期康丁卜辞"干支卜"前辞类中分出有伴祭类与无伴祭类,有伴祭类岁祭的最高规格用人牲,无伴祭类无用人牲的。前者的整体规格要高于后者;有伴祭类用小宰较多,用牛只有一例。无伴祭类用牛较多,用小宰的只有两例。彼此的用牲类别有显著差异;有伴祭类岁祭规格最高的是大乙,无伴祭类岁祭规格最高的是祖乙。前者重祭远祖,后者重祭近祖;有伴祭类岁祭父甲无用牲记录,无伴祭类岁祭父甲的用牲规格仅次于祖乙,即同一受祭对象在两类中的岁祭规格明显不同。由以上一系列的对立现象可见,这种进一步细分类是有意义的。

在每一小类下分别研究岁祭卜辞的文例、岁祭对象与岁祭规格。之所以不把岁祭对象与岁祭规格合在一起,主要是因为二者的内容并非严整对应,如有的岁祭对象不见有岁祭用牲的记载。

为了避免重复,对每一岁祭对象只在书中首次出现时作介绍;在比较岁祭等级时,以每位岁祭对象用牲的最大数量计,如祖甲时期用宰岁祭大戊、父丁,既有用三宰的,也有用二宰的,则用三宰来确定其岁祭规格;一条岁祭卜辞的命辞中常有的信息是岁祭对象、岁祭用品,而时间、地点、伴祭等信息则偶或有之,所以把后三者放在本书第七章集中论述。在统计每一前辞类的卜辞例数时,以没有异议的辞例为准。

书中所用卜辞及拓片材料来自《甲骨文合集》《甲骨文合集补编》《小屯南地甲骨》《殷墟花园庄东地甲骨》《东洋文库所藏甲骨文字》《天理大学附属天理参考馆藏品:甲骨文字》《怀特氏等收藏甲骨文集》《苏德美日所见甲骨集》《英国所藏甲骨集》等。在注明甲骨卜辞出处时,用简称表示。其中《合集》指《甲骨文合集》;《合补》指《甲骨文合集补编》;《屯南》指《小屯南地甲骨》;《花东》指《殷墟花园庄东地甲骨》;《东洋》指《东洋文库所藏甲骨文字》;《天理》指《天理大学附属天理参考馆藏品:甲骨文字》;《怀特》指《怀特氏等收藏甲骨文集》;《苏德》指《苏德美日所见甲骨集》;《英藏》指《英国所藏甲骨集》。书中所用《合集》卜辞的释文以郭沫若主编,胡厚宣任总编辑的《甲骨文合集释文》(简称《合集释文》)为典范并校以拓片、姚孝遂主编的《殷墟甲骨刻辞摹释总集》(简称《摹释总集》)、曹锦炎和沈建华编著的《甲骨文校释总集》(简称《校释总集》);《屯南》《英藏》《东洋》《怀特》卜辞释文以《摹释总集》释文为主,校以拓片、《校释总集》;《合补》《花东》《天理》《苏德》卜辞释文采用《校释总集》,校以拓片。书中所引用甲骨卜辞的释文采用宽式,如读为"在"的"才",直接写作"在",有些没有定论的字,尽量隶定或暂用一家之说。释文中□表示缺一字,[　]表示此字是我们据文例添加的。

因本人的学识、能力有限,书中一定还有很多不足之处,借此机会就教于大方,幸莫大焉。

第一章　一期岁祭卜辞的文例、岁祭对象与规格

一期岁祭卜辞见于宾组卜辞、午组卜辞、自组卜辞与子组卜辞。子组岁祭卜辞主要见于花东卜辞，花东以外的子组岁祭卜辞仅找到如下两例：

（1）……岁妣又……（《合集》21839）

（2）隹岁兄。（《合集》22013）

这两条卜辞的前辞都已残去，由残存的命辞可见，岁祭对象是"妣""兄"，具体指哪些妣、兄则不得而知，也看不到任何岁祭用品信息。因此，下文讨论的子组岁祭卜辞仅限于花东岁祭卜辞。

第一节　宾组卜辞

宾组岁祭卜辞共找到53例，除2例无前辞和9例辞残外，其余42例分布在五种前辞类型中：一、干支卜+某贞；二、干支卜+贞；三、干支卜；四、干支；五、贞。下面逐一进行分析。

一、干支卜+某贞

这一前辞类的卜辞有19例，约占总数的45.2%，是宾组岁祭卜辞中占比最高的一种类型。

（一）文例

此类卜辞的前辞完整，命辞的形式是"岁+祖妣"，即受祭对象在"岁"之后。辞例如：

（1）庚子卜，争贞：咎其酚于祖辛，罒虫￥岁上甲。（《合集》1654）

（2）［癸］丑卜，囗贞：岁延于羌甲。（《合补》112）

（3）壬子卜，宾贞：其酚￥岁㠱丁，九月。（《合集》15695正）

（4）［丙］申卜，㞷贞：翌丁酉宙丁气岁。用。三月。（《合集》15464）

例(2)由《合集》1802与《明义士收藏甲骨文集》(简称《安明》)12缀合而成,岁祭延续至"羌甲"。例(1)的受祭对象"上甲"、例(2)的"羌甲"、例(3)的"丁"都分别在"岁"之后。例(4)卜辞中的"丁"在"岁"之前,似是例外。甲骨文"宙"、"重"是异体字,[1]通常隶定为"惠",在卜辞中"均用为语词"。[2] 当"惠"表示某个宾语是句子的焦点时,"惠"和这个宾语一定要放在动词之前。[3] 甲骨文中的"气"有三项意义,一为乞求;二为至;三为终。[4] 在例(4)的语境下,"气"应取第三义。卜辞通过贞问需要确定的是,终止岁祭的对象是丁而不是别的祖妣。"丁"是句子的焦点,与"惠"一起提到了动词"岁"之前。换言之,如果不被强调,"丁"还是会在"岁"之后的。

有一条卜辞:

(5)乙丑卜,宾贞:唐𝄆岁不我𪊨。亡来艰。(《合集》1306)

"唐"在"𝄆岁"之前,是上述文例的例外。

(二)岁祭对象

卜辞岁祭对象有祖先神(先公、先王、先妣、高祖、父、母、帚、兄、子)、外族神、自然神[5]。此类卜辞岁祭的对象仅见祖先神之先公、先王。

1. 先公

岁祭的先公是上甲,辞例如:

(6)庚子卜,争贞:酚其酌于祖辛,罡屮𝄆岁上甲。(《合集》1654)

上甲是王亥之子,是所有祭祀对象中第一个以天干为号的先公。《山海经·大荒东经注》引《竹书纪年》曰:"殷王子亥宾于有易而淫焉,有易之君绵臣杀而放之,是故殷主甲微假师于河伯以伐有易,灭之,遂杀其君绵臣也。"[6] 上甲假师灭了有易氏族,为父报仇,在商王朝历史上厥功甚伟,赢得后世的敬重,例(6)岁祭上甲是其见证。"屮为武丁时卜辞中最常见之祭名……

①于省吾主编:《甲骨文字诂林》,北京:中华书局,1999年,第2979页。
②于省吾主编:《甲骨文字诂林》,北京:中华书局,1999年,第3000页。
③沈培:《殷墟甲骨卜辞语序研究》,台北:台湾文津出版社,1992年,第30页。转引自宋镇豪、段志洪主编《甲骨文献集成》第17册,成都:四川大学出版社,2001年,第455页。
④于省吾主编:《甲骨文字诂林》,北京:中华书局,1999年,第3374—3375页。
⑤还有一例岁祭天象的,并入自然神中。
⑥[清]郝懿行:《山海经笺疏·第十四·大荒东经》,成都:巴蜀书社,1985年,第6页。

推之或当为侑之借字。"①"彳"也指祭名。② 岁祭有侑祭、彳祭相伴常见于很隆重的场合。③

2. 先王

岁祭的先王有：大乙、羌甲、祖丁，辞例如：

(7) 癸酉卜，宾贞：陟岁于唐。(《合集》1292)④

"陟"为祭名，⑤"唐"在卜辞中又称"大乙"、"成"，文献作"汤"、"成汤"。《孟子·滕文公下》："(汤)十一征而无敌于天下。"晋皇甫谧《帝王世纪》："(成汤)凡二十七征，而德施于诸侯。"宋代类书《太平御览》卷八十三引古本《竹书纪年》云："汤有七名而九征。"汤一生有过多少次征战，后世各家说法不一，但"汤灭夏桀，推翻了夏王朝，建立了商王朝，'汤'是商朝立国后的第一王。由于汤对建立商王朝立下了汗马功劳，所以后世商人对他极为尊崇，这表现在付与他多种称呼和对他举行频繁而又隆重的祭祀"。⑥ 除第五期卜辞很少记录岁祭对象外，大乙的岁祭遍见于一至四期，而且岁祭等级都很高，也印证了这一结论。

(8)〔癸〕丑卜，□贞：岁延于羌甲。
(《合补》112)(图1-1)

这条卜辞是由《合集》1802与《安明》12缀合而成，拓片的左下角残泐不清。可见信息表明，这是一条属于此类文例的卜辞，所祭对象为羌甲。羌甲是祖辛之弟，为旁系先王。"商人对羌甲的祭祀，在旁系先王中是比较隆重的……这可能是因为羌甲有子

图1-1　岁祭羌甲
(《合补》112)

---

① 胡厚宣：《厦门大学所藏甲骨文字释文》，《甲骨学商史论丛初集》(下)，台北：台湾大通书局，1972年，第703页。转引自宋镇豪、段志洪主编《甲骨文献集成》第21册，成都：四川大学出版社，2001年，第371页。

② 中国社会科学院考古研究所编：《小屯南地甲骨》(下册·第一分册)，北京：中华书局，1983年，第835页。

③ 讨论详见本书第七章第三节。

④ "唐"字缺刻画。

⑤ 于省吾主编：《甲骨文字诂林》，北京：中华书局，1999年，第1255页。

⑥ 常玉芝：《商代宗教祭祀》，北京：中国社会科学出版社，2010年，第227页。

南庚即位为王的缘故吧。"①羌甲的岁祭也遍见于一至四期。

（9）壬子卜，宾贞：其酻岁靳丁，九月。（《合集》15695 正）

一期卜辞岁祭的"丁"指哪位，学界有不同的意见。先看下面两条卜辞：

（10）庚辰卜，贞：衣岁乍醿，自祖乙至于丁，十二月。（《合集》377）

（11）癸卯卜，宾贞：告王奇于丁。（《合集》1956）

例（10）合祭"祖乙至于丁"的先王。岁祭卜辞用"自……"结构的辞例还有如：

（12）……王……自祖乙至于父乙，九月。（《合集》1651）（一期）

（13）……自祖乙至于父乙，九月。（《合集》14869）（一期）

（14）乙酉卜，行贞：王宾岁自祖乙至于父丁。亡尤。（《合集》22899）（二期）

（15）……自祖乙、祖辛、毓祖乙、父丁。亡尤。（《合集》22943）（二期）

（16）壬辰卜，牢自祖乙至父丁。（《合集》32031）（四期）

（17）庚午贞：王其告自祖乙、毓祖乙、父丁。（《屯南》2366）（四期）

（18）甲寅贞：自祖乙至毓。（《合集》32113）（四期）

例（12）（13）为一期卜辞，"自祖乙至于父乙"的"父乙"指武丁之父小乙。例（14）（15）为二期卜辞，例（14）"自祖乙至于父丁"的"父丁"指祖庚、祖甲之父武丁。例（15）的"自祖乙"后是祖辛、毓祖乙（武丁之父小乙）、父丁（武丁）。例（16）—（18）为四期卜辞，例（16）"自祖乙至父丁"的"父丁"指武乙之父"康丁"。例（17）"自祖乙、毓祖乙、父丁"的"毓祖乙"指小乙，"父丁"指康丁。例（18）"自祖乙至毓"指自祖乙至武乙、文丁的近世祖先。可见，这种结构类型中祭祀对象的排列顺序都是由前至后的。

例（10）的"丁"在"祖乙"之后。依照商代先王世次，祖乙之后的丁名

---

① 常玉芝：《商代宗教祭祀》，北京：中国社会科学出版社，2010 年，第 299 页。

王有可能是祖丁,也有可能是武丁。例(11)的"肯"在卜辞中与"骼"通用无别①。隶定作"孽","在卜辞中含有凶咎之意"。②这条卜辞是为王身处的灾咎告祭于丁,"王"应指时王武丁,所以"丁"不会是指武丁,而只有可能是祖丁了。查宾组卜辞会发现,"丁"出现的同版卜辞中从无"祖丁","祖丁"出现的同版卜辞中也从无"丁"。换言之,二者的分布是互补的,也可见"丁"应指祖丁。"第一期卜辞记于大甲之后,或与大父(第一期的大父即小乙)并称的'丁'皆为'祖丁'。"③一期岁祭卜辞中的"丁"指祖丁也与此结论相印证。"武丁时岁祭祖丁颇习见,当时实行丁日祭祖丁。"④那么,例(9)是于九月的壬子日卜问,第六天丁巳日(干支日省略未记)岁祭祖丁的事宜。

以上岁祭对象有商王朝历史上最重要的祖先上甲、大乙,有武丁的曾祖父羌甲、祖父祖丁,都是武丁最敬重的人物,用的是前辞最完整的卜辞。

此类文例还有合祭先公先王的,辞例如:

(19)□□卜,宾[贞:]□甲申……[出]彡岁[自上甲]至于多毓……酚,十三月。(《合集》14856)⑤

(20)辛巳卜,争贞:翌甲申其出彡岁自上甲𐀏……十三月。(《合集》1158)

"卜辞中作为祭祀对象的'毓',指世次居后的,也就是跟时王的血缘关系比较密切的某些先王。"⑥一期卜辞中,与武丁血缘关系比较密切的应即上面所祭的祖父祖丁、曾祖父羌甲。岁祭"自上甲至多毓"的祖先,其范围是最广的,也可能祭到其父小乙;十三月是闰年的最后一个月;岁祭有侑祭、彡祭相伴是很隆重的祭祀,这条卜辞记载的是年终十三月一次岁祭对

---

①于省吾主编:《甲骨文字诂林》,北京:中华书局,1999年,第2481页。

②中国社会科学院考古研究所编:《小屯南地甲骨》(下册·第一分册),北京:中华书局,1983年,第995页。

③[日]岛邦男著:《禘祀》,赵诚译,张政烺、陈应年校,《古文字研究》第1辑,北京:中华书局,1979年,第402页。

④刘桓:《甲骨集史》,北京:中华书局,2008年,第70页。

⑤卜辞"至于"上残缺,此处根据第一期卜辞"多毓"前多是"自上甲"补。参见《合集》10111、14852、14853、14854。

⑥裘锡圭:《论殷墟卜辞"多毓"之"毓"》,《中国商文化国际学术讨论会论文集》,中国大百科全书出版社,1998年。转引自宋镇豪、段志洪主编《甲骨文献集成》第21册,成都:四川大学出版社,2001年,第160页。

象最多而又隆重的祭祀。

（三）岁祭用品类别与规格

此类文例有岁祭用品记录的见于以下的卜辞：

（21）庚戌卜，宾贞：翌辛亥用兊岁。（《合集》15826）

（22）丙午卜，□贞：翌丁未□用匀岁［其］□［牛］。（《合集》12643）

（23）□午卜，□贞：岁……豭。（《合集》15480）

例（21）的"兊"为"奚"之异构，"商代'奚'为方国名，其人经常为殷人所俘获，多数均用为祭祀的牺牲"。① 这条卜辞是卜问以来自奚的俘虏为人牲进行岁祭。例（22）的"匀"在卜辞"为人名及方国名"。② 卜辞结构与例（21）同，都没有岁祭对象，都是在前一天卜问第二天的岁祭事宜，也应是以来自匀的俘虏为人牲进行岁祭，不同的只是人牲之外还加有牛牲。例（23）是用牡豕岁祭。这些命辞中都不见岁祭对象，所以无法判定岁祭规格。

二、干支卜+贞

这一前辞类的卜辞有 6 例，约占总数的 14.3%。

（一）文例

此类卜辞的前辞中没有贞人名，命辞的形式是"岁+于+祖妣"，即受祭对象在"岁"之后，并通过"于"与"岁"连接，辞例如：

（24）丙申卜，贞：翌丁酉用，子央岁于丁。（《合集》3018）

（25）庚辰卜，贞：衣ĵ岁乍醿，自祖乙至于丁，十二月。（《合集》377）

例（24）的"丁"在"岁"之后，并通过"于"与"岁"连接。例（25）是合祭，所祭对象是"自祖乙至于丁"的所有先王，在"岁"之后。

（二）岁祭对象

此类卜辞的岁祭对象有先王、父、母。岁祭先王的如例（24），是岁祭

---

① 于省吾主编：《甲骨文字诂林》，北京：中华书局，1999 年，第 3189 页。
② 于省吾主编：《甲骨文字诂林》，北京：中华书局，1999 年，第 1885 页。

祖丁的,祖丁在上一类"干支卜+某贞"中已有祭祀。岁祭父、母的辞例如:

(26)丙寅卜,[贞:来]丁亥子美□见氏岁于□[示]于丁于母庚于父□。(《合集》3101)

卜辞中的"氏"《校释总集》作"以","甲骨文'氏'、'以'同字,'以'即'氏'之简省"。① 氏岁"犹言升岁告岁矣"。② 命辞有残缺,从仅存信息可见岁祭的对象有祖丁、母庚及父某。上一类中没有对父、母的岁祭。祖丁与父、母都是武丁的近亲。

例(25)是一条合祭卜辞,合祭范围始自祖乙终至于祖丁。"《史记·殷本纪》说:'帝祖乙立,殷复兴。'殷墟甲骨卜辞记录,殷人对中丁之子祖乙给予隆重的祭祀,并且付与他多种称呼。"③自祖乙至于祖丁的先王有祖乙、祖辛、羌甲、祖丁,属于起自祖乙的近世先王。与例(25)同版的卜辞是:"庚辰卜,贞:侑于岳三羌三小牢卯三牛。"可见,这是于年终十二月庚辰日同时举行的侑祭自然神、彳祭、岁祭自祖乙至祖丁的祖先神的大合祭。"卜辞'卯'为用牲之法者,多施之于牛、羊。"④"因卯之字形取义,盖言对剖也。"⑤相较可见,侑祭自然神时用祭牲而岁祭近世先王时不用牲。

(三)岁祭用品类别与规格

此类文例中有岁祭用品记录的见于以下卜辞中:

(27)丙[申]卜,贞:𢽟尊岁羌三十,卯三宰,箙一牛,于宗。用。六月。(《合集》320)

(28)丙午卜,贞:𢽟尊岁羌十,卯□宰。于章。用。八月。(《合集》340)

例(27)的"箙","通假作䩨,为用牲之法……《说文》篆文作'副',训

---

① 于省吾主编:《甲骨文字诂林》,北京:中华书局,1999 年,第 63 页。
② 于省吾:《双剑誃殷契骈枝·释氏》,1940 年,第 59—60 页。转引自宋镇豪、段志洪主编《甲骨文献集成》第 8 册,成都:四川大学出版社,2001 年,第 231—232 页。
③ 常玉芝:《商代宗教祭祀》,北京:中国社会科学出版社,2010 年,第 263 页。
④ 于省吾主编:《甲骨文字诂林》,北京:中华书局,1999 年,第 3441 页。
⑤ 郭沫若:《卜辞通纂》,郭沫若著作编辑出版委员会编:《郭沫若全集·考古编》第二卷,北京:科学出版社,1983 年,第 246 页。

为'判'"。① 是于六月的丙申日占卜贞问,辈用三十个羌俘在宗庙中举行
岁祭,同时以卯的方法处置三宰,以簸的方法处置一牛。"卯"是把祭牲对
剖的方法,"簸"是把祭牲判离的方法,字面上很接近,但在卜辞中二者处
置的对象有很大差异。"卯"处置的对象很多,辞例如:

　　(29)卯三羌二牛。(《合集》32093,四期)

　　(30)丙寅贞:王其□珏,乙亥燎四宰,卯三大牢。(《合集》34657,
四期)

　　(31)……贞:翌丁未酚燎于丁十小宰,卯十奴牛,八月。(《合集》
39,一期)

　　(32)乙巳卜,贞:束于大甲亦于丁羌三十,卯十宰。用。(《合集》
295,一期)

　　(33)贞:出于父甲犬□卯羊。(《合集》1330,一期)

　　(34)丙寅卜,又伐于司䄚三十羌,卯三十豕。(《合集》32050,四期)

　　在以上的辞例中,分别以卯的方法处置羌、牢、牛、宰、羊、豕。"簸"处
置的对象如:

　　(35)□卯,出于母辛三宰,簸一牛羌十。(《英藏》1972,一期)

　　(36)……酚大[事]于丁……簸一牛,十月。(《合集》1973,一期)

　　(37)□□[卜],贞:……🔲三牢……簸一牛。(《合集》15823,一期)

　　(38)[壬]午卜,大贞:翌癸未出于小🔲三宰,簸一牛。(《合集》
23719,二期)

　　(39)□子卜……酚🔲……簸一牛。(《英藏》2180,二期)

　　(40)簸牛,其用大乙。(《合集》27123,三期)

　　常见的是处置一牛,只有例(35)处置一牛又十羌。"卯"的祭牲种类
远多于"簸",又与"簸"共见于同一条卜辞中,都证明二者是不同的。例
(28)中的"辈"为地名。② 是在辈地举行的岁祭。"商代祭主礼,大致分内
祭和外祭。""内祭通常行于先王先妣的宗庙或专门的祭祀场,外祭行于四

---

①于省吾主编:《甲骨文字诂林》,北京:中华书局,1999 年,第 2558 页。
②于省吾主编:《甲骨文字诂林》,北京:中华书局,1999 年,第 1940 页。

外。"①岁祭的场所既有内祭也有外祭。在收集到的1363条岁祭卜辞中，有地名标记的仅有62条，可见，岁祭在外地举行并非常态。例(27)(28)两例辞尾的"用"为"兹用"之省，"犹言'用此卜'，'从此卜'，'按照此卜而施行'也"。②这两例的共同点有：①"岁"前都有"尊"修饰，尊"乃奉承之义"③；②都没有具体的岁祭对象；③都用羌俘，都以卯的用牲法用宰；"'宰'为经过专门饲养而用作祭牲之羊"④；④都附记月名，而且都于丙日占卜。"殷历的六月、七月、八月正是夏历的十月、十一月、十二月。"⑤

三、干支卜

这一前辞类的卜辞仅找到2例，约占总数的4.8%。

(一)文例

此类卜辞的前辞只有"干支卜"，命辞的形式是"屮彡岁+祖妣"，即岁祭有屮祭、彡祭相伴，受祭对象在"岁"之后。辞例如：

(41)[壬]戌卜，王屮彡岁祖丁。(《合集》1849)(图1-2)

这条卜辞《合集释文》："[壬]□戌卜，王屮彡岁祖丁。"《摹释总集》的释文为："[壬]戌卜，王屮彡岁祖丁。"细审拓片，"壬"与"戌"二字之间没有文字，应取《摹释总集》的释文。岁祭有侑祭、彡祭相伴，受祭对象"祖丁"在"岁"之后。

图1-2　岁祭祖丁
(《合集》1849)

有一例卜辞：

(42)……卜，屮彡岁母庚。(《合集》7780反)(图1-3)

---

① 宋镇豪：《夏商风俗》，上海：上海文艺出版社，2018年，第670—671页。
② 胡厚宣：《释㚔用丝御》，《"中央研究院"历史语言研究所集刊》第8本第4分，1939年。转引自宋镇豪、段志洪主编《甲骨文献集成》第18册，成都：四川大学出版社，2001年，第3页。
③ 于省吾主编：《甲骨文字诂林》，北京：中华书局，1999年，第2693页。
④ 徐中舒：《甲骨文字典》，成都：四川辞书出版社，1989年，第82—83页。
⑤ 常玉芝：《殷商历法研究》，长春：吉林文史出版社，1998年，第414页。

这条卜辞《合集释文》:"□□屮♦母庚。"《摹释总集》的释文为:"……卜,屮♦岁母庚。"细审拓片,"母"上确有"岁"字,"屮"上一字从现有字形判断有可能是"卜"字或"贞"字,但如果是"贞"字,则字的宽度与"屮"及下文字体不一致,应以释为"卜"字为妥。如此,则例(42)与例(41)应是同类卜辞。岁祭有侑祭、♦祭相伴,受祭对象"母庚"在"岁"之后。

图 1-3　岁祭母庚
(《合集》7780 反)

(二)岁祭对象

此类卜辞岁祭的对象有两个,分别是见于例(41)、(42)的祖丁、母庚。祖丁在第一类"干支卜+某贞"、第二类"干支卜+贞"中都有祭;母庚在第二类中有祭,母庚应是小乙之配妣庚。两例的岁祭都有屮祭与♦祭相伴,是一种隆重的祭祀类型。例(41)又有武丁亲自参与,可见武丁对祖丁与母庚的敬重。

(三)岁祭用品类别与规格

此类文例中有岁祭用品的卜辞仅见一例:

(43)□□卜,宗戌……[于]丁岁……十五牢。(《合集》1966)(图 1-4)

因这类卜辞的受祭对象均是放在"岁"之后的,故例(43)"[于]丁岁"之"丁"即使与"岁"语义关联也不是记录岁祭对象的。"丁"应是指天干日丁日,是指在丁日举行祭祀;"十五牢"是岁祭用牲,"牛经过特殊饲养之后,别称为'牢'"。[①]岁祭用十五牢,即十五头特殊饲养过的牛。

图 1-4　岁祭用牲
(《合集》1966)

因这类卜辞不见对应于某一祖妣的用牲信息,故无法判断用牲规格。

四、干支

这一前辞类的卜辞有 8 例,约占总数的 19%。

---

① 姚孝遂:《牢宰考辨》,《古文字研究》第 9 辑。北京:中华书局,1984 年,第 34 页。

（一）文例

此类卜辞的前辞只有"干支"，命辞形式是"屮刂岁+祖妣"，即岁祭有屮祭、刂祭相伴，受祭对象在"岁"之后。辞例如：

（44）庚午，屮刂岁母［庚］。（《合集》2566）

（45）乙未，屮刂岁祖乙。（《合集》1575）

（46）丁巳，屮刂岁……（《合集》3912 反）

（47）庚辰，子邟屮刂［岁］……（《合集》14938）

例（44）、（45）的受祭对象"母庚"、"祖乙"分别在"岁"之后。例（46）命辞有残缺，与例（44）、（45）对照，所残之处应是所祭祖妣的名称。例（47）命辞在"岁"之后亦残去，与例（44）—（46）不同的是在命辞之首有"子邟"。一期卜辞中的子某往往是施祭者，辞例如：

（48）丁丑卜，贞：子雍其钔王于丁妻二妣己，𣂁羊三，用羌十。（《合集》331）

（49）贞：翌乙未乎子渔屮于父乙宰。（《合集》130 正）

（50）贞：翌丁未子吕其屮于丁三羌，□宰……（《合集》381）

例（48）的"钔"字"在卜辞多为祭名，相当于《说文》之'御'。祀也"。[1]"御王"即为王举行抵御灾疾的祭祀，"王"是"御"的原因宾语，"丁妻二妣己"是"御"的对象，"子雍"是主语，是施御祭者。例（49）是乎子渔用一宰屮祭于父乙，"卜辞及青铜器铭文均以乎为呼召之意"。[2]"乎子渔"即召唤子渔，子渔作为兼语同时又是施侑祭者。例（50）中的"丁"是屮祭的对象，子吕是施侑祭者。例（47）中的"子邟"应与例（48）—（50）三例中的子雍、子渔、子吕一样，也是施祭者。子某行岁祭的还见于下面的卜辞：

（51）丙寅卜，宾贞：勿蕭用。子雍岁，九月。（《合补》464）

（52）……卯子祝□岁……（《合集》19849）（图 1-5）

（53）子𤔲岁于……（《合集》3121）（图 1-6）

---

①于省吾主编：《甲骨文字诂林》，北京：中华书局，1999 年，第 406 页。

②于省吾主编：《甲骨文字诂林》，北京：中华书局，1999 年，第 3414 页。

图 1-5　子祝岁祭
(《合集》19849)

图 1-6　子🐚岁祭
(《合集》3121)

例(51)是宾组第一类"干支卜+某贞"的卜辞,子雍施岁祭;例(52)是一条𠂤组的残辞,子祝施岁祭;例(53)是一条宾组卜辞,无法确定其前辞,《合集释文》:"子🐚岁于……"《摹释总集》释为:"……岁于子🐚。"如此则"子🐚"成了岁祭对象,其实,如上举各例的"子某"一样,"子🐚"也应是施祭者,应从《合集释文》。

(二)岁祭对象

此类卜辞岁祭的对象只有先王、父、母。

1. 先王

岁祭的先王有:大乙、外丙、祖乙、南庚,辞例如:

(54)□卯,屮𡿪岁成。(《合集》1343)

(55)[丙]戌,屮𡿪岁卜丙。(《英藏》1196)

(56)乙未,屮𡿪岁祖乙。(《合集》1575)

(57)庚寅,屮𡿪岁南庚。(《合集》2009)

例(54)岁祭大乙称"成",大乙在第一类"干支卜+某贞"中也有祭。例(55)岁祭外丙,外丙是大丁之弟,大甲之叔。"商代王位实行的是嫡长子继承制。"①大丁之后,王位应由其子大甲继承,外丙所以能继位"纯粹是由'伊尹放太甲'的特殊历史事件造成的"。②大甲在文献中称"太甲"。外丙的岁祭首见于此。例(56)岁祭祖乙,对祖乙的单独岁祭首见于此。例(57)岁祭南庚,"南庚是羌甲之子,祖丁崩后,按商代王位继承法,应由祖

---

①常玉芝:《商代宗教祭祀》,北京:中国社会科学出版社,2010年,第252页。
②常玉芝:《商代宗教祭祀》,北京:中国社会科学出版社,2010年,第252页。

丁之子继位为王,但羌甲之子南庚却登上了王位"。① 单独岁祭南庚也首见
于此。"干支"类除例(54)的前辞有残缺外,其余卜辞中的天干日与祖妣日干
名都一致。可见,例(54)岁祭大乙也应在乙日,"卯"前所残之字应为"乙"。

2. 父

岁祭的父是小乙,辞例如:

(58)甲申,屮彳岁入［乙］……(《合集》
14939)(图 1-7)

3. 母

岁祭的母是母庚,辞例如:

(59)庚寅,屮彳岁母庚。(《英藏》112 反)

例(58)《合集释文》:"甲申,屮彳岁……"《摹释
总集》的释文为:"甲申,屮彳岁入［乙］……"细审拓
片,"岁"字下确有"入"字,应取《摹释总集》的释文。
"入"下有残字,应是"入乙"之"乙",因为岁祭对象中

图 1-7　岁祭入乙
(《合集》14939)

包含"入"字的只有"入乙"。卜辞内乙之"内"字作"入","内乙"即"小
乙",武丁之父。② 父乙是宗名,内乙是庙名。岁祭小乙此处属首见。三期
有一例卜辞:

(60)丁未卜,何贞:钔于小乙疐妣庚,其家飨。(《合集》27456 正)③

小乙之配有妣庚,此处的"母庚"正是武丁称其母。第二类"干支卜+
贞"中也有对母庚的岁祭。

这类岁祭卜辞中未见岁祭用品。所祭对象除直系先王大乙、祖乙、小
乙外,也有旁系先王外丙、南庚,这是前面三类"干支卜+某贞"、"干支卜+
贞"、"干支卜"中没有的。

五、贞

这一前辞类的卜辞有 7 例,约占总数的 16.7%。

①常玉芝:《商代宗教祭祀》,北京:中国社会科学出版社,2010 年,第 307 页。
②陈梦家:《殷虚卜辞综述》,北京:中华书局,1988 年,第 417 页。
③《校释总集》的释文"家"作"宾"。

(一)文例

此类卜辞的前辞只有"贞",命辞都是"彳岁酉",即岁祭有彳祭、酒祭相伴,而且都附记月名"十三月"。辞例如:

(61)贞:彳岁酉,十三月。(《英藏》2109)

"甲骨文酒从西从彡,写作酉,西为酒器,即上述酿酒容器大口尊之形,彡表示酒液。酒液在殷人看来不是水,从水的酒乃后起字。"[1]"武丁卜辞多有'十三月'的记载。"[2]与这类卜辞同版的卜辞中往往有祭祀对象与祭品信息,辞例如:

(62)贞:元示五牛,蠹示三牛。

贞:彳岁酉,十三月。(《合集》
14354)(图1-8)

体味文义,第二条卜辞为祭名而贞问,第一条卜辞为祭祀对象及用牲而贞问,两条卜辞的语义前后相因。第二条卜辞应是省略了"元示五牛,蠹示三牛"。诚如是,则受祭对象"元示"、"蠹示"在"岁"之前,祭品"五牛"、"三牛"分别在受祭对象之后,其命辞顺序是"祖妣+祭品+彳岁酉"。

图1-8　岁祭元示、它示
(《合集》14354)

(二)岁祭对象

此类卜辞只见合祭。例(62)《摹释总集》的释文为:"贞:彳……岁酉……十三月。贞:元示五牛,它示三牛。"《校释总集》的释文为:"贞:彳岁酉。十三月。贞:元示五牛,它示三牛。"把"蠹示"释为"它示"已成为学界的共识。例(62)岁祭的对象是"元示"与"它示"。类似的卜辞还有:

(63)贞:元示五牛,二示三牛。

贞:彳岁日酉,十三月。(《合集》14822)(图1-9)

第一条卜辞在《摹释总集》里的释文为:"贞:元示三牛,二示三牛。"但细审拓片,"元示"后面的"三"似与"五"叠合在一起,不知是误写"三"改

①宋镇豪:《夏商风俗》,上海:上海文艺出版社,2018年,第201页。
②陈梦家:《殷虚卜辞综述》,北京:中华书局,1988年,第220页。

作"五",还是相反。

卜辞中还有辞例:

(64)辛巳[卜],[贞]:出自上甲元示三牛,二示二牛,十三月。

贞:元示五牛,二示三牛。(《合补》4138)

这是由《合集》的1159、14825、14863缀合而成的一版卜辞,元示与二示的岁祭规格在两条卜辞中都有区别,二示的规格都低于元示。可见,例(63)的释文应以《合集释文》为是。学者又把上举的《合集》14354、14822与《合集》14824缀合成如下一版:

(65)辛巳卜……元示……十三月。

贞:元示五牛,二示三牛。

……

贞:ϟ岁彰,十三月。

贞:元示五牛,它示三牛,十三月。(《合补》4139)(图1-10)①

图1-9　岁祭元示、二示　　　　　图1-10　岁祭元示、二示

（《合集》14822)　　　　　　　　（《合补》4139)

《合补》在释源自《合集》14822的卜辞时,直接把元示的祭品释为"五牛",把"五"字下的"三"视为误刻,应是合理的。

在这版缀合的甲骨上,既有元示与二示的对应,也有元示与它示的对应。元示在两种情况下都用五牛,二示与它示都用三牛。二示与它示的关

────────

①细审拓片,最后两条卜辞间只有一个"十三月",与第一条卜辞比较,"十三月"应是属于最后一条卜辞的。

系如何呢？

张政烺先生认为，"它示"即"过去甲骨学家所称'旁系先王'"，"元示和二示对言，犹大示和它示对言，前者指直系先王，后者指旁系先王"。[①]如此，则二示与它示所指相同，但蔡哲茂认为它示不同于二示。[②]曹定云进一步认为："'元示'、'二示'是按世次先后将商代先公先王分为两大祭祀群。"[③]由例(65)看，如果缀合没问题，"二示"与"它示"就同见于一版，应该是有区别的。

以上卜辞是对武丁之前所有先王的合祭。

还有两条卜辞：

(66)……贞：来辛亥子昌其[氐]羌眔岁机……于妣……（《合集》269)（图1-11)

(67)贞：勿隻，丁眀岁。（《合集》15475)（图1-12)

图 1-11　岁祭妣某

（《合集》269)

图 1-12　丁眀岁

（《合集》15475)

例(66)《合集释文》：

……贞：来辛亥子昌其……

……[氐]羌眔岁机……

①张政烺：《释它示——论卜辞中没有蚕神》，《古文字研究》第1辑，北京：中华书局，1979年，第66—67页。

②蔡哲茂：《殷卜辞"伊尹䁊示"考——兼论它示》，《"中央研究院"历史语言研究所集刊》第58本第4分，1987年。转引自宋镇豪、段志洪主编《甲骨文献集成》第21册，成都：四川大学出版社，2001年，第19页。

③曹定云：《论"上甲廿示"及其相关问题——兼论卜辞中的"元示"与"二示"》，《文物》，1990年第5期。转引自宋镇豪、段志洪主编《甲骨文献集成》第21册，成都：四川大学出版社，2001年，第81页。

……于姚……

《摹释总集》的释文为:"贞:来辛亥子昌其以羌眔岁枳……于姚……"视其为一条卜辞。从拓片看,如果是三条独立的卜辞,与第一条辞的"贞"相应的第二条辞的同一高度也应该是相关的前辞信息,而这一版的同一部位是命辞中的内容。可见,命辞应以《摹释总集》的释文为宜。如此,则命辞的文例与上文第二类"干支卜+贞"下的例(26)相类。

《合集释文》"贞"前有残,不属于这一类。如果残去的只有"干支卜",则前辞与例(26)的前辞"丙寅卜,[贞]:"相同,则这条卜辞应归入第二类,是岁祭姚某的。只是因辞残,无以知其具体所指。不过也不能排除"贞"前还有贞人名字的可能,谨慎起见还应存疑于此。

与例(67)同版的上下卜辞都已残缺。"丁"在卜辞中可以指时间,也可以指"祖丁"或地名,此处的"丁"应指什么呢? 宾组有卜辞如:

(68)[王]固曰:易日。其明雨,不其夕□小。(《合集》6037)

(69)乙未卜,王翌丁酉酻伐,易日。丁明雈,大食……(《合集》13450)

(70)丙申卜,翌丁酉酻伐,攸。丁明雈,大食日攸。一月。(《合集》40341)

(71)丙申卜,翌丁酉酻伐,攸。日明雈,大食日攸。一月。(《英藏》1101)

(72)□□[卜],贞:翌□酻隻,丁岁。一月。(《合集》102)

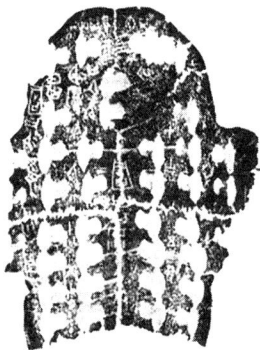

图1-13　王占曰:其雨。
(《合集》6037反)

例(68)的"明"与"夕"相对,是一个时间概念。"明"指"早晨日出天明之时"。[1] "'易日'与'启'意义相同,所以也是指天晴。"[2]与例(68)同版,在龟甲反面的卜辞还有"王占曰:其雨"(见图1-13)。所以,此处"易日"后的"其明雨"也应属于占辞部分。从现有信息可见,是商王视兆后推测:会天晴,天明时应该会下雨。例(69)—(71)三例与例(68)一样,都是卜问天象的,例(69)的"伐","为用牲之法,即斩人首以祭祀神祖,引申之

―――――――――
①常玉芝:《殷商历法研究》,长春:吉林文史出版社,1998年,第154页。
②常玉芝:《殷商历法研究》,长春:吉林文史出版社,1998年,第12页。

为祭名"。① 此处应是与"酚"并列用为祭名。"大食"后有残缺,但也应是与例(70)、(71)同部位类似的信息。卜辞中有"大食"、"食日","是一个时辰的两个称呼……在日出之后至日中之间"。② 此处的"大食日"与"明"相对,也是指时间的,应是与"大食"、"食日"并列的一种称呼。"大食"、"食日"应分别是"大食日"的省称。例(69)"大食"后残掉的无论有没有"日",都是指日出之后至日中之间这个时间段的。卜辞于乙未日卜问:商王于两天后的丁酉日举行酒祭伐祭。占辞推测,会天晴。丁日天明时大雾,至大食日会怎么样。例(70)、(71)的命辞、占辞内容与例(69)相似,例(71)在与例(70)的"丁明"相对应的部位用的是"日明",可见,"丁"是指前面的"丁酉"日的。《校释总集》释例(72)的"翌"后残字作"丁",其后的"丁明"承上文的"翌□"而言,与上面例句的语境相似,"丁明"也应是指某一个天干为丁的天明之时的。例(67)命辞的语境与例(72)相似,只是"隻"与"勿隻"的区别而已。可见,其中的"丁"也指时间而非岁祭对象祖丁或地名。

　　有一例卜辞:

　　　　(73)贞:人岁㱾于丁,九月。(《合集》1073)

　　从形式看,前辞似属于此类,但命辞文例与这一类不同。与其同版的还有一条残辞,"……争……上甲……",其中的"争"显然是一期卜辞的贞人名,如果例(73)的前辞亦承上而省,则不属于此类,而应该属于第一类"干支卜+某贞"类,其文例也与第一类的例(3)"壬子卜,宾贞:其酚�岁姊丁。九月"相近,遗憾的是辞残无法证明,只能存疑待考。"㱾","在卜辞为用牲之法,与《庄子》'苌弘胣'之'胣'同义"。③《庄子·胠箧》:"昔者龙逢斩,比干剖,苌弘胣。"陆德明《经典释文》:"胣,裂也……一云,刳肠曰胣。"即指裂腹刳肠。岁祭祖丁以㱾的方式处置人牲,这是宾组卜辞少有见到的对单个岁祭对象用牲的辞例。

　　(三)岁祭用品类别与规格

　　上面分析的辞例中,用五头牛岁祭元示,三头牛岁祭它示、二示,对前者的用牲规格高于后者。

---

①于省吾主编:《甲骨文字诂林》,北京:中华书局,1999年,第2344页。
②常玉芝:《殷商历法研究》,长春:吉林文史出版社,1998年,第136页。
③于省吾主编:《甲骨文字诂林》,北京:中华书局,1999年,第1802页。

六、小结

宾组岁祭卜辞有五种前辞类型:干支卜+某贞、干支卜+贞、干支卜、干支、贞。各类之间的前辞有别,但命辞的顺序大都是受祭对象位于"岁"之后。有一版卜辞:

（74）[乙]卯卜,争贞:羌囚凡㞢疾,五月。

乙卯卜,[争贞]:……帚……岁……

（《合集》13876）（图1-14）

第二条卜辞残缺过甚,《合集释文》:"乙卯……"《摹释总集》的释文为:"……岁……帚……"细审拓片确有"帚"字,"帚"在岁之后,依照此类的文例,"帚"有可能是岁祭的对象,

图1-14　帚岁祭
（《合集》13876）

四期卜辞也确有岁祭帚夸的,但同版相连的上一条卜辞的文例是从右到左的,所以第二条卜辞应释为:"乙卯卜,[争贞]:……帚……岁……"如果"帚"与"岁"有关,依照此类的文例,帚不是岁祭的对象。正如下面的卜辞:

（75）乙亥卜,宾贞:王嫔岁。亡壱。（《合集》14369）

"嫔"与"宾"是异体字。[1]"王嫔"与本书第二章的"王宾"同,写作"嫔"应是与贞人"宾"区别。"王"是岁祭时的施侯者,"帚"也是岁祭的参与者。商代祭祀主要是男性贵族的活动,女性祭祀活动不属基本祀典,不占主要地位。已出嫁女子在夫家的祭祀常常是由其夫即男性家长支配的,祭祀的主要对象,一是夫家上一代近亲,即其夫的父、母,也即妇之姑、舅;二是其他有地位的女性先人。后者可能主要体现在商王室与其近亲家族中,而女性祭祀其姑尤为其夫及本人所重视。祭祀的主要目的似仅在于为其个人祓除不祥,为其本身之生育、疾病等问题乞求免灾与保佑。[2] 岁祭

---

① 于省吾主编:《甲骨文字诂林》,北京:中华书局,1999年,第2023页。

② 朱凤瀚:《论商周女性祭祀》,《中国社会历史评论》第1卷,1999年。转引自宋镇豪、段志洪主编《甲骨文献集成》第21册,成都:四川大学出版社,2001年,第178页。

是一种没有目的的常祀,①例(74)的帚如果是施岁祭者,岁祭的对象也应是她的姑、舅,或是其他有地位的女性先人。

下面将宾组各类岁祭卜辞中的受祭对象归纳成表1。

类别 受祭对象		①干支卜 +某贞	②干支卜 +贞	③干支卜	④干支
先公	上甲	+			
先王	大乙	+（唐）			+（成）
	外丙				+
	祖乙				+
	羌甲	+			
	祖丁	+（丁）	+（丁）	+	
	南庚				+
父	小乙				+（入乙）
母	母庚		+	+	+

注:表中"+"表示某类中所有的岁祭对象。前辞为"贞"的一类卜辞都是合祭,只有一例残辞岁祭"妣某",无法确指,因此该类不列于表中。

由表1可见,宾组卜辞岁祭的对象有先公、先王与父、母。岁祭最多的是先王,有六位。其中直系先王有三位:大乙、祖乙、祖丁;旁系先王有三位:外丙、羌甲、南庚。直系先王与旁系先王的数量相等。从横向看,各岁祭对象出现频率的高低顺序是:祖丁、母庚>大乙>上甲、外丙、祖乙、羌甲、南庚、小乙。祖丁与母庚是宾组岁祭最频繁的对象。从纵向看,第一种"干支卜+某贞"类的前辞完整,所祭对象有商王朝历史上最重要的祖先上甲、大乙,还有自己的祖父祖丁及曾祖父羌甲,规范的形式与重要的内容相表里。第二种"干支卜+贞"、第三种"干支卜"两种类型所祭对象都只有祖丁、母庚,不同在于第三种类型的岁祭有侑祭、刊祭相伴,更为隆重。不仅以第二类卜辞特祭祖丁、母庚,而且再加第三类隆重的形式,可见,祖丁、母庚是宾组最受重视的岁祭对象。第四种"干支"类的岁祭对象范围很广,除大乙、祖乙外,还有自己的父、母小乙、母庚,两位旁系先王外丙与南庚,是一种最常用的岁祭类型。总之,宾组卜辞的每一种前辞类型都相应记录着

①详见本书第七章第三节。

特定的岁祭对象,应是为特定目的而安排的特定岁祭。

大乙在第一类"干支卜+某贞"这一前辞最完备的岁祭类型中受祭,也在最常用的第四类"干支"中受祭,可见,武丁对大乙的态度是既严肃又亲近的。第一类的岁祭场合称大乙为"唐",第四类中称大乙为"成",当是庙号之外两个不同称谓的区别之处。上甲只在第一类中出现,武丁对上甲更多的是敬重,而亲近不及大乙。"母庚是小乙的法定配偶。"[1]一期卜辞受祭的母还有母丙、母丁、母戊、母己、母壬、母癸,[2]岁祭只祭母庚,而且与祖丁一起受重祭,足见母庚在众母中地位之尊崇。有一例无法确定前辞的卜辞:

(76)宙母岁先。(《合集》2596)

宾组岁祭卜辞只见母庚,此"母"应是"母庚"的简称。安排岁祭时强调先行母的岁祭,也同样可见其重要的地位。武丁的父亲小乙虽然被称作"入乙",以示亲近,但只在最普遍的第四类"干支"中受祭,其地位无法与其配偶母庚相比。可见,宾组岁祭中母亲的地位高于父亲。除以上岁祭对象外,还有岁祭大甲的,辞例如:

(77)甲寅 …… 岁大甲 …… (《合集》15474)(图 1-15)

图 1-15 岁祭大甲
(《合集》15474)

这条卜辞《合集释文》:"甲寅 …… 岁十学 …… 甲 ……""岁十学"不符合这类的文例。《摹释总集》的释文为:"甲寅 …… 岁大甲 ……"则是这类岁祭卜辞中常见的表述体例,应从《摹释总集》的释文。如是,则例(77)是岁祭大甲的。

宾组卜辞岁祭用品有人牲、牛、宰、豕,除上文所见外,还见于以下的残辞中:

(78)庚辰卜,□[贞:]来丁亥□帝出枫岁羌三十,卯十[牛],十二月。(《合集》319)

(79)□寅卜,[贞:]……岁其……牡。(《合集》15481)

(80)□戌卜,……彳岁……羌……夕出……上甲。(《合集》420)

①陈梦家:《殷虚卜辞综述》,北京:中华书局,1988 年,第 157 页。
②陈梦家:《殷虚卜辞综述》,北京:中华书局,1988 年,第 157 页。

（图1-16）

从仅有的信息可见，例（78）岁祭用品有
三十个羌俘，还有十头牛。在十二月岁祭，应
是年终的大祭。例（79）是用牡牛岁祭，结合
例（23）以牡豕岁祭可见，宾组岁祭已注重用
牲的牝牡。例（80）在《摹释总集》的释文为：
"……戌卜，……╎岁……羌……月。"《校释总
集》同《合集释文》。细审拓片，"上甲"从位置
上看在"丙午"的上面，但与"丙午"所在的卜

图 1-16　中祭上甲
（《合集》420）

辞无涉；从语义上分析，"上甲"有可能是╎祭的对象，应以《合集释文》更
为合理。例（80）有可能是用羌俘岁祭或伴祭。

宾组岁祭除例（73）用人牲于祖丁外，大都没有岁祭对象与岁祭用品
同见于一条卜辞的，无法更详细地判断各岁祭对象之间的祭祀等级。

第五种"贞"类是于闰年的最后一个月举行的有╎祭与酒祭相伴的岁
祭大合祭。

第二节　午组卜辞

午组岁祭卜辞共找到37例，除1例无前辞和4例辞残外，其余32例
分布在三种前辞类型中：一、干支卜；二、干支贞；三、干支。下面逐一进行
分析。

一、干支卜

这一前辞类的卜辞共有26例，约占总数的81.3%，是午组岁祭卜辞中
的主要类型。

（一）文例

此类卜辞的前辞为"干支卜"，命辞形式是"（╎）岁+于+祖妣+（祭
品）"，即岁祭多有侑祭相伴，受祭对象在"岁"之后，并通过"于"同"岁"连
接，有的卜辞有祭品信息，祭品信息在受祭对象之后。辞例如：

（1）乙酉卜，╎岁于下乙。（《合集》22088）

（2）壬申卜，坐岁于祖癸羊一。（《屯南》2771）

（3）□子卜，坐岁于子庚。（《合集》22079乙）

例（1）—（3）的岁祭都有侑祭相伴，受祭对象"下乙"、"祖癸"、"子庚"都在"岁"之后，并通过"于"与之连接。例（2）还有祭品信息"羊一"在受祭对象"祖癸"之后。有一条卜辞：

（4）癸巳卜，甲午岁于入乙牛一，七月。（《合集》22098）（图1-17）

与例（4）同版的两条卜辞：

丁亥卜，坐岁于妣戊卢豕乙妻。

丁亥卜，又岁于二示父丙眔戊。

图1-17　岁祭入乙
（《合集》22098）

这两条辞的文例与例（1）—（3）同，例（4）与之相比，不同的是命辞之首有干支日，辞尾附记月名，而且岁祭无侑祭相伴。相同的是受祭对象在"岁"之后，并通过"于"与"岁"连接。祭品信息在受祭对象名之后。此类中岁祭无侑祭相伴的辞例还有：

（5）丙辰卜，岁于祖己、内己牛。（《合集》22055）

（6）己丑卜，岁父丁、戊乩。（《合集》22073）（图1-18）

以上两例的共同之处在于都是合祭两位先王的。例（6）"岁"后无介词"于"，与其同版的卜辞有：

乙酉卜，钔新于父戊白骸。

乙酉卜，[钔]新于[父]戊。

乙酉卜，钔新于妣辛白卢豕。

己丑卜，钔于庚二十少牢，己丑余矢骸羊。

图1-18　岁祭父丁、父戊
（《合集》22073）

除例（6）外都是御祭卜辞，御祭与祭祀对象之间都有"于"连接，例（6）无"于"，似为区别不同类的祭祀。"岁"与受祭对象之间无"于"连接的辞例还有：

（7）乙卯卜，业岁父己。（《合集》22075）（图1-19）

例（7）卜辞刻在后右甲的边缘处，后左甲的对
应部位有两条卜辞：

业岁于兄己。

业岁于武。

这两条辞应是承例（7）省略了前辞，命辞形式
都是"业岁+于+祖妣"，可见，例（7）也应是"业岁
于父己"。依照这两例中"于"字的写法细审拓片，
"父"字上似有"于"字竖画末端的残痕。诚如是，
则例（7）的命辞体例也应与这类其他卜辞同。还
有一例：

图1-19　岁祭父己
（《合集》22075）

（8）戊子卜，业\岁于父戊\。用。今戊。（《合集》22046）

与例（1）—（3）相比，岁祭有侑祭相伴的同时又有\祭相伴。相同的是
受祭对象在"岁"之后，并通过"于"连接，岁祭用品"\"在受祭对象之后。

此类卜辞的前辞为"干支卜"，主要命辞形式为"业岁+于+祖妣"；宾组
卜辞的第三种"干支卜"类的命辞形式为"业\岁+祖妣"。二者的前辞类型
相同，命辞的区别在于：①宾组卜辞与岁祭相伴的除侑祭外还有\祭，而这
类只有例（8）一例有\祭相伴；②宾组卜辞"岁"与祖妣名之间无"于"连接，
而这类大都有。例（8）是此类中唯一同时有侑祭、\祭相伴的辞例，与宾组
第三类不同的正是"岁"与受祭对象之间有"于"连接。

（二）岁祭对象

卜辞岁祭对象有祖先神（先公、先王、先妣、高祖、父、母、帚、兄、子）、
外族神、自然神。此类的岁祭对象仅见祖先神之先王、先妣、父、兄及子，另
外还有天象。天象的岁祭独见于此。

1. 先王

岁祭的先王有天庚、祖己、内己、下乙、入乙、南庚（祖庚）、祖戊、祖癸、
武，辞例如：

（9）己亥卜，业岁于天庚子用卢豕。（《合集》22077）

此例岁祭天庚,日本学者前川捷三认为,天庚"是仅见于午组卜辞的称谓"。①

（10）丙辰卜,岁于祖己、内己牛。（《合集》22055）

祖己是午组独有的,②内己亦午组特有的称谓。③

（11）乙酉卜,屮岁于下乙。（《合集》22088）（图1-20）

这条卜辞原著录于《殷虚文字乙编》4549,由2254、6687、7379 三片拼合而成,原甲骨现藏台湾"中央研究院"历史语言研究所。同类的卜辞还见于《合集》22044。午组的"下乙"就是宾组的"下乙","下乙"指祖乙,④"上乙可能指的是大乙"。⑤"下乙"与"上乙"相对而言。与例（11）同版的上

图1-20　岁祭下乙
（《合集》22088）

一条卜辞是:"乙酉卜,屮岁于入乙。""'入'字古通'内'",⑥"入乙"即"内乙"。"内乙与下乙（祖乙）并卜,所以他不是祖乙。"⑦有一版岁祭入乙的卜辞:

（12）丁亥卜,屮岁于妣戊卢豕乙妻。

癸巳卜,甲午岁于入乙牛一,七月。（《合集》22098）

第一条卜辞中"乙妻"的"乙"应是蒙下文而省,指"入乙"。如果妣戊是指小乙之妻,那午组卜辞中不应该称作妣,而应该称"母戊"才合理。可见,入乙也不应是宾组卜辞中指称小乙的"入乙"。入乙是午组卜辞独有的,究竟指哪一位先王还有待继续研究。

---

① [日]前川捷三著:《关于午组卜辞的考察》,范毓周译,《古文字研究》第8 辑,北京:中华书局,1983 年,第196 页。
② 陈梦家:《殷虚卜辞综述》,北京:中华书局,1988 年,第164 页。
③ 刘一曼:《重论午组卜辞》,《甲骨文与殷商史》新二辑,上海:上海古籍出版社,1986 年,第198 页。
④ 胡厚宣:《卜辞下乙说》,《甲骨学商史论丛初集》（下）,台北:台湾大通书局,1972 年,第405 页。转引自宋镇豪、段志洪主编《甲骨文献集成》第21 册,成都:四川大学出版社,2001 年,第296 页。
⑤ 陈梦家:《殷虚卜辞综述》,北京:中华书局,1988 年,第164 页。
⑥ 裘锡圭:《关于殷墟卜辞的命辞是否问句的考察》,《中国语文》,1988 年第1 期。转引自宋镇豪、段志洪主编《甲骨文献集成》第18 册,成都:四川大学出版社,2001 年,第432 页。
⑦ 陈梦家:《殷虚卜辞综述》,北京:中华书局,1988 年,第417 页。

（13）庚子卜，业岁于庚祖。（《合集》22079甲）

　　"午组卜辞中的祖先称谓，有时也偶见倒称，如《合集》22079，称祖庚为'庚祖'。"①午组卜辞中的"祖庚"同宾组卜辞中的"祖庚"，②"第一期卜辞中的祖庚应是指南庚"。③　例（13）是岁祭南庚的。

　　（14）癸巳卜，业岁于祖戊牢三。（《合集》22074）

　　武丁卜辞的兄戊，在祖庚、祖甲卜辞称父戊，在廪辛、康丁卜辞称祖戊。午组卜辞的祖戊显然不是后期卜辞所称的祖戊。此处的"祖戊"也不是宾组卜辞的"祖戊"，④是午组卜辞特有的称谓。

　　（15）壬申卜，业岁于祖癸羊一。（《屯南》2771）
　　（16）业岁于武。（《合集》22075）

　　例（15）岁祭的祖癸"为午组的特有称谓"。⑤　与例（16）同版的一条卜辞为："乙卯卜，业岁父己。"例（16）承上而省略了前辞，也属于此类，岁祭的武也是午组所独有的。⑥

　　2. 先妣
　　岁祭的先妣有妣戊、妣癸，辞例如：

　　（17）丁亥卜，业岁于妣戊卢豕乙妻。（《合集》22098）

　　这是岁祭妣戊的，岁祭妣戊此处属首见。

　　（18）壬寅卜，业于妣岁卢豕。用。
　　　　　　　　　于妣癸岁卢豕。（《合集》22048）（图1-21）

　　第二条卜辞的前辞承第一条而省略，属于本类，是岁祭妣癸的。值得注意的是，此处的"于妣癸"在"岁"之前，不同于一般的午组岁祭卜辞文例。"妣癸"同宾组卜辞的"妣癸"，⑦但岁祭妣癸此处属首见。

----

①刘一曼：《重论午组卜辞》，《甲骨文与殷商史》新二辑，上海：上海古籍出版社，1986年，第203页。
②陈梦家：《殷虚卜辞综述》，北京：中华书局，1988年，第163页。
③常玉芝：《商代宗教祭祀》，北京：中国社会科学出版社，2010年，第309页。
④陈梦家：《殷虚卜辞综述》，北京：中华书局，1988年，第164页。
⑤刘一曼：《重论午组卜辞》，《甲骨文与殷商史》新二辑，上海：上海古籍出版社，1986年，第198页。
⑥陈梦家：《殷虚卜辞综述》，北京：中华书局，1988年，第164页。
⑦陈梦家：《殷虚卜辞综述》，北京：中华书局，1988年，第163页。

3. 父

岁祭的父有父丙、父丁、父戊、父己,辞例如:

(19)丁亥卜,又岁于二示父丙眔戊。(《合集》22098)(图1-22)

图1-21　岁祭妣癸　　　　　　图1-22　岁祭父丙、父戊
　　(《合集》22048)　　　　　　　　(《合集》22098)

此例《合集释文》:"丁亥卜,又岁于二示父丙、父戊。"《校释总集》的释文为:"丁亥卜,又岁于二示父丙眔戊。"细审拓片,在"丙"与"戊"之间有一字作"■",上文的"父"字作"■",二字的字形不类。一期卜辞中"眔"字的字形还有:

■(《合集》1202)　　　　　■(《合集》267)

■(《合集》19077)

例(19)的字形虽有残泐,但字形轮廓接近于"眔"字,所以例(19)的释文以《校释总集》为宜。卜辞合祭父丙、父戊,父丙为午组卜辞独有。[1] 父戊与𠂤组卜辞共有,[2]但在𠂤组岁祭卜辞中不见。

(20)丙申卜,岁㞢于父丁。(《合集》22066)

(21)己丑卜,岁父丁、戊羋。(《合集》22073)

(22)乙卯卜,㞢岁父己。(《合集》22075)

例(20)岁祭父丁,例(21)合祭父丁、父戊,岁祭父戊的还见于例(8)。

---

①陈梦家:《殷虚卜辞综述》,北京:中华书局,1988年,第164页。
②陈梦家:《殷虚卜辞综述》,北京:中华书局,1988年,第164页。

例(22)岁祭父己,父丁、父己都是午组卜辞独有的称谓。[①]

4. 兄

岁祭的兄是兄己,辞例如:

(23)业岁于兄己。(《合集》22075)

例(23)与例(22)同版,前辞应是承上而省,于乙卯日卜问业祭岁祭兄己。兄己与𠂤组卜辞共有,[②]但不见于𠂤组岁祭卜辞。

5. 子

岁祭的子是子庚,辞例如:

(24)□子卜,业岁于子庚。(《合集》22079 乙)

子庚是午组卜辞独有的称谓。[③]

6. 天象

此类卜辞岁祭的天象是𡨄,辞例如:

(25)丁未卜,又岁于𡨄𤯍牛。(《合集》22092)

"又"用作侑,祭名。[④] "𡨄"字于省吾释为"黾",在卜辞中的用法有三:其一,在"帚黾"中用作妇名;其二,在"黾+牺牲"中用为斫,"与言卯相若";其三,读为"靦",谓天气之阴蔽也。[⑤] 例(25)侑祭岁祭"黾",在尾左甲的边缘;同版还有一条侑祭岁祭的卜辞为"乙卯卜,又岁于入乙小牢。用",在尾右甲千里路的旁边。两条卜辞的文例相当,"黾"应与"入乙"相当,是指受祭者,应取第三种用法而非其他两种。饶宗颐也认为,"'𡨄'当是'壹'之本字……当读为曀",[⑥]指天气阴沉。

(三)岁祭用品类别与规格

此类卜辞岁祭用品共有 6 种,分别是:人牲、牢、牛、𡩀、羊、豕。

---

①陈梦家:《殷虚卜辞综述》,北京:中华书局,1988 年,第 164 页。
②陈梦家:《殷虚卜辞综述》,北京:中华书局,1988 年,第 157 页。
③陈梦家:《殷虚卜辞综述》,北京:中华书局,1988 年,第 164 页。
④徐中舒:《甲骨文字典》,成都:四川辞书出版社,1989 年,第 280 页。
⑤于省吾:《双剑誃殷契骈枝续编·释"黾"》,1941 年,第 29 页。转引自宋镇豪、段志洪主编《甲骨文献集成》第 8 册,成都:四川大学出版社,2001 年,第 249 页。
⑥饶宗颐:《殷代贞卜人物通考》,香港:香港大学出版社,1959 年,第 86 页。转引自宋镇豪、段志洪主编《甲骨文献集成》第 16 册,成都:四川大学出版社,2001 年,第 259 页。

1. 人牲

用人牲的见于例（8）、例（25）。例（8）：“戊子卜，屮刂岁于父戊因。用。今戊。”（《合集》22046）（图1-23）

“卜辞之因，一律用作祭祀时之牺牲，与牛羊豕并列。”[1]例（8）是在侑祭、刂祭、岁祭父戊时用人牲。与例（8）同版，在千里路左侧与之对应部位有一条卜辞：“戊子卜，宙今戊用。”两条卜辞语义相因，“宙今戊用”是通过卜问确认在今天即戊子日用牲。例（8）的“用。今戊”也应是“今戊用”的意思，是属于验辞的部分，表明今戊子日按照卜辞的内容施行了。

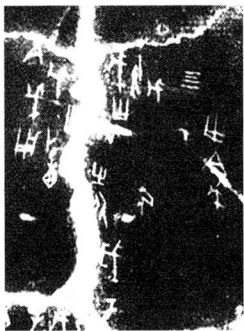

图1-23　岁祭父戊

（《合集》22046）

与例（25）同版还有一条卜辞：

（26）丁未卜，陟🄖……重毁。（《合集》22092）（图1-24）

姚孝遂疑“🄖”为“六卤”的合文。[2]《校释总集》则直接释“🄖”为“宙”，确认是“六”与“卤”的合文。“六卤”又是什么意思呢？“陟”为祭名，其后的宾语可以是“邕”。卜辞中有“陟邕”的辞例如：

（27）癸丑卜，贞：翌乙卯多宁，其延陟邕自……（《合集》19222）

“卤”在卜辞中可以是邕的量词，如：

（28）丙申［卜］，即贞：［父］丁岁邕一卤。（《合集》23227）（二期）

（29）祖丁杏邕三卤。（《合集》27301）（三期）

（30）……陴羌……人，邕一卤，卯牢又一牛。（《合集》35350）（五期）

图1-24　岁祭六卤

（《合集》22092）

---

①于省吾主编：《甲骨文字诂林》，北京：中华书局，1999年，第409页。

②于省吾主编：《甲骨文字诂林》，北京：中华书局，1999年，第1843页。

（31）丁酉卜，贞：王宾文武丁，伐三十人，卯六牢，㓟六卤。亡尤。（《合集》35355）（五期）

也有省略"卤"只用"㓟"的辞例，如例（27），再如：

（32）其五㓟￥正。王受又又。（《合集》36351）（五期）

也有省略"㓟"的，如：

（33）三卤。王受祐。（《屯南》766）（三期）

但与其同版的一条卜辞是"烄㓟二卤。王受祐"。例（33）应是承上而省"烄㓟"了。类似的还有一例：

（34）二卤。大吉。（《屯南》2392）（三期）

与其同版的一条卜辞是"甲午卜，㓟……"，虽然辞残，但可见例（34）亦承上而省"㓟"。可见，表示祭祀用"㓟"时，没有只用"卤"的。

当语境中没有"㓟"时，"卤"可能指方国名，如：

（35）戋卤。吉。（《合集》28076）（图1-25）（三期）

图1-25　戋卤（《合集》28076）

这条卜辞《合集释文》："……目……戋。吉。"《摹释总集》的释文为："戋卤。吉。"细审拓片，"戋"下一字与上文"卤"字无别，只是方向相反而已，应以《摹释总集》的释文为宜。据此则"戋卤"指毁坏卤国。[①]"卤"还用在如下辞例中：

（36）……罔删十卤又五卤。（《屯南》110）（图1-26）（三期）

图1-26　删卤（《屯南》110）

"卜辞'删'亦可用作'曹'，为用牲之法。"[②]其宾语"十卤又五卤"之"卤"应是指来自卤国的俘虏用作人牲的。同时，陟祭也有用人牲的，如：

①于省吾主编：《甲骨文字诂林》，北京：中华书局，1999年，第2383页。
②于省吾主编：《甲骨文字诂林》，北京：中华书局，1999年，第2964页。

(37)□[酉]卜,……羌其陟。用。(《合集》32020)(四期)

陟祭用羌俘,那么,例(26)陟祭用卤俘亦有可能。例(25)《摹释总集》的释文为:"丁未卜,又岁于🐂人牛。"把"🐂"直接释为"人"显然不符合甲骨文字的实际。卜辞应是于丁未日卜问:要对"㗊"这种天象用六个来自卤方的俘虏和一头牛侑祭、岁祭吗?"上古人们的'万物有灵'观念中,有视自然界风、雨、旱、雷、云、虹、雪等等气象现象,无不通寓神灵之性,这在上古神话故事里不乏其说,在殷墟甲骨文中也有所揭示。"[1]岁祭㗊正是其表现形式之一。在这类岁祭卜辞中,用人牲祭祀的对象只有父戊与㗊,反映出祭主对父戊的崇敬与对天象的敬畏。

2. 牢

岁祭用牢的辞例如:

(38)癸巳卜,业岁于祖戊牢三。(《合集》22074)

对祖戊用三牢侑祭岁祭,是此类中用牢数最多的。有一条卜辞:

(39)辛亥卜,业岁庚牢。(《合集》22075)(图1-27)

图1-27 岁祭庚(《合集》22075)

这条卜辞所在龟版见于《殷虚文字乙编》4333,由4857、6298 两片拼合而成,原甲骨现藏台湾"中央研究院"历史语言研究所。《摹释总集》的释文为:"辛亥卜,业岁于帝牢。"卜辞中的"帝"没有作此形者,细审拓片,这个字的下半部分为"庚"字,"庚"上有两横等长,应为兆序。上一条卜辞的兆序为"三"可证,[2]所以应从《合集释文》。卜辞中的"庚"具体指哪位难以确定,但可知其用牢数不及祖戊。

3. 牛

岁祭用牛的辞例如:

(40)癸未卜,业岁牛于下乙。(《合集》22088)

(41)癸巳卜,甲午岁于入乙牛一,七月。(《合集》22098)

(42)丙辰卜,岁于祖己、内己牛。(《合集》22055)(图1-28)

---

[1]宋镇豪:《夏商风俗》,上海:上海文艺出版社,2018年,第648页。
[2]此处蒙常玉芝先生见告。

例(40)—(42)三例都是用一头牛岁祭，而入乙、祖己、内己都是午组特有的称谓，三位的岁祭规格与祖乙相同。不同的是岁祭祖乙时，有侑祭相伴，而岁祭午组这三位特有的祖先时没有侑祭相伴。有一例卜辞：

图 1-28　岁祭祖己、内己
（《合集》22055）

（43）余虫岁于祖戊三牛。（《合集》22078）

同版的上一条卜辞为："甲子卜，虫岁于下乙牛。"（《合集》22078）例(43)的前辞承上而省，应属此类。"卜辞唯见商王自称曰余"，[1]"而'午组卜辞'没有王，也不记王的活动。所以，'余'应该是'午组卜辞'问疑者的自称"。[2] 午组卜辞中有"余"的辞例还有如：

（44）庚戌卜，余自钋。（《合集》22099）

例(43)所在同版卜辞祭祀祖乙用一牛，岁祭祖戊用三牛，而且是主祭者亲祭，可见对祖戊岁祭的重视。

4. 宰

岁祭用宰的辞例如：

（45）乙卯卜，又岁于入乙小宰。用。（《合集》22092）

此例用一小宰对入乙侑祭岁祭，验辞表明，最后按照卜辞的内容施行了。

5. 羊

岁祭用羊的辞例如：

（46）丙午❗卜，虫岁于父丁羊一。（《合集》22093）（图 1-29）

图 1-29　岁祭父丁
（《合集》22093）

这条卜辞见于《殷虚文字乙编》4505，由 4719、8587 两片拼合而成，原甲骨现藏于台湾"中央研究

①于省吾主编：《甲骨文字诂林》，北京：中华书局，1999 年，第 1931 页。
②肖楠：《略论"午组卜辞"》，《考古》，1979 年第 6 期。转引自宋镇豪、段志洪主编《甲骨文献集成》第 15 册，成都：四川大学出版社，2001 年，第 341 页。

院"历史语言研究所。"＂不识,岁祭卜辞中"干支"与"卜"之间有词的辞例如:

(47)乙夕卜,岁十牛妣庚,祝閸五。用。才吕。(《花东》276)(一期)

(48)乙夕卜,岁十牛妣庚,于吕。用。(《花东》401)(一期)

(49)甲子夕卜,又祖乙一羌,岁三牢。(《合集》32171)(四期)

(50)丁卯右卜,兄岁。不用。(《合集》41496)(四期)

出现"＂的仅见于例(46)。从图片看,"＂的左边应是"夕",右边与左边比较,形似而微。甲骨文中有"𝌆",与此形近。姚孝遂释为祭牲名,[1]但祭牲名不会放在这个位置。这版卜辞上同时刻有不全的甲子表,是否为习刻? 诚如是,则"＂右边的部分有可能是一个习刻的"夕"字。例(46)是于丙午日的夜晚卜问,用一只羊侑祭、岁祭父丁,父丁为午组独有。

(51)壬申卜,出岁于祖癸羊一。(《屯南》2771)

(52)癸未卜,叀羊于下乙。(《合集》22088)

与例(52)同版的卜辞有:"乙酉卜,出岁于下乙。"是于癸未日占卜是不是用羊祭祀下乙,于其后的第二天占卜用羊祭祀的方式。两条卜辞语义相因,例(52)也应属于此类。与岁祭父丁一样,例(51)、(52)分别用一只羊岁祭祖癸、祖乙。用羊岁祭的对象除祖乙外都是午组卜辞独有的称谓,而且彼此无区别地都用一只羊岁祭。

6.豕

岁祭用豕的辞例如:

图1-30　岁祭妣戊
(《合集》22098)

(53)丁亥卜,出岁于妣戊卢豕乙妻。(《合集》22098)(图1-30)

"卢"的甲骨文字形作"𝌆","𝌆为鑪之象形初文,上象器身,下象款足。作𤴼者,加虍为声母,由象形孳乳为形声",卜辞言𝌆豕,"谓割豕𤴼肉之肥美者以祭也"。[2] 这是把

---

[1]于省吾主编:《甲骨文字诂林》,北京:中华书局,1999年,第3461页。

[2]于省吾:《双剑誃殷契骈枝续编·释"卢"》,1941年,第23页。转引自宋镇豪、段志洪主编《甲骨文献集成》第8册,成都:四川大学出版社,2001年,第246页。

"盧"看作动词了,但卜辞中有如下辞例:

(54)乙酉卜,钔新于妣辛白盧豕。(《合集》22073)

其中的"盧豕"被"白"修饰,"盧豕"应是名词性词组,是豕中有盧肉的一类。"盧"是修饰"豕"的名词。例(53)见于《殷虚文字乙编》4603,原甲骨现藏于台湾"中央研究院"历史语言研究所。与其同版的卜辞有:"癸巳卜,甲午岁于入乙牛。七月。"可证此处"乙妻"之"乙"应指入乙。从图1-30看,"亥"与"乙"的水平位置对应,"亥"上"丁"字应与"乙"上所缺字位置相对应,所缺之字应是"入"字。"乙妻"好像是在"妣戊盧豕"的右边一列,但从语义看,"乙妻"应是"妣戊"的同位语,所以语序上应承接"妣戊"。这条卜辞应读为:"丁亥卜,屮岁于妣戊乙妻盧豕。"类似的表述如:"其又妣辛……奭惟岁……"(《合集》32162)辞残,但"妣辛"和"奭"之间应是某先祖的名称。从语义上说,妣戊是入乙之配的关系是无疑的。例(53)卜问对入乙的配偶妣戊用肉肥美之豕进行侑祭与岁祭。

(55)于妣癸岁盧豕。(《合集》22048)

与例(55)同版的一条卜辞为:"壬寅卜,屮于妣岁盧豕。用。"例(55)卜辞的前辞承第一条而省略,应属于本类,卜问用盧豕岁祭妣癸。

上文有岁祭天庚的卜辞例(9):"己亥卜,屮岁于天庚子用盧豕。"(《合集》22077)"天庚子"不辞,应是"天庚"与"庚子"的缩写。例(9)于己亥日卜问,侑祭岁祭于天庚,第二天庚子日以盧豕用祭。

岁祭妣戊、妣癸都用一头盧豕,二者的岁祭规格相同。"盧豕"为肉之肥美者,可见,这类祭祀更注重祭牲的实际品质。

比较以上辞例可见,在午组"干支卜"类岁祭卜辞中,受祭规格最高的是自然现象🜨,用六个人牲外加一头牛祭祀,其次是父戊,用一个人牲;不用人牲的有祖戊,分别用三牢、三牛;庚仅用一牢,其规格低于祖戊;入乙分别用一牛、一小宰岁祭,"作为祭牲,用'牢'要比用'牛'隆重"。[1] 所以其规格不及庚。"宰"与"牢"都是经过特殊饲养的,用"牢"比用"牛"隆重,用"宰"也应比用羊隆重,则入乙的岁祭规格要高于分别用一牛、一羊岁祭的下乙(祖乙);岁祭祖己、内己仅用一牛,其规格低于下乙,但要高于仅用

---

①姚孝遂:《牢宰考辨》,《古文字研究》第9辑。北京:中华书局,1984年,第34页。

一羊岁祭的祖癸、父丁,而岁祭妣戊、妣癸仅用一𬎆豕,其规格是最低的。此类是午组卜辞中最重要的一类,表现出以下特点。①最受重视的是自然天象🜨,岁祭规格高于人祖;②祖戊的岁祭规格高于其他祖先,而祖乙的规格低于祖戊、入乙;③祖癸、父丁都是午组特有的称谓,同用一羊岁祭,也即父与祖的规格可以相同。

二、干支贞;干支

这两种前辞类的卜辞例句很少,集中讨论于此。

(一)干支贞

属此前辞类的卜辞共有 5 例,约占总数的 15.6%。

此类卜辞的前辞是"干支贞",除一例没有岁祭对象外,其余四例见于同一版上。

> (56)甲戌贞:妣乙🜨又岁。
>
> 甲戌贞:又妣己岁🜨旬。
>
> 甲戌贞:🜨妣癸又岁。(《合集》22206甲)(图1-31)
>
> 甲[戌贞:]🜨[又]岁母戊。(《合集》22206乙)(图1-32)

图1-31　岁祭妣乙、妣己、妣癸　　　　图1-32　岁祭母戊
(《合集》22206甲)　　　　　　　　　(《合集》22206乙)

这版卜辞由《合集》973、1780、1855(甲)、1623(乙)拼合而成,原甲骨拓藏于台湾"中央研究院"历史语言研究所。各条卜辞的岁祭都有侑祭、𡚵祭[①]相伴,命辞形式不同,共有三类,第一、三两条的受祭对象"妣乙、妣癸"在"又岁"之前,第二条的受祭对象"妣己"在"又岁"之间,第四条的受

---

①𡚵祭的讨论见本书的第七章第三节。

祭对象"母戊"在"又岁"之后。岁祭对象都为女性祖先。妣乙是午组独有的,[1]妣己、妣癸、母戊与宾组卜辞共有,但宾组岁祭卜辞中无祭此三位者,妣癸在上一类"干支卜"中有祭,妣己、母戊的岁祭此处属首见。没有祭品信息。此类有祭品信息的辞例如:

（57）丙辰贞:盧羊岁。（《合集》22439）
（图1-33）

此例没有祖妣名,也可能是承同版的卜辞而省,只因是残片,已无可知。

（二）干支

此类卜辞的前辞只有"干支",仅见一例,约占总数的3.1%。

图1-33　岁祭用盧羊
（《合集》22439）

（58）乙丑,岁祖乙光……（《合集》22172）
（图1-34）

命辞有残缺,仅有信息显示,受祭对象"祖乙"在"岁"之后。"卜辞'光'为人名,亦为国名。"[2]在此例中,"光"如果属上,可能是指来自光的俘虏作岁祭祖乙的牺牲。

图1-34　岁祭祖乙
（《合集》22172）

这种前辞类型在宾组卜辞中也有,但宾组卜辞的命辞形式为"业**¥**岁+祖妣",即岁祭都有侑祭、**¥**祭相伴,没有祭牲,与此类不同。

三、小结

午组岁祭卜辞的前辞有三种类型。第一类"干支卜"的命辞有共同的文例,第二类"干支贞"的文例多样,第三类"干支"仅找到一例,还无法判断其文例。

下面将午组各类岁祭卜辞中的受祭对象归纳成表2。

---

①陈梦家:《殷虚卜辞综述》,北京:中华书局,1988年,第164页。
②于省吾主编:《甲骨文字诂林》,北京:中华书局,1999年,第352页。

受祭对象 \ 类别		①干支卜	②干支贞	③干支
先王	天庚	+△		
	祖己	+△		
	内己	+△		
	入乙	+△		
	祖戊	+△		
	祖癸	+△		
	武	+△		
	祖乙	+(下乙)		+
	南庚	+(祖庚)		
先妣	妣戊	+		
	妣癸	+	+	
	妣乙		+△	
	妣己		+	
父	父丙	+△		
	父丁	+△		
	父戊	+		
	父己	+△		
母	母戊		+	
兄	兄己	+		
子	子庚	+△		
天象	𛀀	+		

注:表中"+"表示某类中所有的岁祭对象,加"△"标记午组特有的岁祭对象。

由表2可见,午组卜辞岁祭的各类对象中,数量最多的是先王,有九位。其中午组特有的先王有七位,其余的两位中直系先王一位——祖乙;旁系先王一位——南庚。没有在三类中同时受祭的对象,在两类中同时受祭的对象有祖乙、妣癸。两位受祭的频率是最高的。"'午组卜辞'不祭一般卜辞中常见的先公及祖乙以外的直系先王,说明这组卜辞的问疑者的家族不是直系,属旁系,没有继承王位……推测这一家族可能是祖乙之后,相传几代,到了武丁时代,在父、祖、曾祖等都与时王有所不同,因而形成不同的祭祀系统……属于武丁时代的非正统卜辞。"①午组有很多特有的岁祭对象正符合上述判断。

有一条无法确定前辞的卜辞:

　　(59)于高乙岁牛五。(《屯南》2698)

午组岁祭对象有下乙(祖乙),下乙与上乙相对而言,上乙可能指的是大乙。上文已知第一类"干支卜"用牛岁祭祖戊时用三头牛,岁祭下乙时用一头牛。例(59)用五头牛岁祭高乙,可见,用牛岁祭时高乙的规格高于祖戊、下乙,是午组卜辞用牛岁祭时规格最高的。在三期岁祭卜辞中,"祖乙"又称"高祖乙",称"高祖乙"时出现在隆重的场合。此处的"高乙"是否也与"下乙"一样都指称祖乙,而分别用于不同规格的岁祭中? 因仅有一例,无法推断,只能留待进一步考证。②

第三节　自组卜辞

自组岁祭卜辞共找到 12 例,除去 5 例无法确定所属种类外,其余 7 例分布在四种前辞类型中:一、干支卜+某贞;二、干支卜+卜人;三、干支卜+贞;四、干支卜。下面逐一进行分析。

一、干支卜+某贞

这一前辞类的卜辞仅见 1 例,约占总数的 14.3%。

　　(1)丙子卜,王贞:乙□岁。(《合集》21193)

是武丁亲自贞问,因辞有残缺,无法知其相关信息。

二、干支卜+卜人

这一前辞类的卜辞仅见 3 例,约占总数的 42.9%。卜辞的前辞没有卜人后的"贞",命辞语序有两类,一类是"祖妣+岁+祭品",即受祭对象在"岁"之前,祭品信息在"岁"之后;一类是"祭品+祖妣+岁",即受祭对象在

①肖楠:《略论"午组卜辞"》,《考古》,1979 年第 6 期。转引自宋镇豪、段志洪主编《甲骨文献集
　成》第 15 册,成都:四川大学出版社,2001 年,第 342 页。
②此处推断蒙常玉芝先生提示。

"岁"之前,祭品信息在受祭对象之前。辞例如:

(2)庚寅卜,扶:示壬岁一牛。

　庚寅卜,扶:示壬岁三牛。(《合集》
19813反)

(3)壬未卜,扶:一牛屮阳甲𠂤岁。(《合
集》19908)(图1-35)

图1-35　岁祭阳甲
(《合集》19908)

例(2)有两条卜辞,命辞形式属于第一类,受
祭对象"示壬"都在"岁"之前,祭品信息"一牛"
"三牛"也都在"岁"之后;例(3)的岁祭有侑祭、𠂤祭相伴,命辞形式属于第
二类,命辞中的祭品信息"一牛"在受祭对象"阳甲"之前,受祭对象"阳甲"
在"岁"之前。例(2)岁祭的先公示壬是商朝第一王大乙的祖父,在宾组、
午组的岁祭卜辞中都不见,此处属首见。例(3)之"阳甲"是武丁之父小乙
的兄长,在宾组、午组岁祭卜辞中也不见,此处属首见。

例(2)于庚寅日由卜人扶卜问,是用一头牛还是三头牛岁祭示壬。例
(3)的"卜"字前是"壬未",干支表中无"壬未"日,应是误刻。由卜人扶卜
问用一头牛侑祭、𠂤祭、岁祭阳甲。岁祭阳甲用一牛,岁祭示壬可能用三
牛,可见,父的岁祭规格低于先公。例(2)于庚日卜问岁祭先公示壬的事
宜,天干日与祖妣日干名差两天,例(3)岁祭阳甲于壬日卜问,天干日与祖
妣日干名也差两天。

三、干支卜+贞

这一前辞类的卜辞仅见1例,约占总数的14.3%。前辞"贞"前没有
卜人名。

(4)己未卜,贞:帚鼠[于]妣岁母庚……
(《合集》19992)(图1-36)

图1-36　岁祭妣
(《合集》19992)

这条卜辞《合集释文》:"己未卜,贞:[告帚]鼠
[于]妣戊、母庚。"《摹释总集》的释文为:"己未卜,
贞:帚鼠……岁……母庚。"细审拓片,如果左起第
二列释为"妣戊","戊"字作"🀆",字的右边写成

""是四期卜辞以后才有的特征,而且这样写的"戌"字左边也没有向右折笔的。① 如下面的字形可资比对:

(《合集》37362)　　　　　　　(《合集》37544)

(《合集》37551)　　　　　　　(《合集》37563)

可见,把""释为"戌"不妥。

右起第二列"贞"下一字作"",《合集释文》之所以补释为"告"是因为其竖画上端较直,但一期卜辞"帚"字此处也有写得较直的,字例见于:

(《合集》14001)　　(《合集》14002)　　(《合集》17506)

(《合集》22067)　　(《合集》22226)　　(《合集》22268)

所以,例(4)"鼠"字前的释文应取《摹释总集》的释文。"鼠"下确有"于"字的残字。卜辞中没有"于+祭祀对象名+岁+祭祀对象名"的结构,"母庚"后应还有内容。如此则例(4)的释文应是:"己未卜,贞:帚鼠[于]姒岁母庚……"姒在"岁"之前,是受祭对象,只是不知是哪位姒;帚鼠在辞首,应是施祭者。商代女性参与岁祭已见于宾组卜辞,此处妇鼠岁祭的姒某,应是一位有地位的女性先人,"盖武丁之妃,据余所考,至少有六十四人之多。以宠与不宠,或不全在宫中。其不获宠者,则封之一地,或命之祭祀,或命之征伐,往来出入于朝野之间,以供王之驱使,无异亲信之使臣也。"②妇鼠应是武丁之妃中负责祭祀的。

四、干支卜

这一前辞类的卜辞仅见 2 例,约占总数的 28.6%。卜辞的前辞只有"干支卜":

(5)辛未卜,业岁……(《合集》21145)

(6)□申卜,……岁□姒辛妣。(《合集》19899)

①高明:《中国古文字学通论》,北京:北京大学出版社,1996 年,第 268 页。
②胡厚宣:《殷代封建制度考·诸妇之封》,《甲骨学商史论丛初集》(上),台北:台湾大通书局,1972 年,第 37 页。转引自宋镇豪、段志洪主编《甲骨文献集成》第 21 册,成都:四川大学出版社,2001 年,第 204 页。

例（5）的命辞有残缺，无法判断受祭对象信息、祭品信息，只可见岁祭有侑祭相伴。例（6）的前辞、命辞都有残缺，从仅有信息可见，岁祭有𠂤祭相伴，受祭对象"妣辛"在"岁"之后，祭品信息"豝"在受祭对象之后。虽宾组、午组卜辞中也有这种前辞类，但例（5）、（6）两例都不完整，无法与之比较。岁祭妣辛此处属首见。例（6）是于地支为申的某一天卜问，用一头牝豕𠂤祭岁祭妣辛。

有一版卜辞：

（7）又岁牛。

……大……（《合集》21195）（图1-37）

以上是《合集释文》，《摹释总集》的释文为："……丑，岁牛大……"两种释法的不同除把四字归为一句还是两句之外，还在于把第一个字释为"又"还是"丑"。细审拓片，第一个字只有中间的一笔头部有标

图1-37 又祭岁祭
（《合集》21195）

记，而卜辞中的"丑"字一般在三个手指的头部都是有标记的。如"□"（《合集》21196）、"□"（《合集》21197）；至少应是两手指有标记，如"□"（《合集》21221）、"□"（《合集》21302），所以，例（7）的第一字还是应如《合集释文》看作"又"，中间手指上类似标记的部分应是残泐所致。例（7）应属于前辞残缺类，从仅有信息可见岁祭有侑祭相伴，所用祭品是一头牛。

五、小结

自组岁祭卜辞的前辞类型虽有四类，但"干支卜+某贞"类只有一例而且辞残，无法确定其岁祭对象，下面将自组其他三类岁祭卜辞中的受祭对象归纳成表3。

受祭对象	类别	①干支卜+卜人	②干支卜+贞	③干支卜
先公	示壬	+		
先王	阳甲	+		
先妣	妣辛			+
	妣		+	

注：表中"+"表示某类中所有的岁祭对象。

自组还有卜辞：

（8）甲午卜……又**⼈**岁大乙乎。（《合集》
19815）（图 1-38）

此例《合集释文》："甲午卜，又**⼈**岁大乙乎。"
《摹释总集》的释文为："甲午卜……又**⼈**岁大乙
乎。"细审拓片，"卜"字下与左边"岁"字对应处还有

图 1-38　岁祭大乙
（《合集》19815）

一个字的位置，应从《摹释总集》的释文。遗憾的是，"卜"下一字已残去，
无法确定其属于自组卜辞的第二类"干支卜+卜人"还是第三类"干支卜+
贞"。由命辞可见，岁祭有侑祭与**⼈**祭相伴，岁
祭对象是大乙。

图 1-39　岁祭报丙
（《合集》21231）

（9）……史……又**丙**……岁［牛］……
（《合集》21231）（图 1-39）

《摹释总集》的释文为："岁……生报
丙……"细审拓片，"丙"字上面有一画，右面也
有一画，下面的一画应是缺刻，因为左边的
"岁"字长柄下端的横画也缺刻。"卜辞有偶尔
缺刻横画的……契刻之时是整行的先刻直道，然后再
刻横画。"[1]如此则这一例应是岁祭报丙的。

（10）……寅兄丁岁丁己牢……**⼈**岁……（《合集》
20014）（图 1-40）

图 1-40　岁祭兄丁
（《合集》20014）

此例《合集释文》："……侯兄丁……日己牢……**⼈**
岁……"《摹释总集》的释文为："……寅兄丁岁丁己
牢……**⼈**岁……"细审拓片，第二列第一个字确有"岁"，应从《摹释总集》的
释文。"兄丁"是岁祭的对象。宾组卜辞中有兄丁，但岁祭兄丁此处属首见。

（11）宙之日兄用咸叔，岁祖乙二牢、刍牛、白狴，叔凼，三小宰。
（《合集》19849）

此例无法确定其前辞，由命辞可见是岁祭祖乙的，用二牢和一头鬃色

---

①陈梦家：《殷虚卜辞综述》，北京：中华书局，1988 年，第 13 页。

的牛,一头白色的牡豕,并有用凷和三小宰作祭祀用品的叙祭相伴。上文已见用三头牛岁祭示壬,一头牛岁祭阳甲,一头牝豕岁祭妣辛,与之相比,其岁祭规格远不及祖乙。

(12)□□卜,……至壬……岁……幺在……五牛。(《合集》20665)

这条卜辞辞残过甚,从仅有信息看,岁祭有可能用了五头牛,其规格高于岁祭示壬的三头牛,但岁祭的对象不得而知。

第四节　花东组卜辞

花东组岁祭卜辞共找到90例,除1例无前辞和1例辞残外,其余88例分布在四种前辞类型中:一、干支卜;二、干卜;三、干支;四、干。下面逐一进行分析。

一、干支卜

这一前辞类的卜辞有18例,约占总数的20.5%。

(一)文例

此类卜辞的前辞是"干支卜",命辞形式是"岁+祖妣+祭品",即"岁"在受祭对象之前,祭品信息在受祭对象之后。辞例如:

(1)甲申卜,岁祖甲羝一。用。(《花东》228)

(2)庚申卜,岁妣庚牝一。(《花东》209)

(3)戊寅卜,岁祖甲小宰,祖乙小宰,叀自西祭,子祝。(《花东》214)

例(1)中的"岁"在受祭对象"祖甲"之前,祭品信息"羝一"在受祭对象之后。例(2)中的"岁"在受祭对象"妣庚"之前,祭品信息"牝一"在受祭对象之后。例(3)中的"岁"在受祭对象"祖甲"、"祖乙"之前,祭品信息"小宰"分别在受祭对象"祖甲"、"祖乙"之后。此类岁祭卜辞中还有一些命辞语序与上举辞例不同的,例如:

(4)癸酉卜,盅殳牡岁甲祖。用。(《花东》37)(图1-41)

与例(4)同版的还有一条同文卜辞,这两条分别标兆序一、二,对是不是用騂色的牡牛岁祭祖甲连问了两次。可见，这是祭祀者很关心的问题。"勿牡"是句子的焦点，与"叀"一起提到了动词"岁"的前面。同版还有一条类似的卜辞："乙卯卜，叀白豕祖乙。不用。"换言之，如果"勿牡"、"白豕"等不被强调，这些句子还是与上文例（1）—（3）的语序相同的。

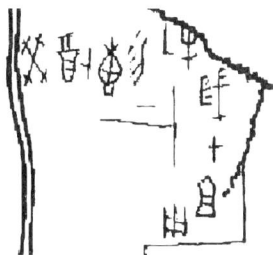

图 1-41　岁祭祖甲
（《花东》37）

（5）甲了卜，二罍禷祖甲[于]岁罍三。（《花东》318）（图 1-42）

命辞"祖甲"下一字漫漶不清，《摹释总集》补出"于"字，《校释总集》同。从语义上分析，"二罍禷祖甲（于）岁罍三"中的"于"前后有"禷祭祖甲二罍"、"岁祭祖甲三罍"，"于"应该是作并列连词用的，"岁"后的"祖甲"承前而省。"于"前后是两种不同的祭祀类型，其短语的语序因此不同，前面是"二罍"后面是"罍三"。"岁祖甲罍三"与上文分析例（1）—（3）的命辞语序相同。

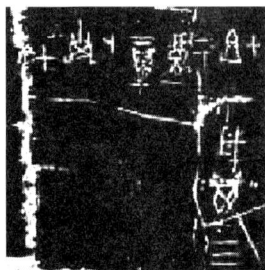

图 1-42　岁祭祖甲
（《花东》318）

（6）癸丑卜，岁食牝于祖甲。用。（《花东》37）

例（6）与例（4）是同版的卜辞，与之同版的还有"丁酉，岁祖甲羝一，牝罍一。才麗"。其语序与例（1）—（3）同。例（6）与之不同的是，"岁"后有"食"，这应是祭品信息"牝"提前的原因。"食犹祭也。"[1]岁祭有食祭相伴在这类岁祭卜辞中仅此一见。

（7）甲辰卜，于祖乙岁牢又一牛，叀□。（《花东》420）（图 1-43）

（8）甲戌卜，暮饮祖乙岁。用。（《花东》314）

（9）甲申，叀大岁又于祖甲。不用。
　　甲申卜，叀小岁饮于祖甲。用。羊。（《花东》228）

---

[1]饶宗颐：《殷代贞卜人物通考》，香港：香港大学出版社，1959 年，第 829 页。转引自宋镇豪、段志洪主编《甲骨文献集成》第 16 册，成都：四川大学出版社，2001 年，第 445 页。

例(7)从拓片看,"宙"的下面靠近甲桥处应
该有字。命辞的卜问重心是"宙"以后的内容。
例(8)于甲戌日卜问,在日暮时分行祖乙的岁祭
时用改的方式用牲。例(9)有两条卜辞,分别卜
问大岁时侑祭祖甲还是小岁时用改的方式用牲
于祖甲。"大岁"、"小岁"只表示"又"与"改"的
时间。第一条卜辞的辞尾是"不用",与第二条

图1-43　岁祭祖乙
(《花东》420)

卜辞的"用"相对,"不用"为"兹不用"之省,"犹言'不用此卜',即不按照
所卜之事而施行也。所以'用'之者,以其兆吉;所以'不用'者,以其兆不
吉"。[1]这四条卜辞中的"于祖乙岁牢又一牛"、"祖乙岁"、"大岁"、"小岁"
都不是卜问的核心,都与前面的卜辞以卜问岁祭及相关因素为核心不类,
应是其语序不同的缘故。

总之,这类岁祭卜辞一般的语序是"岁+祖妣+祭品",当祭品被强调
时,就会在"宙"的帮助下提至"岁"的前面。宾组岁祭卜辞中有两例前辞
与此相同的卜辞,但其命辞形式为"出岁+祖妣",岁祭有侑祭、祭相伴。
午组岁祭卜辞中的主要类型,其前辞属于此类,但其命辞形式为"(出)岁+
于+祖妣+(祭品)",岁祭有的有侑祭相伴,受祭对象通过"于"与"岁"相
连,而这类岁祭无侑祭、祭相伴,祖妣名与"岁"之间无"于"连接,祖妣名
之后有祭品信息,三者之间有明显的区别。

(二)岁祭对象

卜辞的岁祭对象有祖先神(先公、先王、先妣、高祖、父、母、帚、兄、
子)、外族神、自然神。此类卜辞的岁祭对象只有祖先神之先王、先妣。

1.先王

岁祭的先王有祖乙、祖甲,辞例如:

(10)甲辰卜,岁祖乙牢,宙牡。(《花东》169)

(11)甲申卜,岁祖甲乩一。用。(《花东》228)

祖乙在宾组、午组、自组岁祭卜辞中都有祭。花东组卜辞中的祖甲应

---

① 胡厚宣:《释丝用丝御》,《中央研究院历史语言研究所集刊》第8本第4分,1939年。转引自宋
　镇豪、段志洪主编《甲骨文献集成》第18册,成都:四川大学出版社,2001年,第5页。

是沃甲(羌甲)。①　羌甲在宾组岁祭卜辞中也有祭。

2. 先妣

岁祭的先妣有妣甲、妣己、妣庚。辞例如：

(12)甲子卜，岁妣甲牡一，曹三小宰，又屮，才𤖅。(《花东》455)

(13)戊戌卜，宙羊岁妣己。用。(《花东》313)

(14)庚申卜，岁妣庚牝一。(《花东》209)

例(12)岁祭妣甲，妣甲为祖辛之配，②宾组卜辞中有祭妣甲的，③岁祭妣甲在花东组卜辞属首见。例(13)岁祭妣己，"H3 之妣己，是祖乙之配"。④　例(14)岁祭妣庚，花东卜辞中"有的妣庚可能是祖乙之配，有的妣庚可能是祖甲之配"。⑤

(三)岁祭用品类别与规格

此类卜辞的岁祭用品有 6 种，分别是：牢、牛、宰、羊、豕、鬯。

1. 牢

岁祭用牢的辞例如：

(15)甲辰卜，岁祖乙牢，宙牡。(《花东》169)

(16)甲辰卜，于祖乙岁牢又一牛，宙□。(《花东》420)

例(15)卜问，用一牢岁祭祖乙，是不是用圈养的牡牛。特别提到用牡牢岁祭，在岁祭卜辞中仅见于祖乙。例(16)命辞有残缺，仅有信息可见是用一牢又加一头普通的牛岁祭祖乙。这两例用牢岁祭祖乙都在甲辰日占卜。

2. 牛

岁祭用牛的辞例如：

---

①刘一曼、曹定云：《殷墟花园庄东地甲骨卜辞选释与初步研究》，《考古学报》，1999 年第 3 期。转引自宋镇豪、段志洪主编《甲骨文献集成》第 6 册，成都：四川大学出版社，2001 年，第 306 页。

②刘一曼、曹定云：《殷墟花园庄东地甲骨卜辞选释与初步研究》，《考古学报》，1999 年第 3 期。转引自宋镇豪、段志洪主编《甲骨文献集成》第 6 册，成都：四川大学出版社，2001 年，第 306 页。

③陈梦家：《殷虚卜辞综述》，北京：中华书局，1988 年，第 156 页。

④刘一曼：《花园庄东地 H3 祭祀卜辞研究》，中国社会科学院考古研究所夏商周考古研究室：《三代考古》(二)，北京：科学出版社，2006 年，第 430 页。

⑤刘一曼、曹定云：《殷墟花园庄东地甲骨卜辞选释与初步研究》，《考古学报》，1999 年第 3 期。转引自宋镇豪、段志洪主编《甲骨文献集成》第 6 册，成都：四川大学出版社，2001 年，第 306 页。

（17）癸巳卜，翌甲岁祖甲牡一，衩鬯一，于日出。用。

　　　甲午卜，岁祖乙牝一，于日出改。用。（《花东》426）

"翌"，"当读作《说文》训为'明日'之昱"。① 在甲骨文中意指第二天，或接下来的某一天。第一条卜辞中"翌"指癸巳日的第二天甲午日，这里省作"甲"。"鬯是用黍酿制的酒，在商代属于高档酒，为统治阶级所专享，大都用于重要礼仪场合。"②衩，为祭名。③ 第一条卜辞是于癸巳日卜问，第二天甲（午）日日出时用一头牡牛岁祭祖甲，同时用一卣鬯行衩祭。验辞表明，最终采纳了卜问的内容。第二条卜辞于甲午日卜问，用一头牝牛岁祭祖乙，于日出时以改的方式用牲。验辞表明，最终也采纳了卜问的内容。岁祭祖甲在癸巳日卜问，岁祭祖乙在甲午日卜问，都在受祭对象日干名的前一天，也都于日出时分行祭，第二条卜辞的命辞之首应是省略了"翌乙"。于日出时分祭祖乙、祖甲，在此类岁祭卜辞中属于仅见。

（18）癸酉卜，亩夕牡岁甲祖。用。

　　　癸丑卜，岁食牝于祖甲。用。（《花东》37）

（19）己巳卜，翌日庚岁妣庚黑牛又羊，暮改。用。（《花东》451）

（20）庚戌卜，辛亥岁妣庚鬳、牝一，妣庚永。用。（《花东》132）

例（18）第一条卜辞的"夕"指黑色，"即后世之黥"。④ 卜问是不是用一头黥色的公牛岁祭祖甲，验辞表明，最终采纳了卜问的内容。这里称祖甲为"甲祖"。⑤ 第二条卜辞卜问用一头母牛岁祭、食祭于祖甲，验辞表明，最终采纳了卜问的内容。例（19）于己巳日卜问，第二天庚日岁祭妣庚，己巳日的第二天是庚午日，这里省写作"庚"，这条卜辞卜问第二天庚午日用一头黑色的牛又加一只羊岁祭妣庚，在日暮时分以改的方式用牲。验辞表明，最终采用了卜问的内容。用黑色牛岁祭在此类中仅见于妣庚。例

① 于省吾主编：《甲骨文字诂林》，北京：中华书局，1999 年，第 1871 页。

② 宋镇豪：《中国上古酒的酿制与品种》，《远望集——陕西省考古研究所华诞四十周年纪念文集》，西安：陕西人民美术出版社，1998 年，第 445 页。

③ 刘一曼、曹定云：《殷墟花园庄东地甲骨卜辞选释与初步研究》，《考古学报》，1999 年第 3 期。转引自宋镇豪、段志洪主编《甲骨文献集成》第 6 册，成都：四川大学出版社，2001 年，第 305 页。

④ 金祥恒：《释𪒠》，《中国文字》，1968 年第 30 册。转引自宋镇豪、段志洪主编《甲骨文献集成》第 12 册，成都：四川大学出版社，2001 年，第 455 页。

⑤ 刘一曼：《花园庄东地 H3 祭祀卜辞研究》，中国社会科学院考古研究所夏商周考古研究室：《三代考古》（二），北京：科学出版社，2006 年，第 435 页。

(20)的"鷹"当属牛类,有多毛之尾,此殆上古野牛之特征。① 是于庚戌日卜问,第二天辛亥日在永地用一头鷹牛和一头牝牛岁祭妣庚,验辞表明,最终采用了卜问的内容。由以上的辞例可见,所用祭牲牛,既注重牛的牝牡,也注重牛的颜色。所有用牛、用羊的数量都是一。岁祭祖甲都于癸日卜问,岁祭妣庚于己日卜问,都是在祖先日干名的前一天。只有例(20)是于庚戌日卜问第二天辛亥日岁祭妣庚的。

3. 宰

岁祭用宰的辞例如:

(21)戊寅卜,岁祖甲小宰,祖乙小宰,豋自西祭,子祝。(《花东》214)

卜辞中的"豋"在此处当为祭名,相当于典籍中之"冬祭曰烝"之"烝"。②"卜辞'祝'乃祭祷之义。"③这条卜辞分别用一小宰岁祭祖甲、祖乙,并向着西方神烝祭、祭祭,由子进行祝祷。岁祭祖甲、祖乙都用一小宰,二者的岁祭规格相同。

4. 羊

岁祭用羊的辞例如:

(22)甲子卜,岁妣甲牡一,酚三小宰,又屯,才萊。(《花东》455)

(23)甲申卜,岁祖甲牝一。用。(《花东》228)

(24)戊戌卜,宙羊岁妣己。用。(《花东》313)

(25)丙申卜,子往缘,岁妣庚羊一,才缘。(《花东》173)

例(22)的"萊"为地名。④"屯在已著录的卜辞中多用作祭名。"⑤于甲子日卜问在萊地用一只牡羊岁祭妣甲,并砍杀三小宰侑祭、屯祭妣甲,"又屯"后的"妣甲"承前而省。例(23)是于甲申日卜问用一只牝羊岁祭祖甲,验辞表明,最终采纳了卜问的内容。例(24)于戊戌日卜问是不是用一只

---

①徐中舒:《甲骨文字典》,成都:四川辞书出版社,1989年,第1077—1078页。

②于省吾主编:《甲骨文字诂林》,北京:中华书局,1999年,第966页。

③于省吾主编:《甲骨文字诂林》,北京:中华书局,1999年,第349页。

④于省吾主编:《甲骨文字诂林》,北京:中华书局,1999年,第1979页。

⑤刘一曼:《花园庄东地H3祭祀卜辞研究》,中国社会科学院考古研究所夏商周考古研究室:《三代考古》(二),北京:科学出版社,2006年,第440页。

羊岁祭妣己,验辞表明,最终也采用了卜问的内容。例(25)的"𠂤"为地名。[1] 是在丙申日卜问子往𠂤地,并在𠂤地用一只羊岁祭妣庚。

5. 豕

岁祭用豕的辞例如:

(26)戊申卜,岁祖甲豕一、𦍧一。(《花东》34)

于戊申日卜问用一头猪、一只牝羊岁祭祖甲。

6. 卣

岁祭用卣的辞例如:

(27)甲子卜,二卣�祖甲[于]岁卣三。(《花东》318)

于甲子日卜问用二卣卣禴祭祖甲并用三卣卣岁祭祖甲,"岁"后的"祖甲"承前而省。

比较以上辞例可见,在花东组"干支卜"类岁祭卜辞中,受祭规格最高的是祖乙,用牢与牝牛、小宰。岁祭祖甲没有牢,但有牝牛、𪏛色牡牛、小宰、牝羊、豕、卣,用品种类是最多的。岁祭妣庚用𪏛色牛、鹿、牝牛、羊,规格不及祖乙,种类不及祖甲。岁祭妣甲仅用一只牡羊,其规格不及妣庚,但讲究羊的牝牡又高于仅用一只羊岁祭的妣己。还有一个值得注意的现象是,在单独岁祭祖乙时,都用甲日卜问,用牛单独岁祭祖甲多用癸日,均在先王日干名的前一日。此类岁祭用牲多注重牝牡、颜色、大小,岁祭规格表现出的特点有二:①岁祭直系先王的规格高于旁系先王;②岁祭男性祖先的数量小于女性祖先,但其规格高于女性祖先。

二、干卜

这一前辞类的卜辞有 24 例,约占总数的 27.3%。

(一)文例

此类卜辞的前辞是"干卜",命辞形式为"岁+祭品+祖妣",即祭品信息在"岁"之后,受祭对象在祭品信息之后。辞例如:

(28)己卜,岁牡妣己。用。(《花东》223)

---

①于省吾主编:《甲骨文字诂林》,北京:中华书局,1999 年,第 2454 页。

（29）乙卜，其岁牡母、祖丙。（《花东》446）

（30）乙夕卜，岁十牛妣庚，叙鬯五。用。才吕。

　　戊卜，岁牛子癸。用。（《花东》276）

例（28）的祭品信息"牡"在"岁"之后，受祭对象"妣己"在祭品信息之后。例（29）的祭品信息"牡"在"岁"之后，受祭对象"母、祖丙"在祭品信息之后。有一条卜辞：

（31）乙卜，[宜羊]于母、妣丙。

　　乙卜，宜小宰于母、祖丙。（《花东》401）

"母"是"母丙"的省写，与其后的"妣丙"、"祖丙"共用"丙"字。① 与此类似，例（29）中的"母"亦"母丙"之省写。例（30）有两条岁祭卜辞，第一条卜辞的祭品信息"十牛"在"岁"之后，受祭对象"妣庚"在祭品信息之后。第二条卜辞中的祭品信息"牛"在"岁"之后，受祭对象"子癸"在祭品信息之后，有一条卜辞：

（32）乙卜，宜牝岁[妣庚]。（《花东》249）

为了强调句中的焦点信息"牝"，在"宜"的帮助下提到了句首。如果不是为了强调，其语序应与例（28）—例（30）同。

（二）岁祭对象

此类卜辞的岁祭对象有先王、先妣、母及子。

1. 先王

岁祭的先王是祖丙，辞例如：

（33）乙卜，其岁牡母、祖丙。（《花东》446）

这一例岁祭祖丙，祖丙暂不知为何人。② 花东组卜辞岁祭祖丙此属首见。

2. 先妣

岁祭的先妣有妣丁、妣己、妣庚，辞例如：

---

① 刘一曼：《花园庄东地 H3 祭祀卜辞研究》，中国社会科学院考古研究所夏商周考古研究室：《三代考古》（二），北京：科学出版社，2006 年，第 431 页。

② 刘一曼、曹定云：《再论殷墟花东 H3 卜辞中占卜主体"子"》，北京大学考古文博学院：《考古学研究》（六），北京：科学出版社，2006 年，第 304—305 页。

（34）岁妣丁豕。（《花东》409）

与例（34）同版的一条卜辞为："丙卜，叀子兴往于妣丁。"两条卜辞都与妣丁有关，例（34）承上省略了前辞，应属于此类，是对妣丁的岁祭。"H3的妣丁可能是祖乙或祖甲的非法定配偶，但到底属于哪位先祖，尚难确指。"①花东卜辞对妣丁的岁祭此处属首见。

（35）己卜，岁牡妣己。用。（《花东》223）

（36）乙夕卜，岁十牛妣庚，于吕。用。（《花东》401）

以上两例分别岁祭妣己、妣庚，两位在上一类"干支卜"中也都有岁祭。

3. 母

岁祭的母是母丙，辞例如：

（37）乙卜，其岁牡母、祖丙。（《花东》446）

上文已论"母"是"母丙"的省写。"母丙称谓见于宾组、𠂤组卜辞。H3卜辞与其他两组卜辞相同的母辈称谓不一定指同一个人，但也不排除指同一人的可能性。"②花东组卜辞岁祭母丙此处属首见。

4. 子

岁祭的子是子癸，辞例如：

（38）戊卜，岁牛子癸。用。（《花东》276）

"可能子癸是H3卜辞主人——'子'的亲子，较早死去，他与'子'的关系密切。"③花东组卜辞岁祭子癸此处属首见。

（三）岁祭用品类别与规格

此类卜辞的岁祭用品有3种，分别是：牛、豕、𢆶。

1. 牛

岁祭用牛的辞例如：

①刘一曼：《花园庄东地H3祭祀卜辞研究》，中国社会科学院考古研究所夏商周考古研究室：《三代考古》（二），北京：科学出版社，2006年，第430页。

②刘一曼：《花园庄东地H3祭祀卜辞研究》，中国社会科学院考古研究所夏商周考古研究室：《三代考古》（二），北京：科学出版社，2006年，第431页。

③刘一曼、曹定云：《殷墟花东H3卜辞中的马——兼论商代马匹的使用》，《殷都学刊》，2004年第1期。

（39）乙夕卜，岁十牛妣庚，于吕。用。（《花东》401）

（40）甲卜，乙岁牡妣庚。（《花东》446）

（41）乙卜，宙牝岁［妣庚］。（《花东》249）

（42）己卜，岁牡妣己。用。（《花东》223）

（43）乙卜，其岁牡母、祖丙。（《花东》446）

（44）戊卜，岁牛子癸。用。（《花东》276）

例（39）的"吕"指方国名或地名。① 在某一个天干为乙的晚上卜问，在吕地用十头牛岁祭妣庚。验辞表明，最终采用了卜问的内容。岁祭用到十头牛，在此类中属仅见。例（40）、（41）分别用一头牡牛、牝牛岁祭妣庚。例（42）卜问用一头牡牛岁祭妣己，验辞表明，最终采用了卜问的内容。例（43）用一头牡牛岁祭母丙和祖丙。例（44）用一头牛岁祭子癸，验辞表明，最终采用了卜问的内容。

有一条卜辞：

（45）岁妣己牝。

岁子癸牝。（《花东》236）（图1-

44）

图1-44　岁祭妣己、子癸
（《花东》236）

与例（45）同版的卜辞有两条同文卜辞："丁卜，岁妣庚牡又二羌。"兆序为"一"的在尾左甲处，兆序为"二"的在其右面，横跨千里线，分布在尾左甲与尾右甲处。例（45）的第一条卜辞也有一条同文卜辞，兆序为"一"的在前右甲处，兆序为"二"的在后右甲处。第二条卜辞在前右甲靠近中甲右下方。岁祭妣庚、妣己有两卜，岁祭子癸只有一卜。例（45）的前辞是承同版岁祭妣庚的卜辞而省，应归入此类。岁祭妣己与子癸都用一头牝牛。值得注意的是，这一版上的岁祭卜辞中命辞的语序与此类不同。

2. 豕

岁祭用豕的辞例如：

（46）戊卜，岁十豕［妣庚］，才吕。（《花东》284）

是于戊日卜问在吕地用十头豕岁祭妣庚。

---

① 徐中舒：《甲骨文字典》，成都：四川辞书出版社，1989年，第835页。

3. 甾

岁祭用甾的辞例如：

(47) 乙夕卜，岁十牛妣庚，礿甾五。用。才吕。(《花东》276)

是于乙日晚上卜问在吕地用十头牛岁祭妣庚，并用礿祭五卤甾伴祭，验辞表明，最终采用了卜问的内容。

有一版卜辞：

(48) 岁妣庚牝。

　　岁妣庚豭。(《花东》139)(图 1-45)

图 1-45　岁祭妣庚

(《花东》139)

与其同版相连的卜辞有：

　　己卜，宙廌、牛妣庚。

　　庚卜，才章，宙牛妣庚。

　　辛卜，其宜，宙豕。

　　辛卜，其宜，宙大家。

　　辛，宜羌妣庚。

分别于己日、庚日为祭祀妣庚的用牲而卜，于辛日就宜祭用牲而对卜，又于辛日卜问宜祭妣庚用羌，例(48)的"豭"指牡豕，[1]是就岁祭妣庚用牡豕还是牝豕对卜，其语义相关，都是祭祀妣庚的。例(48)应是承前省略了前辞"辛卜"，也属于此类。其语序有不同应是为区别同版不同的岁祭、宜祭而做的调整。

在花东组岁祭卜辞中，一般常见的祭牲数量大都在三以下，此类岁祭妣庚用十头牛、十头豕作祭牲，是很特殊的待遇。

比较以上辞例可见，在花东组"干卜"类岁祭卜辞中，受祭规格最高的

①徐中舒：《甲骨文字典》，成都：四川辞书出版社，1989年，第1049页。

是妣庚,用牝、牡、豕、鬯,祭品种类是最多的,用十头牛、十头豕数量是最多的。岁祭母丙、祖丙用一牡牛,岁祭妣己用一牛、一牡牛、一牝牛,岁祭子癸用一牝牛,四位的规格都较低。

三、干支

这一前辞类的卜辞有 39 例,约占总数的 44.3%,是花东组岁祭卜辞中占比最高的一类。

(一)文例

此类卜辞的前辞是"干支",命辞形式是"岁+祖妣+祭品",即受祭对象在"岁"之后,祭品信息在受祭对象之后。辞例如:

　　(49)甲辰,岁妣庚家一。(《花东》61)

　　(50)丁丑,岁妣丁小宰。(《花东》157)

　　(51)乙未,岁祖乙牝一,伐鬯一。(《花东》426)

例(49)的受祭对象"妣庚"在"岁"之后,祭品信息"家一"在受祭对象之后。"家"可能是当时某些供祭祀的猪,饲养在圈内,其意义与牢、宰近似。[①] 例(50)的受祭对象"妣丁"在"岁"之后,祭品信息"小宰"在受祭对象之后。例(51)的受祭对象"祖乙"在"岁"之后,祭品信息"牝一"在受祭对象之后。

有一例卜辞:

　　(52)乙亥,彡岁祖乙二牢、夕牛、白豭,伐鬯一,子祝。(《花东》142)

岁祭有彡祭相伴,受祭对象"祖乙"在"岁"之后,祭品信息"二牢、夕牛、白豭"在受祭对象之后。这是此类中少见的岁祭同时有彡祭相伴的卜辞。宾组岁祭卜辞中也有与此前辞相同的,但其命辞形式为"㞢彡岁+祖妣",与此类不同的是岁祭有侑祭与彡祭相伴,且无祭品信息。

(二)岁祭对象

此类卜辞的岁祭对象有先王、先妣与子。

---

①刘一曼:《花园庄东地 H3 祭祀卜辞研究》,中国社会科学院考古研究所夏商周考古研究室:《三代考古》(二),北京:科学出版社,2006 年,第 436 页。

1. 先王

岁祭的先王有祖乙、祖甲、祖戊,辞例如:

（53）甲午,岁祖甲牡一,权曶一。

乙未,岁祖乙牝一,权曶一。（《花东》426）

（54）戊申,岁祖戊犬一。（《花东》355）

例(53)岁祭祖乙、祖甲,祖乙、祖甲在第一类"干支卜"、第二类"干卜"中都有祭。例(54)岁祭祖戊,此处的祖戊暂不知为何人。① 花东组卜辞岁祭祖戊此处属首见。这类卜辞占卜日名与岁祭对象日干名相同。

2. 先妣

岁祭的先妣有妣甲、妣丁、妣己、妣庚,辞例如:

（55）甲午,岁妣甲乩一,又皀。（《花东》261）

（56）丁丑,岁妣丁小宰。（《花东》157）

（57）己亥,岁妣己[羊]。用。（《花东》313）

（58）甲辰,岁妣庚家一。（《花东》61）

以上卜辞分别岁祭妣甲、妣丁、妣己、妣庚。妣己、妣庚在第一类"干支卜"、第二类"干卜"中有祭,妣甲在第一类中有祭,妣丁在第二类中有祭。

3. 子

岁祭的子是子癸,辞例如:

（59）癸亥,岁癸子乩一。（《花东》289）

"癸子"就是"子癸"。② 子癸在第二类"干卜"中也有祭。

（三）岁祭用品类别与规格

此类卜辞的岁祭用品有6种,分别是:牢、牛、宰、羊、豕、犬。

1. 牢

岁祭用牢的辞例如:

（60）乙亥,岁祖乙牢、幽鬲、白豭,权曶二。（《花东》237）

---

① 刘一曼、曹定云:《再论殷墟花东H3卜辞中占卜主体"子"》,北京大学考古文博学院:《考古学研究》(六),北京:科学出版社,2006年,第305页。

② 刘一曼:《花园庄东地H3祭祀卜辞研究》,中国社会科学院考古研究所夏商周考古研究室:《三代考古》(二),北京:科学出版社,2006年,第431页。

（61）乙亥，𤕟岁祖乙二牢、夘牛、白豭，钗鬯一，子祝。（《花东》142）

（62）甲戌，岁祖甲牢、幽麃，祖甲永子。用。（《花东》149）

（63）庚辰，岁妣庚［牢］、牝，彡舌。（《花东》427）

例（60）的"幽"，"通黝，黑也"。[①] 是于乙亥日卜问用一牢、一头黝色的麃、一头白色的牡豕岁祭祖乙，并以钗祭二卤鬯作伴祭。例（61）卜问用二牢、一头黧色的牛、一头白色的牡豕岁祭、𤕟祭祖乙，同时以钗祭一卤鬯作伴祭，并由子行祝祷仪式。花东组卜辞"占卜主体不是商王，只是中上层社会的贵族成员，可知，所谓'殷人尚白，牲用白'或'殷白牡'祭祀礼尚的流行，确实覆盖了相当的社会层面"。[②] 此处用一白豭岁祭祖乙也是一个明证。例（62）的"永"为地名，[③]"子"读为祀，[④]是于甲戌日卜问用一牢、一头黝色的麃在永地岁祭祖甲，验辞表明，最终采纳了卜问的内容。花东组卜辞中使用黝麃岁祭的对象仅见于祖乙、祖甲，"夏人尚黑……用玄（青黝色）牲祭祀"。[⑤] 用黝色祭牲岁祭祖乙、祖甲或是夏人礼俗风尚的孑遗。以上辞例中同是用牢岁祭先王，祖乙用二牢，祖甲用一牢，祖乙的规格高于祖甲。例（63）的"舌"应读作"磔"，"是就祭祀支解牲体言之"。[⑥] 是在庚辰日卜问用一牢和一头牝牛岁祭妣庚，并在彡祭时以舌的方式用牲。此类用牢岁祭时，占卜日名与祖妣日干名同。

有一条合祭卜辞：

（64）丙子，岁祖甲一牢，岁祖乙一牢，岁妣庚一牢，才郒。来自骋。（《花东》480）

"郒"字"在卜辞为地名"。[⑦] 与例（64）同版的两条卜辞：

[①]郭沫若：《殷契萃编》，中国科学院考古研究所：《考古学专刊》（甲种第十二号），北京：科学出版社，1965 年，第 500 页。转引自宋镇豪、段志洪主编《甲骨文献集成》第 2 册，成都：四川大学出版社，2001 年，第 308 页。

[②]宋镇豪：《夏商风俗》，上海：上海文艺出版社，2018 年，第 611 页。

[③]徐中舒：《甲骨文字典》，成都：四川辞书出版社，1989 年，第 1236 页。

[④]徐中舒：《甲骨文字典》，成都：四川辞书出版社，1989 年，第 1571 页。

[⑤]宋镇豪：《夏商风俗》，上海：上海文艺出版社，2018 年，第 610 页。

[⑥]于省吾：《甲骨文字释林》，北京：商务印书馆，2010 年，第 170 页。

[⑦]于省吾主编：《甲骨文字诂林》，北京：中华书局，1999 年，第 3212 页。

丙寅卜,丁卯子⿱⿰丁,再萧⿰一,[联]九,才⿰。来獣自⿰。

癸酉,子炅,才⿰。子乎大子钔丁宜,丁丑王入。用。来獣自⿰。

例(64)句尾的"来自⿰"应是"来獣自⿰"的省略。姚孝遂释"⿰""当为地名或人名"。[①] 此处的"⿰"应指地名,"来獣自⿰"指明岁祭用牢的来源。是于丙子日卜问,在郗地岁祭祖甲、祖乙、妣庚,各用一头从⿰地猎获来又经过专门饲养的牛。可见,以牢岁祭祖乙、祖甲、妣庚的规格相同。例(61)以二牢岁祭祖乙是在有⿰祭伴祭的场合。

2. 牛

岁祭用牛的辞例如:

(65) 甲午,岁祖甲牡一,伐⿰一。

　　乙未,岁祖乙牝一,伐⿰一。(《花东》426)

(66) 辛亥,岁妣庚鷹、牝一,齿钔归。(《花东》132)

(67) 辛酉,昃岁妣庚黑牝一,子祝。(《花东》437)

(68) 甲辰,岁癸子牡一。(《花东》321)

例(65)的第一条卜辞于甲午日卜问,用一头牡牛岁祭祖甲,以伐祭一卣⿰作伴祭。第二条卜辞于第二天的乙未日卜问,用一头牝牛岁祭祖乙,以伐祭一卣⿰作伴祭。以牛岁祭先王时,祖甲与祖乙的规格同。例(66)的"钔"在卜辞"多为祭名……钔祭之内容极为广泛……或御疾,或被无子,均钔祭于先祖以求佑护"。[②] "齿钔"就是为齿疾而钔祭,这条卜辞于辛亥日卜问,在为齿疾钔祭归来时,用一头鷹和一头牝牛岁祭妣庚。例(67)的"昃"为纪时之名,"中日已过,日已偏斜之时为昃,约为后世之未时前后"。[③] 卜辞于辛酉日卜问,在日偏斜时用一头黑色的牝牛岁祭妣庚,由子作祝祷。这类岁祭中,于昃时岁祭只此一见。"由'子'主持的祝祷之祭,主要用于重点的祭祀对象,尤其是以重要的男性祖先为主。"[④]岁祭妣庚也由子祝,可见子对妣庚的重视。例(68)于甲辰日卜问,用一头牡牛岁祭子

①于省吾主编:《甲骨文字诂林》,北京:中华书局,1999年,第2749页。

②于省吾主编:《甲骨文字诂林》,北京:中华书局,1999年,第406页。

③徐中舒:《甲骨文字典》,成都:四川辞书出版社,1989年,第723页。

④刘一曼:《花园庄东地H3祭祀卜辞研究》,中国社会科学院考古研究所夏商周考古研究室:《三代考古》(二),北京:科学出版社,2006年,第433页。

癸。值得注意的是,此类用牛岁祭祖甲、祖乙时,占卜日名与祖先日干名相同,而岁祭妣庚与子癸时,占卜日名在受祭对象日干名的后一天。

3. 宰

岁祭用宰的辞例如:

(69)庚辰,岁妣庚小宰,子祝,才麗。

　　　甲申,岁祖甲小宰,彳卤一,子祝,才麗。

　　　乙酉,岁祖乙小宰、豭,彳卤一,龟祝,才麗。(《花东》291)

(70)乙亥,岁祖乙小羍,子祝,才麗。

　　　甲申,岁祖[甲]小宰,[彳]卤一,子祝,才麗。(《花东》354)

(71)丁丑,岁妣丁小宰。(《花东》157)

例(69)的“麗”是放牧及祭祀之地,[1]同版的三条卜辞分别记录在麗地岁祭妣庚、祖甲、祖乙。第一条卜辞于庚辰日卜问,在麗地用一小宰岁祭妣庚,由子祝祷。第二条卜辞于四天后的甲申日卜问,在麗地对祖甲用一小宰岁祭,用一卤卣彳祭,由子祝祷。第三条卜辞于甲申日的第二天乙酉日卜问,在麗地对祖乙用一小宰和一头牡豕岁祭,用一卤卣彳祭,由龟祝祷。祖甲的岁祭比妣庚多了彳卤,祖乙的岁祭用品又比祖甲多了一头牡豕。可见,用宰同祭三位时,祖乙的岁祭规格最高,妣庚、祖甲的岁祭由子祝祷,而祖乙的岁祭由龟祝祷,也可见,由龟祝祷比子祝祷时的规格高。例(70)的“羍”从“宰”从“土”,“指专门圈养供祭祀的公羊”。[2]第一条卜辞于乙亥日卜问,在麗地用一小牡宰岁祭祖乙,由子祝祷,第二条卜辞于下一旬的甲申日卜问,在麗地用一小宰岁祭祖甲,并用一卤卣彳祭,由子祝祷。第一条卜辞卜问用小的牡宰,第二条卜辞卜问用小宰,不计牝牡。也可见,岁祭祖乙的规格要高于祖甲。例(71)于丁丑日卜问用一小宰岁祭妣丁。此类用小宰岁祭时都用一只,占卜日名与祖妣日干名相同。有一条合祭卜辞:

(72)甲寅,岁祖甲牝,岁祖乙宰、白豕,岁妣庚宰,祖甲汎蚁卯。
(《花东》115)

----

①魏慈德:《殷墟花园庄东地甲骨卜辞的地名及词语研究》,《中国历史文物》,2005 年第 6 期。

②刘一曼:《花园庄东地 H3 祭祀卜辞研究》,中国社会科学院考古研究所夏商周考古研究室:《三代考古》(二),北京:科学出版社,2006 年,第 436 页。

"'蚁',卜辞为方国名。"①甲骨文"汜"字即《说文》"盟"之初文。②
"汜字象荐血于几上。"③卜辞"汜"、"卯"皆为用牲之法,④是于甲寅日卜
问,用一头牝牛岁祭祖甲,用一宰和一头白色的豕岁祭祖乙,用一宰岁祭妣
庚。岁祭祖甲时还要在蚁地同时用汜与卯的方法处置祭牲,即先用汜的方
法取这头牝牛的血荐上,然后把它对剖。这里的妣庚"是祖乙之配"。⑤于
甲寅日岁祭祖甲、祖乙、妣庚,可知主祭对象为祖甲,祖乙、妣庚为陪祭对
象,所以祭祖甲用牛,并且特别卜问用牲的方法,而祭祖乙、妣庚用宰。但
同是陪祭,岁祭祖乙的用牲比妣庚多一头白豕,其规格高于妣庚。

4. 羊

岁祭用羊的辞例如:

(73)甲子,岁妣甲牡一,曶三小宰,又屮。(《花东》88)

(74)丙戌,岁祖甲羊一,岁祖乙牡一,才甘,子祝。

丙戌,岁祖甲牡,岁祖乙羊一,才甘,子祝。

庚戌,岁妣庚牝一,入自麋。(《花东》428+561)

(75)己亥,岁妣己[羊]。用。(《花东》313)

(76)癸亥,岁癸子牝一。(《花东》289)

例(73)"曶"为删,俗作"砍"。⑥"所'曶'者多为'牛'、'羊'、'牢'、
'宰'。"⑦是于甲子日卜问,用一只牝羊岁祭妣甲,并砍杀三小宰,行侑祭、
屮祭相伴。例(74)是一版由《花东》428与《花东》561拼合的卜辞,其中的
"牡、牝"皆为合文,当读作"牡羊"、"牝羊"。⑧"卜辞甘为地名。"⑨同版的
三条卜辞中,第一、二条卜辞于丙戌日卜问,在甘地岁祭祖甲、祖乙,由子祝
祷,是用一只羊岁祭祖甲,一只牝羊岁祭祖乙呢,还是用一只牝羊岁祭祖

---

① 于省吾主编:《甲骨文字诂林》,北京:中华书局,1999年,第909页。
② 于省吾:《甲骨文字释林》,北京:商务印书馆,2010年,第25页。
③ 于省吾:《双剑誃殷契骈枝续编·释兆》,1941年,第26页。转引自宋镇豪、段志洪主编《甲骨文
　献集成》第8册,成都:四川大学出版社,2001年,第248页。
④ 于省吾主编:《甲骨文字诂林》,北京:中华书局,1999年,第3345、3441页。
⑤ 刘一曼:《花园庄东地H3祭祀卜辞研究》,中国社会科学院考古研究所夏商周考古研究室:《三
　代考古》(二),北京:科学出版社,2006年,第429页。
⑥ 于省吾:《甲骨文字释林》,北京:商务印书馆,2010年,第174页。
⑦ 于省吾主编:《甲骨文字诂林》,北京:中华书局,1999年,第2969页。
⑧ 于省吾主编:《甲骨文字诂林》,北京:中华书局,1999年,第1543—1544页。
⑨ 于省吾主编:《甲骨文字诂林》,北京:中华书局,1999年,第683页。

甲,用一只羊岁祭祖乙呢。一只羊相对于一只牡羊,应是指不计牝牡的任意一只羊。对祖甲、祖乙要不要特意用一只牡羊岁祭,是要经过卜问后才能决定,可见其意义非凡。第三条卜辞于庚戌日卜问,用一只从麋地进贡的牝羊岁祭妣庚。庚戌日在丙戌日的两旬后,时间很长,或应分属两次祭祀,但岁祭祖甲、祖乙用牡羊,岁祭妣庚用牝羊,可见此类用羊岁祭的制度。例(75)于己亥日卜问用一只羊岁祭妣己,验辞表明,最终采纳了卜问的内容。例(76)于癸亥日卜问用一只牝羊岁祭子癸。这类用羊岁祭祖妣的数量都是一。除同祭祖甲、祖乙的卜辞外,其余单独岁祭卜辞的占卜日名都与受祭对象日干名相同。

5. 豕

岁祭用豕的辞例如:

> (77)乙巳,岁祖乙白豦,又皀。
>
> 丁未,岁妣庚牝一,皀。(《花东》296)

这是同版的两条卜辞,"又皀"指又(侑)祭与皀祭。[1] 罗振玉认为:"豦殆野豕,非射不可得,亦犹雉之不可生得与?"[2]而张亚初认为罗振玉的注释"纯系望文生义","这个字在甲骨文中并非指野豕,它除了少数作国族人名外,大部分是作祭名,系动词"。[3] 但此处两条卜辞的命辞结构相似,"白豦"与"牝一"相对应,是"白豦一"的省写。"豦"受"白"的修饰,显然是指祭牲,作名词用的。卜辞中还有相似的一例:

> (78)乙巳,岁祖乙白豦一,又皀祖乙永。(《花东》29)

"白豦"后加数词"一","豦"也无疑是名词。"'牝'为合文,当读作'牝豕'。"[4]例(77)的第一条卜辞于乙巳日卜问,用一头白豦岁祭祖乙,同时行侑祭、皀祭相伴,第二条卜辞于两天后的丁未日卜问,用一头牝豕岁祭妣庚,同时行皀祭相伴。同版岁祭祖乙、妣庚,对祖乙用白豦祭,对妣庚不

① 刘一曼:《花园庄东地H3祭祀卜辞研究》,中国社会科学院考古研究所夏商周考古研究室:《三代考古》(二),北京:科学出版社,2006年,第434页。
② 罗振玉:《殷虚书契考释》,1915年,第35页。转引自宋镇豪、段志洪主编《甲骨文献集成》第7册,成都:四川大学出版社,2001年,第37页。标点为著者所加。
③ 张亚初:《甲骨金文零释》,《古文字研究》第6辑,北京:中华书局,1981年,第159页。
④ 于省吾主编:《甲骨文字诂林》,北京:中华书局,1999年,第1580页。

用白色牲祭,类似这种区别贯穿于所有的这类岁祭卜辞中。殷人尚白,只把白色的祭牲用于最重要的祭祀对象,可见,妣庚的重要性不及祖乙。

(79)甲寅,岁祖甲白豠,伐㽞一,又㞡。(《花东》149)

这条卜辞于甲寅日卜问,对祖甲用一头白色的牡豕岁祭,用一卣㽞伐祭,并行侑祭与㞡祭相伴。"'豠'乃合文,当读作'牡豕',指豕之雄者而言,与'豭'同义。"①但是卜辞中有如下辞例:

(80)□□卜,亡㾪攽二豭、二豠。(《合集》22276)(午组)

"豭"与"豠"同现于一条卜辞,可见二者应是不同的两类豕。卜辞中有豠、豝相对的,如:

(81)戊辰卜,𥄉妣庚,㞢友豠。

　　戊寅卜,又妣己豝麤。(《合集》22214)(午组)

有牡、牝相对的,如例(65):"甲午,岁祖甲牡一,伐㽞一。乙未,岁祖乙牝一,伐㽞一。"(《花东》426)没有"豝"与"豭"相对的;也没有"牝"与"豭"相对的,但是在"豝"作祭牲时,与"豝"相对的只有"豭",没有"豠",如:

(82)岁妣庚豝。

　　岁妣庚豭。(《花东》139)

可见,"豭"虽然从字形上右边不从"土",但"豭"与"豝"相对而与"豠"或"牡"相当;"豠"虽然从"土",但无与"豝"相对的,应与"豝"或"牡"不类。

(83)甲子,岁祖甲骰,子祝。才𤔲。(《花东》330)

(84)甲辰,岁妣庚豖一。(《花东》61)

(85)甲寅,岁祖甲白豝一。

　　乙卯,岁祖乙白豭一,㞡自西祭,祖甲延。(《花东》4)

(86)甲午,岁妣甲豝一,又㞡。(《花东》261)

(87)丁未,岁妣丁麤一,才𤔲。(《花东》217)

①于省吾主编:《甲骨文字诂林》,北京:中华书局,1999 年,第 1578 页。

(88)丁亥,岁妣丁乩一。

己丑,岁妣己乩一。(《花东》427)

(89)癸丑,岁癸子乩一。(《花东》241)

例(83)于甲子日卜问,在𢀛地用一头牡麤岁祭祖甲,由子祝祷。例(84)于甲辰日卜问,用一头经过专门圈养的豕岁祭妣庚。例(85)有两条卜辞,第一条卜辞于甲寅日卜问,用一头白色的牝豕岁祭祖甲。祭而复祭乃谓之延。① 第二条卜辞于甲寅日的第二天乙卯日卜问,用一头白色的牡豕岁祭祖乙,然后向西方神作㞢祭、祭祭,并把对祖乙的祭祀延续到祖甲。祖甲、祖乙是这类中专享白豕的,也是这类中与妣庚一起专享牡豕的。例(86)于甲午日卜问,用一头牝豕岁祭妣甲,并行侑祭、㞢祭相伴。例(87)于丁未日卜问,在𢀛地用一头麤岁祭妣丁。例(88)有两条卜辞,第一条卜辞于丁亥日卜问,用一头牝豕岁祭妣丁,第二条卜辞于两天后的己丑日卜问,用一头牝豕岁祭妣己。例(89)于癸丑日卜问,用一头牝豕岁祭子癸。妣甲、妣己、子癸都只用一头牝豕岁祭。此类用豕岁祭祖妣时,除例(77)于丁未日卜问岁祭妣庚、例(84)于甲辰日卜问岁祭妣庚外,其余的占卜日名均与祖妣日干名相同。

6.犬

岁祭用犬的辞例如:

(90)戊申,岁祖戊犬一。(《花东》355)

是于戊申日卜问用一只犬岁祭祖戊,祭牲用犬为这类卜辞所仅见。

比较以上辞例可见,在花东组"干支"类岁祭卜辞中,受祭规格最高的是祖甲、祖乙、妣庚。岁祭祖乙、祖甲都有12种祭祀品类,都有黝、白色祭牲,而且都分牝牡,都有犭邑相伴,二者的祭祀规格相当。岁祭祖乙有用二牢又有𢀛祭相伴的,规格又高于祖甲。岁祭妣庚用10种祭祀品类,没有黝、白色祭牲,只有黑色。没有犭邑相伴,其规格不及祖甲、祖乙。与以上三位相比较,岁祭妣甲、妣丁、子癸的祭品只有三类;岁祭妣己的祭品只有两类;岁祭祖戊的祭品只有一类,祭祀他们的祭牲没有颜色的分别,没有犭邑相伴,也没有子祝祷。可见,对他们祭祀的规格依次降低,都不及祖甲、祖乙

---

① 于省吾主编:《甲骨文字诂林》,北京:中华书局,1999年,第2234页。

和妣庚。此类同版共祭的祖妣只有祖乙、祖甲、妣庚，而没有与妣甲、妣丁、妣己、祖戊、子癸共祭的辞例。同时，在这类岁祭卜辞中岁祭妣甲、妣丁、妣己、祖戊、子癸的卜辞数量明显少于岁祭祖甲、祖乙、妣庚的卜辞。以上种种现象表明，此类岁祭以祖甲、祖乙、妣庚为主，表现出的特点有：①直系先王的岁祭规格高于旁系先王；②先王的岁祭规格高于先妣；③妣庚的岁祭规格在诸妣中是最高的。

有一条卜辞：

(91)［辛］［卜］，岁祖□牝，卷自丁［糯］，才睪。祖甲［延］。（《花东》363）（图1-46）

图1-46 岁祭祖乙、祖甲
（《花东》363）

卜辞位于后右甲处，前辞中"辛"后一字漫漶不清。花东组卜辞的整理者补出"卜"字，依照前辞类型则归于第二类"干卜"中，但命辞的语序"岁+祖妣+祭品"与第三类"干支"的命辞语序同，与第二类的语序"岁+祭品+祖妣"不同。细审拓片，与"岁"字上半相应的左边也有字迹，与其下面释为"卜"的部分合起来像"巳"字的轮廓。"巳"字下面的笔画残去右半，正如下面"祖甲"之"甲"残去左边。换言之，例(91)的前辞可能是"辛巳"，应归为第三类。

从命辞内容分析，第一个"祖"后残一字，应该是与祖甲同祭的一位祖先。花东组卜辞中类似的语境还见于：

(92)戊寅卜，岁祖甲小宰，祖乙小宰，卷自西祭，子祝。（《花东》214）

(93)乙卯，岁祖乙白豭一，皀自西祭，祖甲延。（《花东》4）

例(92)同例(91)一样，都是烝祭的场合，与祖甲同祭的是祖乙。例(93)进行的是皀祭，与烝祭一样，都是用黍、稷祭祀祖先，也都是向西方祭祭，同祭的也是祖乙与祖甲。可见，例(91)的前一位祖先极有可能是祖乙。与例(93)一样，例(91)也是在祖乙的岁祭结束后继续祖甲的祭祀。

反之，如果把例(91)定为第二类，就是该类唯一岁祭祖乙、祖甲的卜辞，也是唯一用羊岁祭的。放入第二类岁祭规格的体系比较，就会出现：岁祭妣庚的规格远高于祖乙、祖甲；岁祭母的规格也高于先王祖乙、祖甲。花东组岁祭卜辞除下面要讨论的第四类"干"专祭妣庚外，第一类"干支卜"、第三类"干支"都是以祖乙、祖甲的岁祭规格为最高的,第二类"干卜"的岁祭制度反常如此,难以解释。如果把例(91)定为第三类,第三类有如下的辞例:

> (94)丙戌,岁祖甲羊一,岁祖乙牝一,才甘,子祝。
>
> 丙戌,岁祖甲牝,岁祖乙羊一,才甘,子祝。
>
> 庚戌,岁姚庚牝一,入自麓。(《花东》428+561)

例(91)和例(94)一样,只是用羊岁祭祖乙、祖甲辞例之一,与其总体岁祭规格不矛盾。

综上所述,把例(91)前辞"辛"后一字补为"巳"较为合理。是于辛巳日卜问,在罕地用一头牝羊岁祭祖乙,用丁地进贡的糇行烝祭,并把对祖乙的祭祀延续到祖甲。

四、干

这一前辞类的卜辞仅有 7 例,约占总数的 8%。

此类卜辞的前辞仅有天干,在找到的 7 例卜辞中,命辞形式有两小类,第一小类为"岁+祖妣+祭品",即受祭对象在"岁"之后,祭品信息在受祭对象之后;第二小类为"岁+于+祖妣+祭品",即受祭对象在"岁"之后,并通过"于"与"岁"连接,祭品信息在受祭对象之后。辞例如:

> (95)丙,岁姚庚牝,叔皂,告梦。(《花东》26)
>
> (96)乙,岁姚庚牡。(《花东》39)
>
> (97)乙,岁于姚庚[麓]。
>
> 乙,岁于姚庚麓。(《花东》304)

例(95)的受祭对象"姚庚"在"岁"之后,祭品信息"牝"在受祭对象之后;例(96)受祭对象"姚庚"在"岁"之后,祭品信息"牡"在受祭对象之后。例(95)、(96)属于第一小类。例(97)是两条同文卜辞,受祭对象"姚庚"在"岁"之后,并通过"于"与"岁"连接,祭品信息"麓"在受祭对象之后,属于第二小类。

有一条卜辞:

> (98)乙,岁延祖乙。用。(《花东》237)(图 1-47)

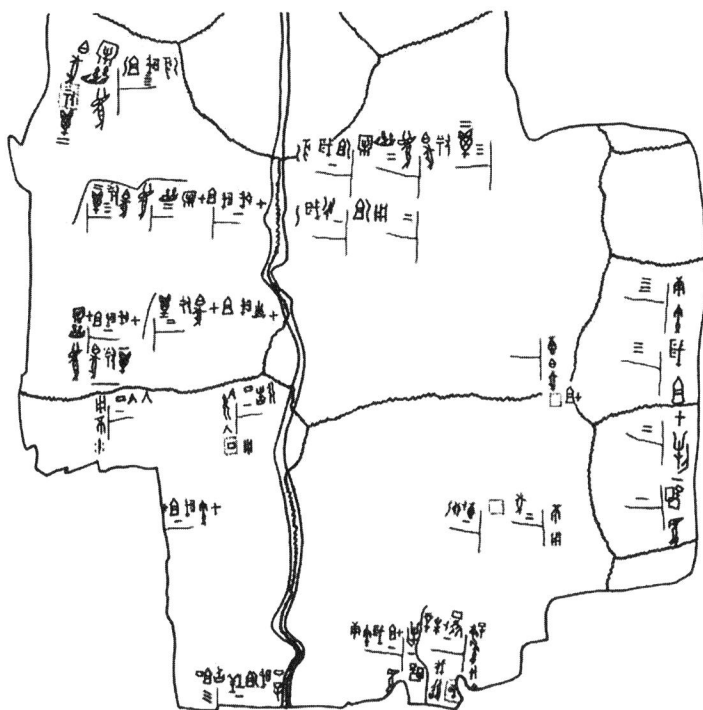

图 1-47 岁祭祖乙

(《花东》237)

从形式上看似乎属于这类,与其同版的卜辞共有 15 条,属于岁祭的卜辞有:

(99)甲寅,岁祖甲……

(100)丁巳,岁祖乙牝一,舌祖丁彡。

(101)甲子,岁祖甲白豭,祝鬯一。

(102)惠白豭□祖甲。

(103)甲戌,岁祖甲牢、幽麂、白豭,祝一鬯。

(104)甲戌,岁祖甲牢、幽麂、白豭,祝二鬯。

(105)乙亥,岁祖乙牢、幽麂、白豭,祝二鬯。

(106)乙亥,岁祖乙牢、幽麂、白豭,[祝]鬯二。

(107)庚寅,岁祖甲牝一,子雍见。

(108)庚寅,岁祖甲牝一,子雍见。

这版卜辞记录了从甲寅至庚寅前后四旬内的岁祭。从内容看,例
(103)、(104)于甲戌日卜问岁祭祖甲之事,例(105)、(106)于甲戌日的第
二天乙亥日卜问岁祭祖乙之事,例(105)、(106)岁祭祖乙的祭品与例
(104)岁祭祖甲的祭品完全相同,与例(103)不同之处只在于例(103)用一
卣鬯,例(105)、(106)用二卣鬯。例(98)的卜辞位置则刚好在例(103)、
(104)与例(105)、(106)之间,就卜辞内容而言,例(98)的"延祖乙"正与
例(103)—(106)的内容吻合,是卜问把对祖甲的岁祭延续于祖乙。验辞
表明,采纳了卜问的内容,而例(105)、(106)就是其具体表现。因此,例
(98)的"乙"与例(105)、(106)的"乙亥"所指相同,应是省略或漏刻。例
(98)不属于这一类。还可见用白豭岁祭,以衩鬯伴祭时,例(101)、(103)、
(104)都于甲日岁祭祖甲,例(105)、(106)都于乙日岁祭祖乙,而例(107)、
(108)用牝牛岁祭祖甲则在庚日。例(99)岁祭祖甲在甲日,其残缺的也应
是祭品白豭等信息。例(102)的前辞也应是蒙例(101)而省。[①]

此类的岁祭对象只有妣庚,妣庚在第一类"干支卜"、第二类"干卜"、
第三类"干支"中都有祭祀。此类的岁祭用品有牛、羊、豕,辞例如:

> (109)乙,岁妣庚牡。(《花东》39)
>
> (110)庚,岁妣庚牝一。(《花东》180)
>
> (111)丙,岁妣庚牡,衩鬯,告梦。(《花东》26)
>
> (112)乙,岁于妣庚[豕兆]。
>
> 乙,岁于妣庚豕兆。(《花东》304)

例(109)、(110)分别于乙日、庚日卜问用一头牡牛、一头牝牛岁祭妣
庚,例(111)于丙日卜问用一只牡羊岁祭妣庚,并伴以衩祭一卣鬯,为梦而
行告祭。"晚商贵族统治者常常直接把梦与鬼魂信仰相联系,视梦为鬼魂
对做梦者忧咎祸孽的示兆。""告梦致祭的对象通常为致梦的已故先人。"[②]
告祭妣庚,是把妣庚作为致梦的先人。在岁祭时告梦,以禳除梦所预示的
忧咎祸孽。例(112)是两条同文卜辞,均于乙日卜问用一头豕兆对妣庚岁祭。

有一条卜辞:

> (113)岁二羊于庚,告弹来。(《花东》85)(图1-48)

---

①蒙常玉芝先生见告。

②宋镇豪:《夏商风俗》,上海:上海文艺出版社,2018年,第569—570页。

花东组卜辞中岁祭对象庙号为"庚"的仅见于"妣庚"，可见例（113）中的"庚"应是"妣庚"的省称。"弹"字在卜辞为人名。[1] "'来'，至也。"[2]是在卜问用两只羊对妣庚岁祭，并就弹的到来一事行告祭。此例从语序看，与第二类"干卜"同，都是"岁+祭品+祖妣"，但第二类没有用羊为祭牲的。

图 1-48　岁祭妣庚
（《花东》85）

受祭对象与"岁"之间有"于"连接见第一类"干支卜"与这一类，但命辞中带有岁祭目的的仅见于此类，所以例（113）更有可能属于这类。至于为什么没有记前辞，命辞语序又为什么与这类不同则无法推断，因为整个龟版仅刻有四条卜辞，都没有前辞，除一条与例（113）同文的卜辞外，其余两条卜辞与岁祭无关。

花东组卜辞中有的妣庚可能是祖乙之配，有的妣庚可能是祖甲之配。[3] 这类的命辞有"岁+祖妣+祭品"一类，也有"岁+于+祖妣+祭品"一类。前者岁祭用牡、牝，后者不用牛，这种祭品种类的差异是否与两个妣庚相对应，有待进一步研究。

五、小结

花东组岁祭卜辞的前辞有四种类型："干支卜"；"干卜"；"干支"；"干"。第二类的命辞语序为"岁+祭品+祖妣"。第一、三类相同，都是"岁+祖妣+祭品"。第四类的命辞语序有"岁+祖妣+祭品"与"岁+于+祖妣+祭品"两小类。就岁祭对象而言，第二类与第一、三类很大的不同是不祭祖甲、祖乙，而第一类与第三类的不同在于第三类在第一类岁祭对象的基础上增加了祖戊、妣丁、子癸。可见，第三类是一种岁祭范围更广、更普遍的祭祀类型。与此相应的是第三类的辞例最多，占花东组卜辞近一半的比例。第四类是专祭妣庚的。总之，文例的不同与特定的岁祭内容相表里。

下面将花东组各类岁祭卜辞中的受祭对象归纳成表 4。

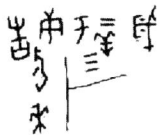

---

①李孝定：《甲骨文字集释》，台北：台湾"中央研究院"历史语言研究所，1965 年，第 3858 页。
②徐中舒：《甲骨文字典》，成都：四川辞书出版社，1989 年，第 617 页。
③刘一曼：《花园庄东地 H3 祭祀卜辞研究》，中国社会科学院考古研究所夏商周考古研究室：《三代考古》（二），北京：科学出版社，2006 年，第 430 页。

受祭对象	类别	①干支卜	②干卜	③干支	④干
先王	祖乙	+		+	
	祖甲（羌甲）	+		+	
	祖丙		+		
	祖戊			+	
先妣	妣甲	+		+	
	妣丁		+	+	
	妣己	+	+	+	
	妣庚	+	+	+	+
母	母丙		+		
子	子癸		+	+	

注：表中"+"表示某类中所有的岁祭对象。

由表4可见，花东组卜辞岁祭对象有先王、先妣、母与子。从纵向看，岁祭数量最多的是先王、先妣，各有四位。先王中直系先王一位、旁系先王三位。从横向看，各种岁祭对象出现的频率是：

妣庚＞妣己＞祖甲、祖乙、妣甲、妣丁、子癸＞祖丙、祖戊、母丙，妣庚是岁祭最频繁的对象。

花东组岁祭的用牲没有直接或伴祭用人牲的。岁祭用品种类遍及牢、牛、窜、羊、豕、豐，而且用牲很讲求牝牡及颜色。在所有的岁祭对象中，祖乙是最受重视的，其次是祖甲（羌甲）。羌甲只是一个旁系先王，但在花东组卜辞中尊称为"祖甲"，这在所有的岁祭卜辞中是仅见的。妣庚在与祖乙、羌甲同祭的第一类"干支卜"、第三类"干支"中，规格不及二位先王，却是所有先妣中唯一与二位先王合祭的。在第三类中，岁祭祖乙、羌甲用白色祭牲，岁祭妣庚没有，但有一例无法确定前辞的卜辞：

（114）岁妣庚白彘。（《花东》53）（图1-49）

卜辞卜问用一头白色的彘岁祭妣庚，说明单独岁祭妣庚时有用白色祭牲的。在第二类"干卜"中岁祭妣庚用十头牛、十

图1-49　岁祭妣庚

（《花东》51）

头豕作祭牲,是很特殊的待遇,在第四类"干"中又独祭妣庚。总之,主祭者重视妣庚的岁祭是无疑的。"H3卜辞祭祀男性祖先最多的是祖乙和沃甲(H3中的祖甲),祭祀女性祖先最多的是妣庚,此妣庚多为祖乙之配与沃甲之配(三妣庚)。由此可以推断,H3卜辞主人可能是沃甲之后,而沃甲又可能是祖乙之配妣庚所生(祖乙另有一法定配偶是妣己)。因此,H3卜辞主人重点祭祀祖乙、沃甲和他们的配偶妣庚也就在情理之中了。"①花东组岁祭卜辞的情况正与此结论相合。

有一条卜辞:

　　　(115)……又岁牛于妣己。(《花东》204)

(图1-50)

图 1-50　岁祭妣己
(《花东》204)

上面我们讨论的卜辞只有例(61)的岁祭有 𢆶祭相伴,而这一例显示岁祭也有侑祭相伴的。有 𢆶祭相伴时的岁祭对象是祖乙,有侑祭相伴时的岁祭对象是妣己,祖乙的法定配偶。可见安排这两种伴祭场合的目的。

第五节　一期卜辞岁祭的特点

一期的四组卜辞"虽都是武丁时代的,然而也有早晚之不同,自、子两组大约较晚。除了有早晚叶之分外,宾组似乎是王室正统的卜辞;自组卜人也常和时王并卜,所以也是王室的,而其内容稍异。午组所祭的人物很特别,子组所记的内容也与它组不同"。② 比较各组的岁祭卜辞,可见其文例与岁祭制度方面的特点。

一、文例特点

一期岁祭卜辞最大的不同在于前辞类型,把各组卜辞的前辞类型归纳成表5。

---

①刘一曼、曹定云:《殷墟花园庄东地甲骨卜辞选释与初步研究》,《考古学报》,1999年第3期。转引自宋镇豪、段志洪主编《甲骨文献集成》第6册,成都:四川大学出版社,2001年,第307页。
②陈梦家:《殷虚卜辞综述》,北京:中华书局,1988年,第166页。

类别 前辞类	宾组	午组	𠂤组	花东组
干支卜+某贞	+△		+	
干支卜+贞	+		+	
干支卜	+	+△	+	+
干支	+	+		+△
贞	+			
干支卜+卜人			+	
干支贞		+		
干卜				+
干				+

注:表中"+"表示某组中所有的前辞类型,"△"表示所标注类型是该组的主要类型。

　　𠂤组岁祭卜辞的前辞有四类,但每类下的辞例很少,而且多是残辞,所以无法判断哪一类是主要类型。其余三组都有一种前辞类型是主要的,而且各组的主要类型互不相同。宾组岁祭卜辞以第一种前辞类型为主,其前辞完整,所祭对象有商王朝历史上最重要的先公上甲、先王大乙,还有武丁的祖父祖丁及曾祖父羌甲,严整、规范的形式与重要的内容相表里。宾组是王室的正统卜辞,由这一主要类型可得到印证。这种完整的前辞类型只出现于宾组与𠂤组卜辞中,而且𠂤组的四种前辞类型中有三种与宾组相同,为两组同为王室卜辞提供了证据。花东组岁祭卜辞的前辞有四类。第一类的前辞"干支卜"相较于其他类型是较完整的,岁祭对象是祖乙、祖甲及其配偶妣甲、妣己、妣庚,妣丁可能是祖乙或祖甲的非法定配偶,所以未在这一类受祭,也可见较规范的形式与较重要的内容相表里。另外,一期一些前辞类型的岁祭卜辞记载特定的岁祭对象,如宾组卜辞的第二类"干支卜+贞"、第三类"干支卜"只祭祖丁与母庚;花东组卜辞第四类"干"所祭对象只有妣庚,也可见特有的形式与特定的内容相表里。一期岁祭卜辞的文例以前辞的不同而相互区别,同一前辞类型内,命辞的语序大多相同,即使有区别,也因卜辞少没有形成明显的相互对立。

二、岁祭对象特点

　　把一期各组岁祭卜辞中的受祭对象归纳成表6。

受祭对象 \ 类别		宾组	午组	𠂤组	花东组
先公	上甲	+			
	报丙			+	
	示壬			+	
先王	大乙	+		+	
	外丙	+			
	大甲	+			
	祖乙	+	+（下乙）	+	+
	祖丙				+
	羌甲	+			+
	祖丁	+			
	祖戊				+
	南庚	+	+（祖庚）		
	阳甲			+	
	高乙		+△		
	入乙		+△		
	祖戊		+△		
	祖己		+△		
	内己		+△		
	天庚		+△		
	祖癸		+△		
	武		+△		
先妣	妣甲				+
	妣乙		+		
	妣丁				+
	妣戊		+		
	妣己		+		+
	妣庚				+
	妣辛			+	
	妣癸		+		

续表

受祭对象 ＼ 类别		宾组	午组	自组	花东组
父	父丙		+△		
	父丁		+△		
	父戊		+		
	父己		+△		
	小乙	+			
母	母丙				+
	母戊		+		
	母庚	+			
兄	兄丁			+	
	兄己		+		
子	子庚		+△		
	子癸				+
天象		🜨	+		

注:表中"+"表示某类中所有的受祭对象,"△"表示所标注受祭对象为某类所独有。

　　由表6可见,一期岁祭卜辞共有42个岁祭对象。其中先公3位,约占所祭祖先的7.1%,占《周祭中的商先王先妣世次表》(以下简称《世次表》)①中所有先公的50%;除祖戊、午组特有的岁祭对象及花东组的祖丙暂不知何人外,岁祭直系先王4位,约占所祭祖先的9.5%,占《世次表》中小乙之前所有直系先王的44.4%;旁系先王4位,约占所祭祖先的9.5%,占《世次表》中小乙之前所有旁系先王的57.1%。女性祖先11位,其中先妣8位,母3位,分别占所祭祖先的19%、7.1%;父2位、兄2位、子1位,各约占所祭祖先的4.8%、4.8%、2.4%;自然现象1个,约占所祭对象的2.4%。没有对外族神的岁祭。表现出的特点有二:①岁祭女性祖先合占26.1%,岁祭男性祖先(先王、父、兄)28.6%,男性祖先的比例稍高于女性祖先;②岁祭直系先王的占比等于旁系先王,岁祭的直系先王在《世次表》

---

①常玉芝:《殷墟甲骨断代标准评议》,北京:中国社会科学出版社,2020年,第328页。因岁祭对象未见王亥,统计时先公以六位计。

中所有直系先王中的占比略低于旁系先王。

　　比较各组卜辞中的不同类岁祭对象可见，先公上甲只在宾组受祭，报丙、示壬只在自组中受祭，午组与花东组没有岁祭先公的。自组卜辞辞例少，将其他三组卜辞进一步比较还可见，宾组岁祭直系先王4位，午组1位，花东组1位，宾组岁祭直系先王的数量明显高于午组、花东组，表明宾组作为王室卜辞的特征。父只在宾组、午组有祭，自组、花东组未发现岁祭父的。母在各组都只祭一位。宾组以岁祭直系先王为主，祖丁是宾组岁祭频率最高的对象正与之相合。花东组以岁祭女性祖先为主，妣庚是花东组岁祭频率最高的对象也与之相合。

　　比较各组卜辞中的各个岁祭对象可见，祖乙是宾组与午组、自组、花东组共同岁祭的对象。在宾组的四类岁祭卜辞中，祖乙只在其中的一类中受祭，受祭频率不及祖丁、母庚与大乙；在午组卜辞中，祖乙被称作下乙受祭，午组有三类岁祭卜辞，祖乙在其中的两类中受祭；在自组的三类岁祭卜辞中未见祖乙受祭的辞例，但在一条无法确定前辞的卜辞中，祖乙受重祭；在花东组的四类岁祭卜辞中，祖乙在其中的两类中受祭，而且受重祭。可见，祖乙在武丁时期的岁祭中受重视的程度是逐渐增强的。南庚是宾组与午组共同岁祭的对象，南庚在午组中称"祖庚"，是备受重视的。羌甲是宾组与花东组共同岁祭的对象，在花东组卜辞中称祖甲，与祖乙、妣庚一起受重祭。午组与花东组共同岁祭的对象是妣己。在午组的三种前辞类型中，只有第二类"干支贞"岁祭妣己；而在花东组的四种前辞类中，有三类都在祭妣己，可知妣己在花东组卜辞中更受重视。只在午组岁祭的对象有🜨、高乙、入乙、祖戊、祖己、内己、天庚、祖癸、武、妣乙、妣戊、妣癸、父丙、父丁、父戊、父己、母戊、兄己、子庚。其中午组独有的称谓有高乙、入乙、祖戊、祖己、内己、天庚、祖癸、武、父丙、父丁、父己、子庚，"午组所祭的人物很特别"可见一斑。"'午组卜辞'与'宾组卜辞'既有一定的联系，但又有较显著的区别，属于武丁时代的非正统卜辞。"[1]由午组卜辞与宾组共祭祖乙、南庚可见午组岁祭卜辞与宾组岁祭卜辞的联系，而午组特有的称谓如此之多，又可见其岁祭与宾组的显著区别。

----

[1] 肖楠：《略论"午组卜辞"》，《考古》，1979年第6期。转引自宋镇豪、段志洪主编《甲骨文献集成》第15册，成都：四川大学出版社，2001年，第342页。

三、岁祭用品与规格特点

一期卜辞岁祭用品的特点有两个,一是人牲的使用多见于宾组与𠂤组,午组中仅见于岁祭天象☯、祖乙与父戊,花东组卜辞中无以人牲岁祭的,可见宾组与𠂤组为王室正统卜辞的地位与岁祭用品的级别之高,有一例宾组残辞一次用羌人俘虏竟达三十个。二是岁祭用祭牲注重毛色与牝牡。宾组卜辞有一例残辞岁祭用牡牛;𠂤组有一条无法确定前辞的卜辞岁祭祖乙用一头黧色的牛、一头白色的牡豕。花东组岁祭祖乙、羌甲与妣庚时更是有大量注重祭牲毛色与牝牡的。

就可见的用牲规格而言,𠂤组岁祭表现的特征是先公示壬的规格高于先王,而一条残辞显示祖乙的用牲规格是最高的;宾组、午组、花东组表现的特点是对直系先王的岁祭规格高于旁系先王;午组卜辞中父戊的岁祭规格高于祖乙以外的先王。

武丁时期岁祭最受重视的是先公上甲与先王大乙。上甲是为父报仇的民族英雄,大乙是南征北战的开国奠基者,后人铭记他们的历史功勋,给以最高的礼遇。宾组岁祭先王大乙在最庄重的场合称"唐",在一般的场合称"成";而先公上甲只在最庄重的场合岁祭,可见,武丁对先公上甲只有尊重,对先王大乙则既尊重又亲近。

第二章　二期岁祭卜辞的文例、岁祭对象与规格

二期岁祭主要见于祖庚、祖甲卜辞，一些无法确定所属的卜辞在小结部分进行讨论。

第一节　祖庚卜辞

祖庚时期岁祭卜辞中出现的贞人有逐、出，其卜辞共找到5条：

(1) 壬申卜，逐贞：示壬岁，其延于[示]癸。(《合集》22714)

(2) □酉卜，逐贞：王宾岁，不冓大雨。(《合集》24879)

(3) 丙午卜，出贞：岁，卜虫希，亡延。(《合集》26096)

(4) □□卜，出[贞：]……大……岁于……三宰。(《合集》25221)

(5) 甲申卜，出贞：翌□□子昌其虫于妣辛罔岁，其……(《合集》23717)(图2-1)

以上5条卜辞的前辞都是"干支卜+某贞"类。就命辞而言，例(2)、例(3)卜辞中没有岁祭对象与祭品信息，例(4)命辞有残缺，无法确定祭品信息"三宰"是否与岁祭有关。"研究上古史，在文字记录断烂不全的情况下，我们只能征其有，不能断其无。"[1]

图2-1　岁祭妣辛
(《合集》23717)

因此，祖庚卜辞真正能确定命辞语序的只有例(1)、例(5)两条卜辞。

---

[1]张政烺：《帚好略说》，《考古》，1983年第6期。转引自宋镇豪、段志洪主编《甲骨文献集成》第20册，成都：四川大学出版社，2001年，第473页。

例(1)命辞中"癸"之前有残缺,《摹释总集》的释文为:"壬申卜,逐贞:示壬岁其延于□癸。"《合集释文》补出"示"。二期同祭示壬、示癸的还有如:

(6)贞:……示壬牡□于示癸牡十,六月。(《合集》22713)

"于"是表示并列关系的连词,"'连词'之'于'义为'与'"。① 同用祭牲牡羊祭祀示壬与示癸,"牡□"与"牡十"并列,残缺的应是祭祀示壬时用牡羊的数量。《合集释文》在例(1)的"癸"之前补出"示"是可信的。这条卜辞是于壬申日占卜,由贞人逐贞问岁祭示壬,要不要把岁祭延续于示癸。示壬、示癸是直系相连的先公,"示癸"后应是承前省略了"岁",命辞的语序是受祭对象"示壬"、"示癸"分别在"岁"之前。与例(5)类似的卜辞如:

图 2-2　岁祭妣辛
(《合集》23395)

(7)[甲申卜],[出贞:][翌]□□[子昌其]屮于妣辛岡岁,其至凡……(《合集》23395)(图 2-2)

(8)□□[卜],[□贞:]……[其屮于]妣辛岡岁至凡……(《合集》23396)(图 2-3)

例(7)、例(8)与例(5)比较,应是各有不同残泐的同文卜辞,"妣辛"后一字作"岡","丙"下非"日"字,可见例(5)的"閆"字与例(7)、例(8)的"岡"应是同一个字,②在卜辞为祭名。③ 例(5)的受祭对象"妣辛"在"岁"之前,与例(1)的语序相同。

图 2-3　岁祭妣辛
(《合集》23396)

祖庚时期岁祭卜辞的文例能确定的只有一种类型,一期宾组卜辞中也有前辞与此类相同的,其命辞形式为"岁+祖妣",受祭对象在"岁"之后,与此类正好相反。

---

① 于省吾主编:《甲骨文字诂林》,北京:中华书局,1999年,第3437页。
② 蒙常玉芝先生见告,"丙"下"日"字中间一笔实为甲骨划痕。
③ 于省吾主编:《甲骨文字诂林》,北京:中华书局,1999年,第2056页。

此类的岁祭对象目前只见到示壬、示癸及妣辛,二期卜辞中的妣辛显然不是指武丁之配妇好。无法确定有祭品信息。祖庚卜辞的辞例如此之少,其原因值得研究。

第二节　祖甲卜辞

祖甲时期的岁祭卜辞共找到 248 例,分布在两种前辞类型中:一、干支卜+某贞;二、干支卜+贞。下面逐一进行分析。

一、干支卜+某贞

这一前辞类的卜辞有 247 例,约占总数的 99.6%,是祖甲岁祭卜辞中占绝对多数的一类。此类卜辞的前辞完整,命辞的形式有三小类,分别是:甲、"翌日"祭卜辞;乙、王宾卜辞;丙、其他卜辞。

甲、"翌日"祭卜辞

此类的命辞以"翌干支"开始。卜辞中的"翌"假借为"昱"。周祭中有"翌祭",而此处的"翌"字与周祭"五祀典之一的'翌'祀意义不同,是纪时之称"。[1] 为区别起见,把这类卜辞称为"'翌日'祭卜辞"。

(一)文例

此类卜辞的命辞语序为"翌干支+祖妣+岁+祭品",即辞首有"翌干支","祖妣"在"翌干支"之后,"岁"之前,祭品信息在"岁"之后。辞例如:

(1)甲申卜,行贞:翌乙酉毓祖乙岁牢。(《合集》23155)

(2)丙午卜,行贞:翌丁未父丁彚岁牛。(《合集》23207)

(3)癸酉卜,行贞:翌甲戌卜丙母妣甲岁,叀牛。(《合集》22775)

例(1)的命辞之首是"翌乙酉",受祭对象"毓祖乙"在"岁"之前,祭品信息"牢"在"岁"之后。例(2)的命辞之首是"翌丁未",受祭对象"父丁"在"岁"之前,祭品信息"牛"在"岁"之后。例(3)的命辞之首是"翌甲戌",受祭对象"外丙母妣甲"在"岁"之前,祭品信息"牛"在"岁"之后。各辞所祭祖、父、妣均在其日干名之日受祭。也有受祭对象在"岁"之后的例

---

[1]常玉芝:《商代周祭制度》(增订本),北京:线装书局,2009 年,第 23 页。

外,如:

(4)己巳卜,行贞:翌庚午岁,其延于羌甲奭妣庚。(《合集》23326)

(5)庚子卜,行曰贞:翌辛丑其又𰠳岁于祖辛。(《合集》23002)

(6)[癸]亥卜,[旅贞]:翌甲子其又𰠳岁上甲,其又羌,二月。(《合集》22571)

(7)癸亥卜,旅贞:翌甲子又𰠳岁上甲,其又羌九。(《合集》22558)

例(4)卜问岁祭的延续,"羌甲奭妣庚"后的"岁"承前而省,其语序同例(1)—(3)。例(5)—(7)三例的共同特征是岁祭有侑祭与𰠳祭相伴。一期宾组卜辞中有与此相似的文例,如:"庚子卜,争贞:咎其酚于祖辛,图出𰠳岁上甲。"(《合集》1654)区别在于命辞之首无"翌干支"。

此种文例的卜辞都是于第一天卜问第二天的祭祀。①"翌干支"之"翌"指占卜日的第二天,如:

(8)己亥卜,喜贞:翌庚子妣庚岁,其弘宰。(《合集》23368)

(9)庚午[卜],旅贞:翌辛未祖辛岁勿……(《合集》22994)

(10)辛亥卜,喜贞:翌壬子示壬岁。[亡尤]。十月。(《合集》22708)

例(8)于庚子日岁祭妣庚,占卜日在其前一天己亥日。例(9)于辛未日岁祭祖辛,占卜日在其前一天庚午日。例(10)于壬子日岁祭示壬,占卜日在其前一天辛亥日。利用这个特点有助于推测残辞中的残缺信息,如:

(11)[癸]亥卜,[旅贞]:翌甲子其又𰠳岁上甲,其又羌。二月。(《合集》22571)

(12)[己]卯卜,旅[贞]:翌庚[辰]南庚岁,其……(《合集》23080)

例(11)岁祭上甲在甲子日,甲子日的前一日是癸亥日,所以前辞中"亥"之前所缺的字应是"癸"。例(12)岁祭南庚在"庚某"日,占卜日在

---

①常玉芝:《商代周祭制度》(增订本),北京:线装书局,2009年,第23页。

"某卯"日,根据其翌日关系,"卯"之前补出"己","庚"后补出"辰"字。以上卜辞中,祭祀占卜的天干日与受祭者的日干名都相同,偶有例外的,如:

(13)癸丑卜,行贞:翌甲寅毓祖乙岁,朝酚。兹用。

癸丑卜,行贞:翌甲寅毓祖乙岁二宰。(《合集》23148)

两条卜辞都占卜于癸丑日,行岁祭于第二天的甲寅日,但受祭者是小乙,日干名为乙。

祭祀的天干日大多数在占卜日的第二天,偶有例外的,如:

(14)□丑卜,旅贞:翌丁未父丁橐岁,其奴牛。(《合集》40975)(图2-4)

这条卜辞的前辞天干残去,而地支为"丑"的有乙丑、丁丑、己丑、辛丑、癸丑,从拓片左上角"丑"上一字的残笔看可能是"乙"字或"辛"字,诚如是,则翌是指两天后或六天后的丁未日。

图2-4　岁祭父丁

(《合集》40975)

有一条卜辞:

(15)□□卜,旅[贞]:翌乙魯祖乙,其菁𠂤岁一宰,羌十人。(《合集》22556)

卜辞的命辞中"翌"后的干支日省为天干"乙",类似的辞例如:

(16)甲戌卜,贞:翌乙易日。(《合集》12348)(一期)

(17)乙丑卜,翌丙豕岜至。(《合集》72正)(一期)

(18)甲申卜,翌乙雨。

翌乙不雨。(《合集》1424)(一期)

例(16)中甲戌日的翌日是乙亥日,命辞中"翌"后的干支日省为天干"乙"。例(17)中乙丑日的翌日是丙寅日,命辞中"翌"后的干支日省为天干"丙"。例(18)中甲申日的翌日是乙酉日,命辞中"翌"后的干支日省为天干"乙"。例(16)—(18)卜辞中"翌"后都省作天干,与例(15)同。只是例(15)前辞中的干支残缺,无以确定翌日乙的地支。

(二)岁祭对象

卜辞中的岁祭对象有祖先神(先公、先王、先妣、高祖、父、母、帚、兄、子)、外族神、自然神。此类卜辞岁祭的对象只有祖先神之先公、先王、先妣及父。

1. 先公

岁祭的先公有上甲、示壬,辞例如:

(19)癸亥卜,旅贞:翌甲子又𠂤岁上甲,其又羌九。(《合集》22558)

(20)辛亥卜,喜贞:翌壬子示壬岁。[亡尤]。十月。(《合集》22708)

上甲在二期卜辞岁祭中属首见,示壬在祖庚卜辞中有祭。

2. 先王

岁祭的先王有中丁、祖乙、祖辛、小丁、南庚、毓祖乙。岁祭祖乙的见例(15),岁祭有舀祭、蕡祭、𠂤祭相伴。舀祭是周祭中的一种。岁祭其他先王的辞例如:

(21)丙申卜,即贞:翌丁酉宜中丁岁先。(《合集》22860)

(22)庚午[卜],旅贞:翌辛未祖辛岁夕……(《合集》22994)①

(23)[丙申]卜,旅贞:翌丁酉小丁岁,王其宾。(《合集》23051)

(24)[己]卯卜,旅[贞:]翌庚[辰]南庚岁,其……(《合集》23080)

(25)甲戌卜,旅贞:翌乙亥毓祖乙岁□牛,七月。(《合集》23146)

例(21)岁祭中丁,中丁"是对大丁、小丁而言的"。② 例(22)、(23)分别岁祭祖辛与小丁,"二期卜辞有时对'祖丁'称作'小丁'"。③ 此类岁祭祖丁没有"祖丁"的称呼,只见"小丁"的称呼。例(24)岁祭南庚,例(25)岁祭毓祖乙,此类岁祭小乙也没有"小乙"的称呼,只见"毓祖乙"的称呼。以上是对先王的岁祭,除中丁、祖辛外,其余先王在一期卜辞中都有祭。

---

①"庚"字缺刻横画。

②中国社会科学院考古研究所编:《小屯南地甲骨》(下册·第一分册),北京:中华书局,1983年,第997页。

③常玉芝:《商代宗教祭祀》,北京:中国社会科学出版社,2010年,第302页。

3. 先妣

岁祭的先妣有外丙母妣甲、羌甲奭妣庚、妣庚，辞例如：

(26) 癸酉卜，行贞：翌甲戌卜丙母妣甲岁，宙牛。(《合集》22775)

(27) 己巳卜，行贞：翌庚午岁，其延于羌甲奭妣庚。(《合集》23326)

(28) 己亥卜，喜贞：翌庚子妣庚岁，其弘宰。(《合集》23368)

岁祭的三位先妣中羌甲之配妣庚在一期卜辞中有祭。同是旁系先王，外丙之配用"母"，羌甲之配用"奭"。

4. 父

岁祭的父是武丁，辞例如：

(29) 丙午卜，行贞：翌丁未父丁霥岁牛。(《合集》23207)

"霥"用作朝暮之暮。①

(三) 岁祭用品类别与规格

此类岁祭用品有 4 种，分别是：人牲、牛、宰、豕。

1. 人牲

岁祭用人牲的辞例如：

(30) 癸亥卜，旅贞：翌甲子又 🗡 岁上甲，其又羌九。(《合集》22558)

(31) [癸]亥卜，[旅贞：]翌甲子其又 🗡 岁上甲，其又羌，二月。(《合集》22571)

(32) □□卜，旅[贞：]翌乙酓祖乙，其菁 🗡 岁一宰、羌十人。(《合集》22556)

例(30)于癸亥日占卜，由贞人旅贞问，第二天甲子日侑祭、🗡祭、岁祭上甲，要不要侑祭九个羌俘。例(31)于二月的癸亥日占卜，由贞人旅贞问，第二天甲子日要不要侑祭、🗡祭、岁祭上甲，要不要用一个羌俘侑祭。例(30)、(31)两例都于癸亥日占卜，癸亥日是一轮干支的最后一日，为下一轮干支日第一天的岁祭而贞问，都岁祭上甲，都有侑祭、🗡祭相伴，是岁

① 于省吾主编：《甲骨文字诂林》，北京：中华书局，1999 年，第 1346 页。

祭最隆重的仪式,而且都以侑祭羌俘作伴祭。例(32)的"菁"为祭名。^① 上文已分析过其前辞是于天干为甲的某一日占卜,由贞人旅贞问第二天乙日劦祭祖乙,要不要用一宰、十个羌俘菁祭、彡祭、岁祭祖乙。用人牲岁祭时,岁祭上甲用侑祭九个羌俘伴祭,岁祭祖乙直接用十个羌俘还有一宰,可见此类用人牲岁祭时,先公上甲的岁祭规格不及先王祖乙。

有一条卜辞:

(33)甲申卜,□贞:翌乙[酉]□祖乙岁,其又羌。(《合集》22572)

前辞的贞人名残,所以无法确定它是祖庚还是祖甲卜辞,但命辞中有"翌",有"其又羌"与上面例(30)、(31)的表述体例相同,而祖庚卜辞中有"翌"的辞例如:

(34)甲申卜,出贞:翌□□子昌其虫于妣辛阔岁,其……(《合集》23717)

"其虫"后面是"于妣辛",即通过"于"连接祖妣名,例(33)与之不同,因此,例(33)很有可能属于此类。从仅有信息可见,是于甲申日占卜,贞问第二天乙酉日岁祭祖乙,以侑祭一个羌俘作伴祭。

2. 牛

岁祭用牛的辞例如:

(35)庚午[卜],旅贞:翌辛未祖辛岁刍……(《合集》22994)(图2-5)

图2-5　岁祭祖辛
(《合集》22994)

命辞"刍"后一字漫漶不清,岁祭卜辞中所有的"刍"都是修饰牛的,指黧色的牛。此类中以"刍"修饰牛的还见于以下的例(39)(41)中,此处"刍"后一字也应是"牛"。是于庚午日占卜,由贞人旅贞问,第二天辛未日用一头黧色的牛岁祭祖辛。有一版内容与之类似的卜辞:

(36)庚子卜,行日贞:翌辛丑其又彡岁于祖辛。

贞:翌辛丑祖辛岁刍牛。(《合集》23002)

①于省吾主编:《甲骨文字诂林》,北京:中华书局,1999年,第3145页。

第二条卜辞的前辞承第一条而省,是于庚
子日占卜,由贞人行贞问。第一条问第二天辛
丑日要不要侑祭、❋祭、岁祭祖辛,第二条问第
二天的岁祭用一头鼑色牛。

(37)甲戌卜,旅贞:翌乙亥毓祖乙岁
□牛,七月。(《合集》23146)(图2-6)

这条卜辞的命辞有残缺,细审拓片,"牛"

图2-6　岁祭毓祖乙
(《合集》23146)

字上相当于其左边"甲"、"贞"、"毓"的位置应有一字。除此例之外,此类
岁祭用牛数都是一,而且都省作"牛",可见"牛"上一字应该不是数字。从
现有信息可见是于七月的甲戌日占卜,由卜人旅贞问,第二天乙亥日用一
牛岁祭小乙。

(38)癸酉卜,行贞:翌甲戌卜丙母妣甲岁,宙牛。

贞:妣甲岁,宙䝔。(《合集》22775)

(39)己卯卜,旅贞:翌庚辰妣庚岁,其夕牛。(《合集》23363)

以上是用牛岁祭先妣的辞例。例(38)有两条卜辞,第二条卜辞中的
前辞和命辞都承第一条卜辞而省略相同信息。是于癸酉日占卜,由贞人行
贞问,第二天甲戌日岁祭外丙之配妣甲时,是用一头牛还是用一头牡豕。
例(39)于己卯日占卜,由贞人旅贞问,第二天庚辰日岁祭妣庚要不要用一
头鼑色的牛。岁祭妣甲用䝔或一头普通的牛,岁祭妣庚用一头鼑色的牛,
讲究牛的毛色,可见用牛岁祭时,妣庚的规格高于妣甲。

(40)丙午卜,行贞:翌丁未父丁橐岁牛。(《合集》23207)

(41)□□卜,旅[贞:翌]丁未父丁橐岁,其牡,在十一月。

□丑卜,旅贞:翌丁未父丁橐岁,其夕牛。(《合集》40975)

以上是用牛岁祭武丁的卜辞。例(40)是于丙午日占卜,由贞人行贞
问,在第二天丁未日的日暮时分用一头牛岁祭父丁。上文已讨论过例
(41)第二条卜辞的前辞[见第(14)例]。这两条卜辞是就岁祭用牲种类作
选择问。可见,第一条卜辞的前辞应该与第二条同,都于十一月地支为
"丑"的某一天占卜,由贞人旅贞问,在丁未日的日暮时分岁祭父丁时是用
一头牡牛还是用一头鼑色牛。类似的辞例还见于《合集》23220。

相较而言,用牛岁祭时,除岁祭小乙的卜辞有残辞外,岁祭祖辛、妣庚、父丁都有用黧色牛的,而岁祭外丙之配妣甲只用牛,可见其岁祭规格低于前三位。

3. 宰

岁祭用宰的辞例如:

(42)癸丑卜,行贞:翌甲寅毓祖乙岁二宰。

贞:三宰。兹用。(《合集》23148)

(43)甲申卜,行贞:翌乙酉毓祖乙岁宰。

贞:[二]宰。

贞:三宰。(《合集》23155)

例(42)有两条卜辞,第二条承第一条省略前辞与命辞中相同的信息。是于癸丑日占卜,由贞人行贞问,第二天甲寅日岁祭小乙用两宰呢,还是三宰呢。验辞表明,第二条卜辞的内容被采纳。例(43)有三条卜辞,后两条卜辞承第一条而省略前辞与命辞中相同的信息。是于甲申日占卜,由贞人行贞问,第二天乙酉日岁祭小乙用一宰,还是二宰、三宰呢。"翌日"祭卜辞中的岁祭日都与祖妣日干名相同,例(42)于甲日岁祭小乙是唯一见到的例外。

(44)己亥卜,喜贞:翌庚子妣庚岁,其弘宰。(《合集》23368)

(45)丙寅卜,行贞:翌丁卯父丁橐岁宰,在三月,在雇卜。(《合集》24348)

例(44)的"弘"为祭名,[1]是于己亥日占卜,由贞人喜贞问,第二天庚子日岁祭妣庚要不要用弘祭一宰伴祭。例(45)的"雇"指地名,"今山东范县东南五十里有顾城是也"。[2] 是于三月的丙寅日在雇地占卜,由贞人行贞问,在第二天丁卯日的日暮时分岁祭父丁一宰。类似的卜辞还见于《合集》23206、《合集》23210。

相较而言,用宰岁祭时,小乙用三宰,妣庚与父丁用一宰,小乙的规格高于后两者。

①于省吾主编:《甲骨文字诂林》,北京:中华书局,1999 年,第 2612 页。
②郭沫若:《卜辞通纂》,郭沫若著作编辑出版委员会编:《郭沫若全集·考古编》第二卷。北京:科学出版社,1983 年,第 535 页。

4. 豕

岁祭用豕的仅见于例(38),是用一头牡豕岁祭外丙之配妣甲的。

比较以上辞例可见,在"翌日祭"类岁祭卜辞中,受祭规格最高的是祖乙,用十个羌俘又加一牢。其次是上甲,用九个羌俘。父丁用牛和牢,牛还讲究牝牡与毛色,是不用人牲的祖妣中规格最高的,妣庚用勾牛和牢,次于父丁,但高于只用牛和牢的毓祖乙。祖辛只用勾牛,次于妣庚,与毓祖乙相较,没有用牢的,但用牛讲究毛色。外丙母妣甲用一牛或一羖,是受祭规格最低的。此类岁祭表现出的特点有二:①妣庚的规格甚至要高于直系先王祖辛;②岁祭父丁时多选择在日暮时分。

乙、王宾卜辞

此类卜辞的命辞以"王宾"开始。"甲骨文中有大量卜辞可以证明'王宾'的结构是主语+谓语,而被宾(傧接)者是祖灵。"①"宾"指行傧接仪式。我们把这类卜辞称作"王宾卜辞","王宾"是"商王亲自进入祭场参加祭祀"。②

(一) 文例

王宾卜辞的命辞形式为王宾+(祖妣)+岁+(祭品),即辞首有"王宾",如有"祖妣","祖妣"在"王宾"之后,"岁"之前,如有祭品信息,祭品信息在"岁"之后。辞例如:

(46)丁亥卜,洋贞:王宾祖丁岁。亡尤。十月。(《合集》23033)

(47)庚[午]卜,旅贞:王宾妣庚岁。亡尤。在九月。(《合集》23352)

(48)乙卯卜,行贞:王宾毓祖乙岁牢。亡尤。在九月。(《合集》23144)

例(46)、(47)的命辞中,"王宾"之后"岁"之前分别是受祭对象"祖丁"、"妣庚"。例(48)的"王宾"之后"岁"之前是受祭对象"毓祖乙",祭品信息"牢"在"岁"之后。例(46)—(48)三例的占卜天干日与受祭对象日干名一致,都是岁祭日当天的占卜。卜辞末尾都附记月名。

---

①周国正:《卜辞两种祭祀动词的语法特征及有关句子的语法分析》,常宗豪主编:《古文字学论集初编》,香港:香港中文大学中国文化研究所出版,1984年,第272页。
②赵诚:《甲骨文简明词典——卜辞分类读本》,北京:中华书局,2009年,第232页。

有一条卜辞:

（49）乙酉卜,行贞:王宾岁自祖乙至于父丁。亡尤。(《合补》7028)

受祭对象"自祖乙至于父丁"在"岁"之后,应是为了句子的平衡把字数多的内容移到后面去了。类似的卜辞还有:

（50）□寅卜,大[贞:]□岁自上甲……卯三宰。(《合集》22639)

这条卜辞的前辞、命辞都有残缺,无法判断其所属类型,但可见受祭对象是自上甲始的多位祖先,也放在了"岁"之后。例(49)这种语序就与一期宾组卜辞的相同了,区别在于一期卜辞的命辞之首没有"王宾"。

此类卜辞的岁祭有商王行傧接仪式,相较于一般的岁祭更为严谨。其中一个突出的表现是祭祀过程的每一步都要卜问,有为王行傧接仪式有没有祸患而卜问的,辞例如:

（51）庚申卜,行贞:王宾岁。亡尤。(《合集》22906)

（52）甲子卜,行贞:王宾岁。亡尤。在正月。(《合集》22722)

（53）庚寅卜,行贞:王宾岁。亡尤。在十二月。(《合集》25583)

类似的卜辞还见于《合集》24247、《合集》24266、《合集》24272。这些卜辞的命辞中没有岁祭对象,也没有祭品信息。

有为王行岁祭某位祖妣时的傧接仪式有没有祸患而卜问的,辞例如:

（54）辛卯卜,大贞:王宾祖辛岁。亡尤。(《合集》40959)

（55）庚辰卜,行贞:王宾父丁岁。亡尤。在十二月。(《合集》23186)(图2-7)

例(55)的《合集释文》:"庚辰卜,行贞:王宾二父丁岁。亡尤。在十二月。"《摹释总集》的释文为:"庚辰卜,行贞:王宾父丁岁。亡尤。在十二月。"细审拓片,"父丁"为合文,其上确实有"二"字。二期卜辞岁祭的父有父丁、父戊,没有称"二父丁"的,应把"二"视为兆序,左边一列"贞"上有"一"也应是兆序。释文应以《摹释总集》的为妥。

图2-7　岁祭父丁
(《合集》23186)

以上两例分别卜问岁祭祖辛、父丁时王行傧接仪式有无祸患,类似的卜辞还见于例(46)(47)以及《合集》23085、《合集》23089、《合集》23184、《合补》7028。这些卜辞中只有受祭对象信息,没有祭品信息。

有为王行岁祭时用某种祭品的傧接仪式而卜问的,辞例如:

(56)己亥卜,行贞:王宾岁宰。亡尤。(《合集》25303)

(57)甲寅卜,尹贞:王宾岁一牛。亡尤。在三月。(《合集》25267)

(58)壬申卜,行贞:王宾岁二牛,叔。亡尤。(《合集》25096)

类似的卜辞还见于《合集》24247、《合补》7243。这些卜辞中只有祭品信息,没有受祭对象信息。

也有为王在特定的一次岁祭时行傧接仪式而卜问的,辞例如:

(59)□□卜,行贞:王宾大戊岁二牛。亡尤。在二月。(《合集》24305)

(60)乙亥卜,行贞:王宾小乙岁宰。亡尤。在二月。(《合集》23115)

(61)乙未卜,行贞:王宾妣庚岁宰。亡尤。(《合集》23354)

这些卜辞中有岁祭对象"大戊、小乙、妣庚",也有祭品信息"二牛、宰"。

有一条卜辞:

(62)丙午卜,出贞:岁,卜出希,亡延。(《合集》26096)

这是一例祖庚卜辞,如果占卜不吉,岁祭就不再继续。可见,岁祭很谨慎,但像这一类岁祭的每一环节都小心翼翼地卜问,在二期乃至所有的岁祭卜辞中都是少见的,可见其岁祭制度严谨周密的特点。

(二)岁祭对象

此类与"翌日"祭卜辞相同的是都岁祭先公、先王、先妣及父,另外还见岁祭母与兄的。

1. 先公

岁祭的先公是报丁,辞例如:

(63)丁酉卜,□贞:王宾父丁岁二宰众报丁岁……(《合集》

22701)(图 2-8)

这条卜辞的前辞有残缺,《摹释总集》的释文为:
"丁酉卜,即? 贞:王宾父丁岁二宰眔报丁岁……"
"即"字旁画有问号,是表示贞人可能为"即"。细审
拓片左下角"卜"下一字,右边依稀可辨跪着人形的
轮廓,左边好像有簋下半的轮廓。诚如是,则卜人就
应该是"即",属于祖甲卜辞的这一类。合祭父丁与
报丁,报丁为先公之一。报丁的岁祭此属首见,也属仅见。

图 2-8　岁祭父丁、报丁
(《合集》22701)

2. 先王

岁祭的先王有大丁、大甲、大庚、大戊、雍己、祖乙、祖辛、羌甲、祖丁、阳
甲、小乙,辞例如:

(64)□□卜,尹贞:[王]宾父丁岁宰眔大丁𢆶[岁]宰。亡尤。
(《合集》22769)

此例大丁与父丁同祭。《史记·殷本纪》:"汤崩,太子太丁未立而
卒。"[1]"太丁,卜辞中称作大丁。"[2]大丁未曾即位为王,但在卜辞中,商人对
大丁的祭祀还是很重视的。大丁与父丁同祭,所用祭牲相同,而且大丁的
岁祭还有𢆶祭相伴,"究其原因,应该是因为太丁是商朝第一王成汤之长
子,又曾被立为太子,是王位法定继承人的缘故"。[3]

(65)甲寅卜,□贞:王宾大甲岁三[宰]。亡尤。(《合集》22783)

这条卜辞的前辞有残缺,无法知其贞人,但同版有一条卜辞:

[甲]寅卜,行[贞]:王宾……

贞人是行,此版卜辞属祖甲时期无疑,是岁祭大甲的。

(66)[庚午]卜,行贞:王宾大庚岁二牛。亡尤。在……(《合补》
7034 乙)

(67)戊午卜,𠂤贞:王宾大戊𢆶岁三宰。亡尤。(《合集》22847)

---

①[汉]司马迁:《史记》,北京:中华书局,1959 年,第 98 页。
②常玉芝:《商代宗教祭祀》,北京:中国社会科学出版社,2010 年,第 237 页。
③常玉芝:《商代宗教祭祀》,北京:中国社会科学出版社,2010 年,第 237 页。

（68）己［巳卜］，［行］贞：［王宾］雍己
［岁］［二牛］。亡［尤］。［才二月］。（《合
补》7034甲）（图2-9）

（69）乙亥卜，涿贞：王宾祖乙岁［宰］。
亡□。（《合集》22900）

（70）辛巳卜，行贞：王宾祖辛岁宰。
（《合集》22973）

（71）甲辰卜，旅贞：王宾羌甲岁宰。亡
尤。（《合集》23020）

图 2-9　岁祭雍己
（《合补》7034甲）

除例（68）外，以上卜辞分别岁祭大庚、大戊、祖乙、祖辛、羌甲。例
（68）辞残，与其同版的卜辞前辞为"己巳卜，行贞"，例（68）亦同类卜辞，是
岁祭雍己的。

（72）丁卯卜，行贞：王宾祖丁岁眔父丁岁二宰。亡尤。在二月。
（《合集》24305）

（73）丁卯卜，旅贞：王宾小丁岁眔父
丁，𠂤伐羌五。（《合集》22560）（图2-10）

（74）乙亥卜，旅贞：王宾阳甲岁。亡
尤。（《合集》23089）

（75）乙亥卜，行贞：王宾小乙岁宰。
亡尤。在二月。（《合集》23115）

（76）乙卯卜，即贞：王宾毓祖乙、父丁
岁。亡尤。（《合集》23143）

图 2-10　岁祭小丁、父丁
（《合集》22560）

例（72）、（73）都是祖丁与父丁的合祭，例（73）有𠂤祭、伐祭五个羌俘
作伴祭，较例（72）的岁祭规格高，称祖丁为小丁。换言之，"小丁"这一称
呼用在更为隆重的岁祭场合。例（74）、（75）分别岁祭阳甲、小乙，例（76）
合祭毓祖乙与父丁，小乙在"周祭以外诸祭多称后祖乙，但岁祭亦称小
乙"。①

---

①陈梦家：《殷虚卜辞综述》，北京：中华书局，1988年，第418页。书中把"毓祖乙"都释作"后祖乙"。

3. 先妣

岁祭的先妣有大丁奭妣戊、祖乙奭妣庚、祖辛奭妣壬、小乙奭妣庚、妣丙、妣戊、妣庚、妣，辞例如：

(77)［戊］□卜，尹［贞：王］宾大丁奭［妣戊］岁宰。亡尤。三月。（《合集》23309)①

(78)□□［卜］，行贞：王宾祖乙奭妣庚岁人于夕牛眔兄庚岁二宰。亡尤。（《合集》23331)

(79)壬子卜，行贞：王宾祖辛奭妣壬岁。亡尤。才九月。②

(80)庚戌卜，行贞：王宾小乙奭妣庚岁宰，叔。亡尤。③

(81)丙申卜，即贞：王宾妣丙岁，叔。亡尤。二月。（《合集》23336)

(82)戊戌卜，旅贞：王宾妣戊岁宰。亡尤。（《合集》23339)

(83)乙巳卜，尹贞：王宾妣庚岁，叔。亡尤。（《合集》23350)

(84)癸巳卜，大贞：王宾妣岁。亡尤。（《合集》25152)

例(77)岁祭大丁之配妣戊，例(78)岁祭祖乙之配妣庚，例(79)岁祭祖辛之配妣壬，例(80)岁祭小乙之配妣庚，例(81)、(82)、(83)分别岁祭妣丙、妣戊、妣庚。例(84)岁祭"妣"，没有庙号。祖甲岁祭卜辞中岁祭妣庚的卜辞共有 16 例，岁祭"妣"的卜辞有 9 例，而妣丙、妣戊各只有 1 例。相较而言，妣庚受祭频率是最高的，其次是称作"妣"的，频率最低的是妣丙、妣戊。这些没有指明某一先王之配的先妣具体所指有待进一步研究。

4. 父

岁祭的父是父丁，辞例如：

(85)丁酉卜，行贞：王宾父丁岁。亡尤。在二月。（《合集》23184)

(86)丁酉卜，行贞：王宾丁岁三宰。［亡］尤。（《合补》7028)

武丁在"祖庚、祖甲卜辞中称其为'父丁'、'丁'"，④例(85)、(86)都岁

---

①该辞在"大丁奭"后有残，完整的卜辞中位于"大丁奭"之后的都是"妣戊"。如《合集》27513、36196(丙)、36198、36203、36205、36206，《合集释文》补出"妣戊"是正确的。
②商承祚：《商氏影本》，转引自陈梦家《殷虚卜辞综述》，北京：中华书局，1988 年，第 381 页。
③胡厚宣：《甲骨续存》，转引自陈梦家《殷虚卜辞综述》，北京：中华书局，1988 年，第 381 页。
④常玉芝：《商代宗教祭祀》，北京：中国社会科学出版社，2010 年，第 328 页。

祭父丁,例(86)称父丁为"丁"。称父丁时后有附记的月名,称"丁"时无。祖甲岁祭卜辞中有祭父丁、丁的卜辞43例,占总数的17.41%,祭祀频率是最高的。频繁的祭祀是时王对其父更加重视的表现。父丁在"翌日"祭卜辞中有祭。岁祭父丁的天干日与其日干名相同。

5. 母

岁祭的母有母己、母辛,辞例如:

(87)己巳卜,行贞:王宾母己岁一牛,叔。(《合集》23406)

(88)辛卯卜,行贞:王宾母辛岁宰。亡尤。(《合集》40970)

"祖庚祖甲时所卜,称母己母壬为母,知为武丁之配矣。"[1]例(87)、(88)分别岁祭母己、母辛,母辛就是武丁之配妇好。"司辛、司母辛、姃辛的日名'辛',出自妇好死后致祭选定。"[2]岁祭母占卜的天干日与母的日干名相同。

6. 兄

岁祭的兄有兄己、兄庚,辞例如:

(89)己丑卜,行贞:王宾兄己岁,叔。亡尤。(《合补》7028)

(90)壬戌卜,大贞:王宾兄庚岁。亡尤。(《合集》23085)

例(89)岁祭兄己,"史书上称其为'孝己',他曾被立为太子,是王位的法定继承人,但他却先其父武丁而死,未曾继位为王"。[3] 例(90)岁祭兄庚,"兄庚即祖甲称其兄祖庚","兄己、兄庚并兄壬在祖甲卜辞称为三兄"。[4] 但此类中不见岁祭兄壬的卜辞。还有两例合祭卜辞:

(91)庚午卜,即贞:王宾姃岁眔兄庚。亡尤。(《合集》23488)

(92)癸酉卜,行贞:王父丁岁三牛眔兄己一牛、兄庚……亡尤。(《合集》23187)

例(91)合祭姃与兄庚,于庚日祭,"姃"应是指姃庚,蒙后而省"庚"。

---

①胡厚宣:《殷代婚姻家族宗法生育制度考·一妻与多妻》,《甲骨学商史论丛初集》(上),台北:台湾大通书局,1972年,第127页。转引自宋镇豪、段志洪主编《甲骨文献集成》第21册,成都:四川大学出版社,2001年,第226页。

②宋镇豪:《夏商风俗》,上海:上海文艺出版社,2018年,第490页。

③常玉芝:《商代宗教祭祀》,北京:中国社会科学出版社,2010年,第333页。

④陈梦家:《殷虚卜辞综述》,北京:中华书局,1988年,第455页。

例(92)命辞中的"'王'后夺一'宾'字"。① 合祭武丁(父丁)及其子(兄)
孝己、祖庚。

(三)岁祭用品类别与规格

此类岁祭用品有4种,分别是:人牲、牛、宰、豕。

1.人牲

岁祭用人牲的辞例如:

(93)丁卯卜,旅贞:王宾小丁岁眔父丁,[↑]伐羌五。(《合集》
22560)

"眔"在卜辞"均用为暨及之义",②是一个连词,其所连接的前后词或
短语应是对称的,如:

(94)丁卯卜,行贞:王宾父丁岁宰眔祖丁岁宰。亡尤。(《合集》
23030)

"眔"连接的是"父丁岁宰"与"祖丁岁宰",两个短语结构相同,但更多
时候"眔"后的部分往往承前而省略,如:

(95)庚午卜,旅贞:王宾妣庚岁眔兄庚。亡尤。(《合集》22560)

(96)庚午卜,即贞:王宾妣岁眔兄庚。亡尤。(《合集》23488)

例(95)中的"眔"连接的是"妣庚岁"与"兄庚岁",但"兄庚"后的"岁"
承前省略了。例(96)的"兄庚"后也承前省略了"岁"。与此相类,例(93)
中的"父丁"后也应是承前而省略了"岁",是于丁卯日占卜,由贞人旅贞问
在岁祭祖丁与父丁时以[↑]祭、伐祭五个羌俘作伴祭,王行侑接仪式。

(97)□□[卜],行贞:王宾祖乙奭妣庚岁人于夗牛眔兄庚岁二
宰。[亡尤]。(《合集》23331)

命辞中的"眔"连接的前面的短语是"祖乙奭妣庚岁人于夗牛",后面
的短语是"兄庚岁二宰",其中的"祖乙奭妣庚"与"兄庚";"人于夗牛"与
"二宰"分别对应。"于"在此处用作连词,和"与"相当。"'人'为以人为

①胡厚宣:《卜辞杂例》,《中央研究院历史语言研究所集刊》第8本第3分,1939年。转引自宋镇
　豪、段志洪主编《甲骨文献集成》第17册,成都:四川大学出版社,2001年,第534页。
②于省吾主编:《甲骨文字诂林》,北京:中华书局,1999年,第569页。

牲之通称。"①卜辞贞问用一个人牲与一头黧色牛岁祭祖乙之配妣庚,同时用二牢岁祭兄庚。

相较而言,岁祭祖丁、父丁伴祭五个羌俘,岁祭祖乙之配用一个人牲,是用人牲岁祭时,祖丁、父丁的岁祭规格高于祖乙之配妣庚。祖乙之配妣庚是先妣中唯一受人牲岁祭的。用人牲岁祭祖丁、父丁的天干日与其日干名相同。

2. 牛

岁祭用牛的辞例如:

(98)[庚午]卜,行贞:王宾大庚岁二牛。亡尤。在……(《合补》7034 乙)

(99)□□卜,行贞:王宾大戊岁二牛。亡尤。在二月。(《合集》24305)

(100)己[巳卜],[行]贞:[王宾]雍己[岁][二牛]。亡[尤]。[在二月]。(《合补》7034 甲)

以上是用牛对先王的岁祭,分别用两头牛岁祭大庚、大戊、雍己,可见三者的岁祭规格相同。除例(99)的前辞有残缺外,此类用牛岁祭占卜的天干日与先王的日干名相同。可见,例(99)所缺的天干也应是"戊"。用牛岁祭先王时都附记月名,岁祭大戊、雍己都在二月,例(98)"在"后残缺的也有可能是"二月"。

(101)丁酉卜,旅贞:王宾父丁岁十牛。亡尤。在……[月]。(《合集》23190)

(102)戊午卜,行贞:王宾父丁岁二牛,叔。亡[尤]。(《合集》23188)

以上两例用牛岁祭父丁,例(101)贞问用十头牛岁祭父丁,是此类中用牛数最多的。例(102)中"叔"字的甲骨文字形作"罺","甲骨文以罺为祭名"。②贞问用两头牛岁祭父丁并伴以叔祭。同样是用牛岁祭父丁,于丁日岁祭时,卜辞后附记月名,戊日岁祭则不附记月名。

①姚孝遂、肖丁:《小屯南地甲骨考释》,北京:中华书局,1985 年,第 85 页。
②于省吾:《甲骨文字释林》,北京:商务印书馆,2010 年,第 26 页。

（103）己巳卜，行贞：王宾母己岁一牛，
叔。（《合集》23406）（图2-11）

（104）己丑卜，行贞：王宾兄己岁叔□
牛。亡尤。（《合集》23354）

以上是用牛岁祭母、兄的。例（103）"叔"后
的"亡尤"残去，贞问用一头牛岁祭母己并以叔祭
相伴。同是有叔祭相伴，以牛岁祭父丁用二牛，
岁祭母己用一牛，父丁的岁祭规格高于母己。例

图 2-11　岁祭母己
（《合集》23406）

（104）的命辞有残缺，贞问用多少头牛岁祭兄己并伴以叔祭。例（103）
（104）卜辞分别卜问用牛岁祭母己、兄己，占卜的天干日也与母、兄的日干
名相同。合祭父丁与兄己、兄庚的辞例如（92）："癸酉卜，行贞：王父丁岁
三牛眔兄己一牛、兄庚……亡尤。"（《合集》23187）是贞问用三头牛岁祭父
丁，同时用一头牛岁祭兄己、多少头牛岁祭兄庚。

相较而言，用牛岁祭时，除岁祭兄庚不知用多少头牛外，父丁的祭祀规
格是最高的，用到十头牛；其次是大庚、大戊、雍己，用两头牛；再次是母己、
兄己，仅用一头牛，规格是最低的。

3. 宰

岁祭用宰的辞例如：

（105）甲寅卜，□贞：王宾大甲岁三［宰］。亡尤。（《合集》22783）

上文已讨论过，由同版卜辞可证例（105）属于祖甲卜辞，贞问用三宰
岁祭大甲。

（106）戊午卜，𠬝贞：王宾大戊𡥀岁三宰。亡尤。（《合集》22847）

（107）［戊］子卜，旅贞：王宾大戊［岁］二宰。亡尤。（《合集》
22833）

例（106）贞问用三宰𡥀祭岁祭大戊，例（107）用二宰岁祭大戊。都是岁
祭大戊的，有𡥀祭伴祭时的岁祭用三宰，没有𡥀祭伴祭时用二宰，有𡥀祭伴
祭的岁祭是更为隆重的祭祀，此处又得一证明。

（108）乙亥卜，涿贞：王宾祖乙岁［宰］。亡□。（《合集》22900）

（109）辛巳卜，行贞：王宾祖辛岁宰。（《合集》22973）

（110）甲辰卜，旅贞：王宾羌甲岁宰。亡尤。（《合集》23020）

（111）乙亥卜，行贞：王宾小乙岁宰。亡尤。在二月。（《合集》23115）

（112）乙卯卜，行贞：王宾毓祖乙岁宰。亡尤。在九月。（《合集》23144）

例（108）—（112）五例分别贞问用一宰岁祭祖乙、祖辛、羌甲、小乙，例（112）称小乙为毓祖乙，类似的卜辞还见于《合集》40970。同是用宰岁祭先王，大甲、大戊用三宰，祖乙以下用一宰，岁祭远祖的规格高于近祖。以宰岁祭时，占卜的天干日与先王的日干名一致，只在岁祭小乙时，卜辞后附记月名。

此类用宰岁祭还见于先王的合祭卜辞中：

（113）□□卜，尹贞：[王]宾父丁岁宰眔大丁𢧄[岁]宰。亡尤。（《合集》22769）

（114）丁卯卜，行贞：王宾父丁岁宰眔祖丁岁宰。亡尤。（《合集》23030）

（115）丁卯卜，行贞：王宾祖丁岁眔父丁岁二宰。亡尤。在二月。（《合集》24305）

（116）乙巳卜，行贞：王宾祖乙岁三宰眔小乙岁二宰。亡尤。（《合集》40951）

（117）丁酉卜，□贞：王宾父丁岁二宰眔报丁岁……（《合集》22701）

例（113）分别用一宰岁祭父丁和𢧄祭、岁祭大丁。例（114）分别用一宰岁祭父丁与祖丁。同样以一宰岁祭三位，大丁的岁祭伴以𢧄祭，是更高规格的岁祭。这一组合祭卜辞"眔"前后的结构平行，例（114）中"父丁"与"祖丁"后都是"宰"，可见，例（115）中"祖丁"后的"二宰"应是蒙后省略了。分别用二宰岁祭祖丁与父丁。可见，父丁的岁祭规格与祖丁同。大丁、祖丁是上面的单祭中未见到的。例（116）合祭祖乙与小乙，祖乙用三宰、小乙用二宰，祖乙的岁祭规格高于小乙。例（117）合祭父丁与报丁。父丁用二宰，辞有残缺，无法知道报丁的用牲情况。以宰岁祭时，都是丁名先王与父丁合祭，乙名先王与小乙的合祭。占卜的天干日与受祭对象的日干名相同。合祭父丁与祖丁,用一宰时不附记月名,用二宰时附记月名。

图 2-12　岁祭妣庚
(《合集》23327)

（118）乙未卜,行贞:王宾妣庚岁宰。亡尤。(《合集》23354)

（119）庚戌卜,行贞:王宾小乙奭妣庚岁宰,叙。亡尤。[1]

（120）庚戌卜,[行]贞:王宾羌甲奭妣庚岁宰,叙。亡尤。(《合集》23327)(图 2-12)

（121）戊戌卜,旅贞:王宾妣戊岁宰。亡尤。(《合集》23339)

（122）[戊]□卜,尹[贞:王]宾大丁奭[妣戊]岁宰。亡尤。三月。(《合集》23309)

以上是用宰岁祭先妣的辞例。例(118)用一宰岁祭妣庚,例(119)用一宰岁祭小乙之配妣庚并以叙祭相伴。例(120)《合集释文》:"庚戌卜,[行]贞:王宾□□奭妣庚岁宰叙。亡尤。"前辞的"贞"前无字,但同版内容相近的上下卜辞中贞人都是"行",此处应属漏刻。命辞有残缺,《摹释总集》补出的是"羌甲",细审拓片上"宾"字下漫漶处,确有"羌"字的轮廓。这条卜辞是用一宰岁祭羌甲之配妣庚并以叙祭相伴,例(121)用一宰岁祭妣戊,例(122)用一宰岁祭大丁之配妣戊。岁祭先妣都用一宰,比较特殊的是岁祭小乙之配妣庚与羌甲之配妣庚时都有叙祭相伴。除例(118)于乙日岁祭妣庚外,其余岁祭先妣时占卜的天干日均与诸妣的日干名相同。岁祭大丁奭妣戊的卜辞后附记有月名。

（123）丁酉卜,行贞:王宾父丁岁宰。亡尤。(《合集》23181)

（124）己亥卜,行贞:王宾父丁岁宰。亡尤。在渣卜。(《合集》24343)

（125）丁丑卜,旅贞:王宾父丁岁三宰。[亡]尤。在……[月]。(《合集》23191)

（126）丁酉卜,行贞:王宾丁岁三宰。[亡]尤。(《合补》7028)

（127）辛卯卜,行贞:王宾母辛岁宰。亡尤。(《合集》40970)

---

①陈梦家:《殷虚卜辞综述》,北京:中华书局,1988 年,第 381 页。

（128）己酉卜，行贞：王宾兄己岁窜。亡尤。（《合集》23468）

以上是用窜对父、母与兄的岁祭。例（123）用一窜岁祭父丁，与此相类的卜辞还见于《合集》23183。例（124）的"澅"为地名，①是在澅地用一窜岁祭父丁，例（125）（126）分别用三窜岁祭父丁，例（126）称父丁作"丁"，称父丁时辞尾有附记的月名。例（127）用一窜岁祭母辛，例（128）用一窜岁祭兄己。例（97）"□□〔卜〕，行贞：王宾祖乙奭妣庚岁人于勹牛眔兄庚岁二窜。〔亡尤〕"（《合集》23331）。合祭兄庚与祖乙之配妣庚时，兄庚用二窜。除例（124）于己日岁祭父丁外，其余岁祭时占卜的天干日均与所祭父、母、兄的日干名相同，而己日岁祭父丁是在商都之外。

相较而言，用窜岁祭时，大甲、大戊、祖乙、父丁用三窜，是此类中岁祭规格最高的；其次是祖丁、小乙、兄庚用二窜，其余岁祭大丁、祖辛、羌甲、先妣、母辛、兄己则都用一窜。单祭父丁用三窜，祖丁用二窜，大丁用一窜，但合祭父丁与大丁、父丁与祖丁时彼此的用窜数都分别相同。

4. 豕

岁祭用豕的仅见一例：

（129）□□卜，旅〔贞：王宾〕妣岁麂……一牛。（《合集》41133）

前辞与命辞都有残缺，从仅有信息可见是用一头麂岁祭妣，只是妣的具体所指不得而知。

比较以上辞例可见，在"王宾"类岁祭卜辞中，受祭规格最高的是祖丁、父丁与祖乙之配妣庚，用人牲岁祭或伴祭以上诸位是祖甲岁祭中的最高礼遇。父丁除用五个羌俘伴祭外，在用牛和窜岁祭时，规格也是最高的，是这类岁祭中最受重视的对象。祖丁除用五个羌俘在岁祭时伴祭外，还有用窜岁祭的，而没有用牛岁祭的，种类不及父丁，而且在单独用窜岁祭时规格也不及父丁。祖乙之配妣庚用一个人牲祭，而祖乙仅用窜祭，虽然在用窜祭的岁祭对象中与大甲、大戊、父丁同属于规格最高的，但远不及其配偶。岁祭大庚、大戊、雍己，同用两头牛，大庚、大戊是直系先王，雍己是旁系先王；同样，岁祭大丁、祖辛、羌甲同用一窜，大丁、祖辛是直系先王，羌甲是旁系先王，可见，在此类岁祭中，旁系先王雍己、羌甲的岁祭规格可与直

---

① 于省吾主编：《甲骨文字诂林》，北京：中华书局，1999 年，第 2782 页。

系先王相同。岁祭母己用一头牛,岁祭母辛只用一宰,则岁祭母己的规格高于母辛。岁祭兄己用牛,岁祭兄庚只用宰,是兄己的岁祭规格似乎要高于兄庚,但同用宰岁祭时,兄庚用二宰,兄己只用一宰,可见这类岁祭卜辞中应该有用牛岁祭兄庚的,只是还未见到而已。例(92)"癸酉卜,行贞:王父丁岁三牛眔兄己一牛、兄庚……亡尤。(《合集》23187)"卜辞在"兄庚"后有残缺,所残应是岁祭兄庚的用牛数。岁祭父丁用三宰,兄庚用二宰,兄己一宰;据此,例(92)中岁祭父丁用三牛,兄己用一牛,兄庚应该是二牛。诚如是,则"兄庚"后所残有可能是"二牛"两字。

丙、其他卜辞

所谓"其他卜辞"指命辞之首无"翌干支"和"王宾"的卜辞。

(一)文例

此类的命辞形式是"祖妣+岁+(祭品)",即受祭对象在"岁"之前,如有祭品信息,则在"岁"之后。辞例如:

(130)乙未卜,喜贞:唐岁其……又邙……(《合集》22753)

命辞有残缺,可见信息是受祭对象"唐"在"岁"之前。

(131)[乙]未卜,旅贞:祖乙岁,其又羌,在六[月]。(《合集》22573)

(132)[庚]□卜,尹贞:妣庚岁一牛。(《合集》23366)

例(131)的受祭对象"祖乙"在"岁"之前;岁祭有侑祭相伴。例(132)的受祭对象"妣庚"在"岁"之前,祭品信息"一牛"在"岁"之后。

有一条卜辞:

(133)丁亥卜,大贞:卜曰其屮汎𤔔岁自上甲。王乞……(《英藏》1924)

这是一条合祭卜辞,受祭对象是自上甲始的祖先,在"岁"之后。一期宾组卜辞有:

(134)□□卜,宾[贞:]□甲申……[屮]𤔔岁[自上甲]至于多毓……彡。十三月。(《合集》14856)①

————————

① 卜辞"至于"上残缺,此处根据第一期卜辞"多毓"前多是"自上甲"补。参见《合集》10111、14852、14853、14854。

（135）辛巳卜，争贞：翌甲申其业🔸岁自上甲🔸……十三月。（《合集》1158）

与例（133）的前辞形式、命辞语序都相同，不同之处在于宾组卜辞的命辞之首有"翌干支"。

（二）岁祭对象

这一类与第一类"'翌日'祭卜辞"、第二类"王宾卜辞"相同的岁祭对象有先王、先妣及父，只与第二类相同的岁祭对象是母与兄，另外还有高祖、子、外族神。

1. 先王

岁祭的先王有大乙、大丁、祖乙、祖辛、羌甲、祖丁、祖戌，辞例如：

（136）乙未卜，喜贞：唐岁，其……又彡……（《合集》22753）

（137）［乙］未卜，旅贞：祖乙岁，其又羌，在六［月］。（《合集》22573）

（138）辛丑卜，旅贞：祖辛岁，宙攵牛。用……（《合集》22985）

（139）甲申卜，即贞：羌甲岁一牛。（《合集》23021）

（140）丁巳卜，行贞：小丁岁眔矢岁彡。（《合集》23053）

（141）戊戌卜，旅贞：祖戌岁，宙羊。（《合集》22852）

例（136）岁祭大乙称唐，二期卜辞岁祭大乙此属首见。例（137）—（139）分别岁祭祖乙、祖辛、羌甲。祖乙、祖辛在"翌日"祭卜辞、王宾卜辞中都有祭，羌甲在王宾卜辞有祭。例（140）岁祭祖丁与矢，祖丁称小丁，祖丁在"翌日"祭卜辞、王宾卜辞中都有祭，也都有"小丁"的称呼。孙海波认为："矢亦殷之先世，故得与小丁同祭。"[1]姚孝遂认为，孙海波疑为"矢"字者，实当如陈梦家释作"大丁"。[2] 大丁在王宾卜辞中有祭。例（141）岁祭祖戌，"祖戌、父戌就是武丁卜辞中的父戌、兄戌"。[3] 那么，此处的祖戌可能是一期宾组与午组岁祭的父戌。

①孙海波：《甲骨文录》，《河南通志·文物志》，1938 年，第 24 页。转引自宋镇豪、段志洪主编《甲骨文献集成》第 2 册，成都：四川大学出版社，2001 年，第 430 页。标点为著者所加。
②于省吾主编：《甲骨文字诂林》，北京：中华书局，1999 年，第 2528 页。
③陈梦家：《殷虚卜辞综述》，北京：中华书局，1988 年，第 189 页。

2. 先妣

岁祭的先妣是妣庚,辞例如:

（142）［庚］□卜,尹贞:妣庚岁一牛。
(《合集》23366)

（143）庚申卜,旅贞:先妣庚宗岁饮,
在十二月。(《合集》23372)(图2-13)

例（142）岁祭妣庚,例（143）《摹释总集》的
释文为:"庚申卜,旅贞:往妣庚宗岁饮。在十

图2-13　岁祭于妣庚宗
(《合集》23372)

二月。"细审拓片,"![字]"字"止"下部分是"人"字而不是"王"字,应从《合集
释文》释为"先"。如果是"先妣庚宗岁",就有三种断句的可能,第一种是
岁祭先妣于庚之宗,把"先妣"视为岁祭对象。第二种是先岁祭妣于庚宗,
把庚宗看作地名。"庚宗"作为地名,"其地在曲阜之东"。① 第三种是先于
"妣庚宗"岁。有"先妣"的卜辞如:

（144）甲子卜,先![字]![字]。

先妣牛。(《合集》22284)（一期,午组)

第一条卜辞的"![字]"是祭名,有一条卜辞为:"先亚![字]豰。"(《合集》
22137),与之比较,"![字]"与"亚"相同,都是施祭者。第二条卜辞承第一条而
省,应是"甲子卜,先妣![字]牛"之省。如此,则"先"和"妣"也是两个不同
的词。

（145）母。

帚。

先妣牛。(《合集》22283)（一期,子组)

同版的三条卜辞组成选择问句,母、妇、妣是并列的选择对象。"先"
和"妣"也是两个不同的词。

例（143）卜辞中的"先妣庚宗"不应该有第一种分析的可能,"先"是修
饰"妣庚宗"的。岁祭卜辞中有地名的如:"甲寅卜,行贞:王宾岁三牛。亡
尤。在𢼸。兹不雨。"(《合集》24308)地名往往在命辞之后,没有把地名

①陈梦家:《殷虚卜辞综述》,北京:中华书局,1988年,第266页。

放"岁"之前的。如此,则例(143)也不应该有第二种分析的可能,只能分析为"先在妣庚的宗庙岁祭"。卜辞中的妣庚有自己的宗庙,"拥有宗庙的女性祖先都是直系先王的配偶,而且是近世直系先王的配偶"。[1] 祖甲之前近世直系先王的配偶称妣庚的有祖乙、祖丁、小乙,而二期卜辞岁祭最受重视的是祖乙之配,是诸妣中唯一用人牲的,此处的妣庚更有可能是祖乙之配。以上岁祭先王、先妣时占卜的天干日与先王、先妣的日干名一致。

3.高祖

岁祭的高祖是季,辞例如:

(146)壬辰卜,旅贞:季岁……(《合集》24970)

"在声音上加以推测,武丁之季和武丁以后之夒可能是一。"[2]这一例则说明:"武丁之季"在祖甲时期卜辞中还偶然有使用的。有一例残辞:"壬午卜,[旅]贞:季岁,王其宾……"(《合集》41130)不属于二期典型的王宾卜辞,与例(146)相同,亦于壬日卜问岁祭季之事宜。类似的卜辞还见于《合集》24971、24972。

4.父

岁祭的父有父丁、父戊,辞例如:

(147)丙申卜,旅贞:父丁岁□伐。(《合集》22612)

(148)戊申卜,即贞:其延丁岁,六月。(《合集》23069)

(149)戊戌卜,行贞:父戊岁,宙小宰,在四[月]。(《合集》23299)(图2-14)

图2-14　岁祭父戊
(《合集》23299)

例(147)、(148)都岁祭父丁,后者称父丁为"丁"。父丁在"翌日"祭卜辞、王宾卜辞中都有祭,也都有"丁"的称呼。例(149)《合集释文》:"戊戌卜,□贞:父戊岁,宙小宰。在四[月]。"前辞有残缺,《摹释总集》把"卜"下漫漶不清的一字释为"行"。细审拓片确有"行"之轮廓,属于祖甲卜辞。父戊应是一期卜辞中的兄戊,其岁祭此处属首见。

---

[1]常玉芝:《商代宗教祭祀》,北京:中国社会科学出版社,2010年,第493页。
[2]陈梦家:《殷虚卜辞综述》,北京:中华书局,1988年,第341页。

5. 母

岁祭的母是母辛,辞例如:

（150）辛亥卜,喜贞:母辛岁,其叔。（《合集》23422）

母辛在王宾卜辞中也有祭。有一例卜辞:

（151）庚戌卜,即［贞］:母岁□,其宾。（《合集》25142）（图2-15）

图2-15　岁祭母
（《合集》25142）

《合集释文》:"庚戌卜,即［贞］:毋岁□,其宾。"《摹释总集》把"毋"释作"母"。根据此类岁祭卜辞的文例,"岁"之前都是岁祭对象,所以应从《摹释总集》的释文。祖甲之母、武丁之妻有妣辛、妣癸、妣戊,"母"是指哪位的简称还是统称,难以知晓。

6. 兄

岁祭的兄有:兄己、兄庚、兄壬,兄己的岁祭见后例（168）,其余的辞例如:

（152）庚寅卜,行贞:兄庚岁先日。（《合集》23487）

（153）壬申卜,即贞:兄壬岁,宙蒦。（《合集》23520）

以上两条卜辞分别岁祭兄庚、兄壬,兄庚在王宾卜辞中有祭,二期卜辞中兄壬的岁祭此处属首见。祖甲卜辞中岁祭兄庚的卜辞有9例,兄己3例,兄壬1例,可见,岁祭兄庚的频率是三者中最高的,兄壬是最低的。

7. 子

岁祭的子有中子、血子,辞例如:

（154）辛丑卜,大贞:中子岁,其延彭。（《合集》23545）

甲骨文有大子、中子、小子,大、中、小是纵列的,大为第一位,中为第二位,小为第三位。[①]　二期卜辞岁祭中子此处属首见。

（155）□巳卜,即贞:血子岁牲。（《合集》25168）

"古者立宗庙,'其祭尚气,先迎牲杀于庭,取血告于室以降神,然后奏

---

①于省吾:《甲骨文字释林》,北京:商务印书馆,2010年,第202页。

乐，尸入，王乃祼以郁鬯。'盖祭时先取血，而后王宾尸。血子疑官名，即肆师之类也。"①如此，则这条卜辞中的"血子"是岁祭的施祭者，而依这类卜辞的文例"岁"之前是受祭者。裘锡圭先生认为，"血"字应是"盟"的异体字，或跟"盟"音近相通的字。"盟"即"盟"字，"盟"应该读为"孟"，'孟子'指长子或庶长子"。②"血子"与上一例的中子相对而言，相当于后世文献中的孟子、仲子。换言之，后世的孟子、仲子在卜辞中已见。

8. 外族神

岁祭的外族神是莫，辞例如：

图 2-16　岁祭莫

（《合集》25235）

（156）丁亥卜，行贞：莫岁……（《合集》25235）（图 2-16）

这条卜辞《合集释文》："丁亥卜，行贞：莧其……"《摹释总集》的释文为："丁亥卜，行贞：莫岁……"卜辞中有"莫"字的卜辞还有如：

（157）隹莫。（《合集》116 反）（一期）

（158）己亥卜，設贞：出伐于黄尹亦出于莫。（《合集》970）（一期）

以上两例中"莫"字作 （《合集》116 反）、（《合集》970），其共同特征是"目"上两笔是分离的，如有折笔则方向相同，"莫"字右下方有"戈"或" "样的字形。"莫"字例还有如 （《合集》25235）。

而"莧"上两笔不分离，如有折笔则方向相背，字下方没有"戈"字形。字例如：

（《合集》6062）　（《合集》8236）　（《合集》10568）③

例（156）"贞"下一字的上方两笔是分离的，而且如例（157）、（158）的

---

①饶宗颐：《殷代贞卜人物通考》，香港：香港大学出版社，1959 年，第 835 页。转引自宋镇豪、段志洪主编《甲骨文献集成》第 16 册，成都：四川大学出版社，2001 年，第 447 页。

②裘锡圭：《释殷虚卜辞中的"𡇢"、"𡇢"等字》，《第二届国际中国古文字学研讨会论文集》，1993 年。转引自宋镇豪、段志洪主编《甲骨文献集成》第 14 册，成都：四川大学出版社，2001 年，第 33—36 页。

③刘钊等编纂：《新甲骨文编》，福州：福建人民出版社，2009 年，第 237 页。

"蔑"字一样有同向左的折笔,字的右下方残泐,但显然是有笔画的。因此,我们取《摹释总集》的释文。蔑"大约与伊、黄同为旧臣"。[①] 例(158)是同时侑祭蔑与黄尹的,还有同祭蔑与伊尹的如:

(159)其又蔑眔伊尹。(《合集》30451)(三期)

岁祭蔑此处属首见。

例(133)"丁亥卜,大贞:卜曰其出汎♩岁自上甲。王乞……"(《英藏》1924)是一条合祭卜辞,岁祭自上甲始的先公、先王。

(三)岁祭用品类别与规格

此类岁祭用品有 5 种,分别是:人牲、牛、宰、羊与鬯。

1. 人牲

岁祭用人牲的辞例如:

(160)[乙]未卜,旅贞:祖乙岁,其又羌,在六[月]。(《合集》22573)

(161)丙申卜,旅贞:父丁岁□伐。(《合集》22612)

例(160)于六月的乙未日占卜,由贞人旅贞问,岁祭祖乙时要不要以侑祭一个羌俘伴祭。例(161)的命辞有残缺,从现有信息可知是于丙申日占卜,由贞人旅贞问,岁祭父丁用多少人牲或是以伐祭相伴。这类用人牲岁祭祖乙,占卜天干日与祖乙日干名相同,而岁祭父丁时,占卜于丙日,占卜的天干日与父丁日干名不相同。前者附记月名,后者不附记月名。

2. 牛

岁祭用牛的辞例如:

(162)辛丑卜,旅贞:祖辛岁,蚰欬牛。用……(《合集》22985)

(163)甲申卜,即贞:羌甲岁一牛。(《合集》23021)

以上两例用牛岁祭先王。例(162)于辛丑日占卜,由贞人旅贞问,岁祭祖辛是不是用一头黧色的牛,验辞表明,最终采纳了卜问的内容。例(163)于甲申日占卜,由贞人即贞问,用一头牛岁祭羌甲。同是用牛岁祭先王,岁祭祖辛讲究牛的毛色,岁祭羌甲用普通牛,直系先王祖辛的岁祭规格高

①陈梦家:《殷虚卜辞综述》,北京:中华书局,1988 年,第 366 页。

于旁系先王羌甲。用牛岁祭先王时,占卜的天干日与先王的日干名一致。

（164）[庚]□卜,尹贞:妣庚岁一牛。（《合集》23366）

这条卜辞用牛岁祭先妣,前辞有残缺,是于天干为庚的某一日占卜,贞问用一头牛岁祭妣庚。占卜的天干日与妣庚的日干名一致。

（165）己亥卜,行贞:父丁𠱾岁宰、牡。（《合集》23214）

（166）丙申卜,行贞:父丁岁夊牛,在五月。（《合集》23217）

（167）□巳卜,即贞:血子岁牡。（《合集》25168）

以上卜辞用牛岁祭父与子。例（165）于己亥日占卜,由贞人行贞问,用一宰和一头牡牛在父丁的宗庙岁祭,例（166）于五月的丙申日占卜,由贞人行贞问,用一头黧色牛岁祭父丁。例（165）、（166）分别于己亥日与丙申日岁祭父丁,占卜的天干日都与父丁的日干名不一致。例（167）于地支为巳的某一天用一头牡牛岁祭孟子。

有一条卜辞:

（168）贞:兄庚岁眔兄己,其牛。（《合集》23477）（图2-17）

卜辞称兄庚,显然是一条祖甲卜辞。同版下方还有一条卜辞:

图 2-17　岁祭兄庚、兄己
（《合集》23477）

癸亥[卜],□贞:兄庚岁……眔兄己,宙……（《合集》23477）

例（168）的前辞应是承上而省,也应该属于此类。《合集释文》:"贞:兄庚岁眔庚己,其牛。""庚己"与"兄庚"并列,分处于"眔"之前后,"'庚己'之'庚',乃'兄'字之误"。[①] 同版下方的卜辞同祭兄庚、兄己也可证明。《摹释总集》释为:"贞:兄庚岁眔兄己,其牛。"应是妥当的。卜辞用一头牛岁祭祖庚与孝己,孝己虽然未及即位为王,但在祖甲的心目中,他与兄庚是同等重要的。

相较而言,用牛岁祭时,祖辛与父丁用牛注重毛色,父丁与孟子用牛注

---

① 胡厚宣:《卜辞杂例》,《中央研究院历史语言研究所集刊》第8本第3分,1939年。转引自宋镇豪、段志洪主编《甲骨文献集成》第17册,成都:四川大学出版社,2001年,第535页。

重牝牡,其规格是最高的;其次是羌甲、妣庚、兄庚、兄己用一头牛。用牛岁祭先王、先妣时,占卜的天干日与先王、先妣的日干名一致,而用牛岁祭武丁时,占卜天干日都与武丁的日干名不一致。

3. 宰

岁祭用宰的辞例如:

> (169)丁未卜,行贞:小丁岁宰。(《合集》23055)
>
> (170)庚辰卜,尹[贞:]妣庚岁宰。(《合集》23371)

例(169)于丁未日占卜,由贞人行贞问,用一宰岁祭祖丁,称祖丁为"小丁"。例(170)于庚辰日占卜,由贞人尹贞问,用一宰岁祭妣庚。两例中占卜的天干日与祖妣的日干名相同。例(149)"戊戌卜,行贞:父戊岁,叀小宰。在四[月]"(《合集》23299)是用一只小宰岁祭父戊。岁祭占卜天干日与父戊的日干名一致。

相较而言,祖丁、妣庚用一宰岁祭,两位的岁祭规格相同;岁祭父戊仅用一小宰,是其中岁祭规格较低的。

4. 羊

岁祭用羊的仅有一例:

> (171)戊戌卜,旅贞:祖戊岁,叀羊。(《合集》22852)

是于戊戌日占卜,由贞人旅贞问,是不是用一只羊岁祭祖戊。占卜的天干日与祖戊的日干名相同。

5. 凷

岁祭用凷的辞例如:

> (172)乙未卜,喜贞:唐岁其……又凷……(《合集》22753)
>
> (173)丙申卜,即贞:父丁岁又凷。
>
> 　　丙申[卜],即贞:[父]丁岁凷一卣。(《合集》23227)

例(172)的命辞有残缺,从仅有的信息可见是于乙未日占卜,由贞人喜贞问,岁祭大乙要不要用侑祭一卣凷作伴祭,大乙称"唐"。例(173)有两条卜辞,于丙申日占卜,由贞人即贞问,岁祭父丁用侑祭一卣凷作伴祭呢,还是直接用一卣凷岁祭呢。一期花东组卜辞的岁祭中用凷很常见,祖甲时期岁祭用凷的仅见于此。与一期卜辞不同的是"凷"后用上了量词

"卣",而一期卜辞"鬯"的后面只有数词,如《花东》149"甲寅,岁祖甲白狐,祝鬯一,又宜"。"'若干卣'为其容量计量单位,此乃因鬯为上品常用高级青铜卣礼器盛贮之故。"①这类用鬯岁祭大乙,占卜的天干日与大乙的日干名相同,而岁祭父丁于丙申日,占卜的天干日在父丁日干名的前一天。

　　比较以上辞例可见,在"其他"类岁祭卜辞中受祭规格最高的是祖乙与父丁。祖乙用一个羌俘,父丁用人牲,只是辞残不知其用人牲的数量,不过至少也是一个人牲。岁祭父丁还用牡牛、幻牛、宰、鬯,是此类岁祭中使用祭品种类最多的;其次是祖辛,用黧色牛;孟子用牡牛。妣庚仅用一头普通的牛,规格不及祖辛、孟子,但还有用宰岁祭的,用牲种类比只用一牛的羌甲、兄庚、兄己多;岁祭祖丁称"小丁",用牲只用宰,其规格不及祖辛、孟子、妣庚、羌甲、兄庚、兄己;岁祭父戊仅用一小宰、祖戊仅用羊,二位是此类中用牲规格最低的。用鬯专祭大乙与父丁,应是一种特殊的礼遇。

　　丁、小结

　　下面将"干支卜+某贞"前辞类中以上三小类的岁祭对象归纳成表7。

受祭对象 类别	先公	先王	先妣	高祖	父	母	兄	子	外族神
"翌日"祭卜辞	上甲、示壬	中丁、祖乙、祖辛、祖丁、南庚、小乙	外丙母妣甲、羌甲奭妣庚、妣庚		武丁				
王宾卜辞	报丁	大丁、大甲、大庚、大戊、雍己、祖乙、祖辛、羌甲、祖丁、阳甲、小乙	妣丙、妣戊、妣庚、大丁奭妣戊、祖乙奭妣庚、祖辛奭妣壬、小乙奭妣庚		武丁	母己、母辛	兄己、兄庚		
其他卜辞		大乙、大丁、祖乙、祖辛、羌甲、祖丁、祖戊	妣庚	季	武丁、父戊	母辛	兄己、兄庚、兄壬	血子、中子	蔑

①宋镇豪:《中国上古酒的酿制与品种》,《远望集——陕西省考古研究所华诞四十周年纪念文集》,西安:陕西人民美术出版社,1998年,第445页。

由表 7 可见,"翌日"祭卜辞中岁祭对象最多的是先王,有六位。除南庚外都是直系先王;其次是先妣,有三位。外丙母妣甲、羌甲奭妣庚、妣庚,外丙之配称"母"不称"奭"。外丙与羌甲都是旁系先王。祭及旁系配偶是祖甲时代岁祭先妣与周祭先妣的不同之处。① 父只祭武丁。

王宾卜辞中岁祭对象最多的是先王,有十一位。除雍己、羌甲、阳甲外,都是直系先王。其次是先妣,有七位,指明是某位先王配偶的先王都是直系先王。父有武丁,母有母己、母辛。兄有兄己与兄庚。

其他类型中,岁祭最多的是先王,有七位。除祖戊不能确定、羌甲为旁系先王外,其余都是直系先王。先妣只有妣庚。父有武丁与父戊,母只有母辛;兄有兄己、兄庚、兄壬,子有血子、中子。

"翌日"祭卜辞与王宾卜辞都只祭武丁,其他类还岁祭父戊。子、外族神也只在其他类中受祭。可见,其他类的岁祭是一种范围更广泛的一般性岁祭类型。总之,各小类岁祭都以直系先王为主,对男性祖先的祭祀明显多于女性祖先。三小类共同岁祭的对象有祖乙、祖辛、祖丁、妣庚、武丁,这五位是其中最重要的岁祭对象。

还有两条无法确定其所属小类的残辞:

(174)[癸]卯卜,大[贞:]……示癸岁,宙……襄彭……(《合集》22718)

(175)□□卜,大[贞:]……祖甲岁……牡。(《合集》23098)

例(174)的命辞有残缺,无法知其所属。从仅有信息看,是岁祭示癸的,示癸是商朝第一王大乙之父。示癸在祖庚卜辞有祭。例(175)的前辞、命辞都有残缺,无法知其所属。就仅有信息可知岁祭对象是祖甲,用一头牡牛祭祀。祖甲时代可称为祖的甲名先王有大甲、小甲、戋甲、羌甲、阳甲,此处的祖甲指哪一位甲名王,还有待进一步研究。

岁祭规格表现出的特点有三点。①三类中都有用人牲、牛和宰岁祭的,都没有用牢岁祭的。在其他类中,武丁与大乙享用㕚祭。②"翌日"祭卜辞用人牲岁祭的对象是上甲、祖乙。王宾卜辞用人牲岁祭的对象是祖丁,武丁与祖乙之配妣庚。其他类用人牲岁祭的对象是祖乙与武丁。三小

---

①陈梦家:《殷虚卜辞综述》,北京:中华书局,1988 年,第 192 页。

类中用人牲数量最多的是祖乙,其次是上甲。祖乙不仅是用人牲数最多的,而且是在两类中同时受人牲岁祭的。祖乙之配是先妣中唯一受人牲岁祭的,而且在王宾卜辞中,祖乙之配用人牲祭,而祖乙仅用宰祭,虽是用宰祭的岁祭对象中规格最高的,但远不及其配偶,可见时王祖甲对祖乙之配妣庚的敬重。祖甲对其父武丁的岁祭也是很重视的,在两小类中都享有人牲祭,而且在每一小类中受祭的祭品种类都是最多的。王宾卜辞中武丁是唯一享受一次用十头牛岁祭的。有一条卜辞:

(176)□□[卜],旅[贞:]……上甲岁……于唐岁五……[用]羌五十。亡[尤]。……(《合集》22544)

卜辞的前辞、命辞都有残缺,从现有信息可见,是由贞人旅贞问,岁祭包括上甲与大乙在内的先公先王,以用祭五十个羌俘作伴祭。岁祭上甲、大乙用五十羌无疑是这一前辞类中最多的。③在"翌日"祭卜辞中,小乙之配妣庚的岁祭规格高于直系先王祖辛。在王宾卜辞中,有的旁系先王的岁祭规格与直系先王相同,如岁祭雍己与大庚、大戊同,岁祭羌甲与大丁、祖辛同。总之,"翌日"祭卜辞、王宾卜辞表现出各自岁祭明显的特点,这种特点还表现在"翌日"祭卜辞与王宾卜辞用宰岁祭数量最多的是三,而其他类只有一。有一条难以归类的卜辞:

(177)□寅卜,大[贞:]□岁自上甲……卯三宰。(《合集》22639)

辞残过甚,从现存信息可见,是岁祭自上甲始的祖先,以卯的方式用三宰合祭,也是用宰数最多的。

二、干支卜+贞

能确定为这一前辞类的仅有1条卜辞,约占总数的0.4%。

(178)[庚寅]卜,贞:……兄庚岁于……

(《合集》23493)(图2-18)

前辞中没有贞人名,但由岁祭兄庚可知是祖甲卜辞。命辞有残缺,可见信息只有岁祭对象,没有祭品信息。

图2-18 岁祭兄庚
(《合集》23493)

第三节　二期卜辞岁祭的特点

二期的岁祭卜辞分祖庚卜辞与祖甲卜辞,对两类进行比较可见其岁祭制度方面的特点。

一、文例特点

祖庚时期卜辞的前辞类型只有"干支卜＋某贞"一类,祖甲时期有两类,但以"干支卜＋某贞"类为主。在祖甲时期的这一主要类型中,命辞又表现出三种特征:一是命辞之首有"翌干支"的;二是命辞之首有"王宾"的;三是命辞之首既无"翌干支"也无"王宾"的。这些特征在祖庚时期的卜辞中也有,有一例祖庚时期的残辞:

(1)□□卜,出［贞:翌］辛丑……［王］宾岁……燕。用。(《合集》25128)

前辞、命辞残缺很多,从仅有信息可见有"翌辛丑"、"王宾",只是这两种特征集于一辞(或一版),而且仅见一例,没有像祖甲时期那样有大量卜辞形成明显的对立。祖甲卜辞中这三种不同的文例特征与相应的岁祭特征相表里,各自有不同的主祭对象及岁祭规格特点。如在"翌日"祭卜辞中,小乙之配妣庚的岁祭规格高于直系先王祖辛,而在其他类卜辞中,小乙之配妣庚的岁祭规格低于直系先王祖辛。在王宾卜辞中,有的旁系先王的岁祭规格与直系先王相同,而在其他类卜辞中,直系先王的岁祭规格都高于旁系先王等。

二、岁祭对象特点

把二期各类岁祭卜辞中的受祭对象归纳成表8。

类别 受祭对象		祖庚	祖甲	
			①干支卜＋某贞	②干支卜＋贞
先公	上甲		+	
	报丁		+	

类别 受祭对象		祖庚	祖甲	
			①干支卜+某贞	②干支卜+贞
先公	示壬	+	+	
	示癸	+	+	
先王	大乙		+	
	大丁		+	
	大甲		+	
	大庚		+	
	大戊		+	
	雍己		+	
	中丁		+	
	祖乙		+	
	祖辛		+	
	羌甲		+	
	祖丁		+	
	南庚		+	
	阳甲		+	
	小乙		+	
	祖戊		+	
先妣	妣丙		+	
	大丁奭妣戊		+	
	祖乙奭妣庚		+	
	祖辛奭妣壬		+	
	小乙奭妣庚		+	
	妣戊		+	
	羌甲奭妣庚		+	
	妣庚		+	
	妣辛	+		
	外丙母妣甲		+	
高祖	季		+	

类别 受祭对象		祖庚	祖甲	
			①干支卜+某贞	②干支卜+贞
父	武丁		+	
	父戊		+	
母	母己		+	
	母辛		+	
兄	兄己		+	
	兄庚		+	+
	兄壬		+	
子	血子		+	
	中子		+	
外族神	蔑		+	

注:表中"+"表示某类中所有的受祭对象。

祖庚时期岁祭卜辞数量很少,受祭对象仅见示壬、示癸两位先公和一位先妣妣辛,其原因值得研究。除表8所见外,在一些无法分类的卜辞中还可见到的岁祭对象有小甲、报乙:

(2)甲寅卜,□贞:王宾小甲岁……(《合集》22810)

(3)□□[卜],□贞:王宾报乙岁一牛。亡尤。(《合集》22690)

例(2)前辞、命辞都有残缺,从仅有信息可见是岁祭小甲的。卜辞岁祭小甲仅此一见。例(3)前辞有残缺,由命辞可见是岁祭报乙的。

(4)……壬饮人岁……酸𪐴,十一月。(《合集》23566)(图2-19)

这条卜辞的前辞残去,命辞也有残缺。"𪐴"为"'黄尹'二字之合文"。① "卜辞的黄尹、黄奭即《诗·颂》之阿衡、保衡。"② "酸"为祭

图2-19　岁与黄尹同版
(《合集》23566)

---

① 于省吾主编:《甲骨文字诂林》,北京:中华书局,1999年,第2539页。
② 陈梦家:《殷虚卜辞综述》,北京:中华书局,1988年,第363页。

名,①黄尹是酸祭的对象,"岁"与"黄尹"分处两列,"岁"所在列的字距很密,"黄尹"所在列的字距很宽,应分属于两条不同的卜辞,"岁"与"黄尹"无关。

综上所述,二期岁祭卜辞共祭 42 位祖先。其中高祖 1 位,约占所祭祖先的 2.4%;先公 5 位,约占所祭祖先的 11.9%,占《世次表》中所有先公的83.3%;除祖戊不知所指外,有直系先王 10 位,约占所祭祖先的 23.8%,占《世次表》中武丁之前所有直系先王的 100%;旁系先王 5 位,约占所祭祖先的 11.9%,占《世次表》中武丁之前所有旁系先王的 50%;女性祖先有 12位,其中妣 10 位,母 2 位,分别占所祭祖先的 23.8%、4.8%;父 2 位,兄 3位、子 2 位,各约占所祭祖先的 4.8%、7.1%、4.8%;外族神 2 位,占所祭祖先的 4.8%。表现出的特点有二。①岁祭女性祖先合占 28.6%,岁祭男性祖先(先王、父、兄、子)占 52.4%,男性祖先的比例是女性祖先的近 2 倍;②岁祭直系先王的占比是旁系先王的 2 倍。祖庚卜辞只祭先公示壬、示癸与妣辛,其余则有自上甲始的大合祭。祖甲时期的"干支卜+贞"类的卜辞仅见 1 例,岁祭对象仅见兄庚,而"干支卜+某贞"类共有受祭对象 39 个,其祭祀范围遍及先公、先王、先妣、高祖、父、母、兄、子及外族神。

二期岁祭卜辞中称妣而前附夫名的有大丁奭妣戊、祖乙奭妣庚、祖辛奭妣壬、小乙奭妣庚、羌甲奭妣庚、外丙母妣甲,既包括直系先王之配,也包括旁系先王之配。旁系先王之配在"翌日"祭类受祭,直系先王之配在"王宾"类受祭,可见不同类卜辞安排受祭对象的特点。

三、岁祭用品与规格特点

祖庚时期的岁祭卜辞中未见到祭品信息。祖甲卜辞的"干支卜+贞"类仅找到一例,也因辞残看不到祭品信息,岁祭用品与规格特点主要体现在祖甲时期的"干支卜+某贞"类岁祭卜辞中,已总结于前。二期岁祭卜辞中有 95 例难于根据前辞分类或仅有岁祭用品信息没有岁祭对象的卜辞,其中一些卜辞对前面的总结有补充、拓展的意义。

(5)……中丁岁一牛。(《合集》22861)(图 2-20)

---

① 于省吾主编:《甲骨文字诂林》,北京:中华书局,1999 年,第 2700 页。

这条卜辞《合集释文》:"[贞]:中丁岁一牛。"《摹释总集》的释文为:"……中丁岁一牛。"细审拓片,《合集释文》补释为"贞"的字只有残留的下半部分,作""。同版两条卜辞中的"贞"字作""、"","贞"字下面表示鼎脚的两竖,尤其是右面的一竖较短,与"中丁"前一字的下半部分不类,谨慎起见,卜辞应以《摹释总集》的释文为

图 2-20　岁祭中丁
(《合集》22861)

妥。这条卜辞无法据前辞分类,从仅有的命辞信息可见,是用一头牛岁祭中丁,上文仅于"翌日"祭卜辞类有岁祭中丁的,但没有用牲记录,例(5)补充了这方面的信息。

(6)庚辰卜,大贞:来丁亥寇帚虫枕岁羌三十,卯十牛,十二月。(《合集》22548)

"寇帚"与后代的傩礼相当,"寇寝而用人牲或物牲,是搜索宅内,以驱疫鬼之祭,可以与周人傩为索室驱鬼相印证"。① "枕"字"当释'剌',孳乳作'蓻'作'藝'"。② "蓻"读为祢,"作动字用……祢为近庙,因谓祭于祢庙亦曰祢"。③ 卜辞是于十二月的庚辰日占卜,由贞人大贞问,于未来的丁亥日行搜索宅内以驱疫鬼之祭时侑祭祢祭岁祭三十个羌俘、对剖十头牛。丁亥日在庚辰日后的第七天,提前这么多天卜问,用牲如此多,是年终的一种隆重的祭祀类型。卜人"大""当属于祖庚晚期与祖甲早期"。④ 一期的宾组卜辞中也有于宗庙中举行这类大型祭祀的,如:"庚辰卜,□[贞:]来丁亥□帚虫枕岁羌三十,卯十[牛],十二月。"(《合集》319)可见,这个习俗一直沿用到祖庚晚期至祖甲早期。

二期卜辞中用宰岁祭时,数量最多的是三宰,而祖辛只用一宰。但有一条卜辞:

(7)辛酉卜,□贞:王宾祖[辛]岁三宰。(《合集》22974)

---

① 于省吾:《甲骨文字释林》,北京:商务印书馆,2010 年,第 49 页。
② 于省吾主编:《甲骨文字诂林》,北京:中华书局,1999 年,第 435 页。
③ 于省吾:《双剑誃殷契骈枝续编·释枕》,1940 年,第 40 页。转引自宋镇豪、段志洪主编《甲骨文献集成》第 8 册,成都:四川大学出版社,2001 年,第 222 页。
④ 陈梦家:《殷虚卜辞综述》,北京:中华书局,1988 年,第 192 页。

卜辞的前辞残缺,无法判断其为祖庚卜辞还是祖甲卜辞,但命辞显示是用三宰岁祭祖辛。如此,则祖辛与用三宰岁祭的大甲、大戊、祖乙、小乙、父丁一样,也享有用宰的最高规格。

前文已知,只有父丁与大乙的岁祭有用鬯的辞例,而卜辞中有一例:

　　（8）贞:祖辛岁一鬯。

　　　　贞:二鬯。（《合集》22991）（图 2-21）

前辞只有"贞",无法确定是祖庚卜辞还是祖甲卜辞。由同版的两条卜辞组成,第二条承上一条而省略了命辞中的相同信息。两条卜辞就岁祭祖辛用一卣鬯还是两卣鬯作选择问。可见,在二期的岁祭中与武丁、大乙同享这一礼遇的还有祖辛。岁祭大乙因辞残难知其用鬯的数量,岁祭武丁用一卣鬯,岁祭祖辛有可能用到两卣鬯,祖辛用鬯的规格高于武丁。总之,祖辛在岁祭中受祭的规格也是较高的。

图 2-21　岁祭祖辛

（《合集》22991）

　　（9）□□[卜],□[贞:]……[又]𢦔岁毓祖乙,又羌。（《合集》22574）

这条卜辞的前辞、命辞都有残缺,从现有信息可见,是岁祭小乙而以侑祭羌俘为伴祭,称小乙为"毓祖乙"。前文已讨论过,岁祭用人牲的有上甲、大乙、祖乙及其配偶妣庚、祖丁、父丁。除商王朝历史上功劳卓著的先公上甲,先王大乙、祖乙及其配偶妣庚之外,还有曾祖父祖丁、父武丁,却不见祖父小乙,很难理解,至此补上了这一缺环。

祖乙在"翌日"祭卜辞和其他卜辞中受祭规格都是最高的,在无法确定类型的卜辞中也可见祖乙受祭的特殊待遇,辞例如:

　　（10）乙未,又岁于祖乙牡三十宰,佳旧岁。（《合集》22884）

　　（11）……王……乙丑其又𢦔岁于祖乙白牡,王在𠂤卜。（《合集》22904）

例（10）是一条记事刻辞,[1]记录日期是乙未日;"旧"在卜辞中"用为新

---

①陈梦家:《殷虚卜辞综述》,北京:中华书局,1988 年,第 44 页。

旧之旧,又用为地名".① 辞中的"旧"放在"岁"之前,有可能是指新旧之旧,但是卜辞中无与之相应的"新岁"。如果是旧岁,也仅此一见。"旧"可能指地名,地名放在"隹"后的辞例不多,但也是有的,如:

（12）隹兹邑龙不若。（《合补》1573）（一期）

（13）丙寅夕卜,子又言才宗,隹永。

丙寅夕卜,非永。（《花东》234）（一期）

例(12)的地名"兹邑"、例(13)的地名"永"都在"隹"之后。例(10)记录于乙未日,用一头牡牛和三十宰侑祭、岁祭祖乙。用三十宰岁祭在二期岁祭卜辞中仅见于祖乙。例(11)的前辞残去,命辞也有残缺,无法归类。从仅有的信息可见是用白色的牡牛侑祭彳祭岁祭祖乙。有"刂"的卜辞还见于五期卜辞"于癸亥王卜,在刂䌇贞:…无欸"（《合集》36788）其中的"刂"为地名,②"王在刂卜"与"王卜,在刂䌇贞"的内容相近,其中的"刂"也应该是地名。殷人尚白,用白牡岁祭在二期岁祭卜辞中仅此一见,还有时王亲卜,也可见对祖乙的敬重。

二期岁祭用牲有注重颜色、牝牡、大小的,以下的卜辞进一步丰富了这方面的内容,辞例如:

（14）乙酉卜,□贞:毓祖乙岁牡。

……夕牛。（《合集》23151）

（15）贞:父戊岁,宙宰。

贞:宙小宰。

贞:宙大宰。（《合集》23300）（图 2-22）

这些卜辞都无法详细分类,例(14)是同版的两条卜辞,第二条辞残,第一条卜辞用牡牛岁祭小乙。上文已见有用牡牛岁祭武丁的,此

图 2-22　岁祭父戊
（《合集》23300）

处可见也有用牡牛岁祭小乙的。例(15)是同版的三条卜辞,分别就岁祭

---

①于省吾主编:《甲骨文字诂林》,北京:中华书局,1999 年,第 1688 页。

②于省吾主编:《甲骨文字诂林》,北京:中华书局,1999 年,第 3368 页。

父戊是用宰、用小宰还是大宰作选择问。上文已见岁祭父戊有用小宰的，此处可见岁祭父戊还有用大宰的。

（16）……父丁岁五宰，羌十［人］。亡尤。在□［月］。（《合集》22555）

从这一例的仅有信息可见，是用五宰和十个羌俘岁祭武丁的。用五宰、十个羌俘是二期岁祭武丁时用宰、用人牲数量最多的，而用十个羌俘的规格则与祖乙同。

还有两条合祭卜辞：

（17）……上甲岁三牛……大乙岁三牛……［亡］尤。在十月。（《合集》22641）

（18）□□［卜］，□［贞：王宾］父丁岁宰眔大丁［䙲］岁五宰。亡尤。（《合集》22770）（图2-23）

图2-23　岁祭父丁、大丁（《合集》22770）

从例（17）仅有的命辞信息可见，是分别用三头牛岁祭上甲、大乙。前文已见岁祭包括上甲与大乙在内的先公先王，以用祭五十个羌俘作伴祭，此处进一步可见二期岁祭上甲与大乙的规格是相同的。例（18）的前辞有残缺，无法分类，但命辞语序与王宾卜辞相同。王宾卜辞中已讨论一辞例"□□卜，尹贞：［王］宾父丁岁［宰］眔大丁䙲［岁］宰。亡尤"（《合集》22769）（图2-24）。

比较两条卜辞的拓片可见，"亡"、"岁"、"大丁"等字体很近似，内容也很接近，不同的只是例（18）中岁祭大丁用五宰，而王宾卜辞的这一例岁祭大丁用一宰。仔细审视王宾卜辞这一例的拓片，辞例右行，对应第二列"宾"字上只缺"王"，最右一列"宰"字上确实只残一字，但拓片下边"䙲"字下应该还有一字，否则第二、三列下面卜辞间的分隔线就应是平直的，而不是现在明显向下的趋势。诚如是，则"岁"字应在第三列的最后，而最后一列"宰"字前可能有字，连词"眔"前面的内容是"父丁岁宰"，后面相对应的是"大丁䙲

图2-24　岁祭父丁、大丁（《合集》22769

［岁］□宰",所缺也应如例(18)一样是"宰"的数量。由例(18)可见,岁祭大丁的规格应修正为五宰,与例(16)讨论的岁祭父丁的规格一样。

　　综上所述,祖甲时期卜辞岁祭规格最高的是祖乙及祖乙至父丁的近世直系先王,祖乙的岁祭规格甚至高于上甲、大乙。对男性祖先的岁祭明显多于女性,但祖乙之配妣庚受重祭,应是祖乙的特殊地位所致。换言之,在时王的心目中,最应受到尊崇的是复兴之祖祖乙,其次是祖乙至武丁的近世直系先王。女性祖先除祖乙之配妣庚外地位不及男性。

第三章 三期岁祭卜辞的文例、岁祭对象与规格

"廪辛有卜人,康丁无。"①据此把三期岁祭卜辞分为有卜人的廪辛卜辞和无卜人的康丁卜辞两大类。

第一节 廪辛卜辞

属于廪辛卜辞的有 15 例。

(一)文例

此类卜辞的前辞完整,命辞语序无定式,命辞中大多有"其"。辞例如:

(1)甲辰卜,何贞:岁其于大乙。(《合补》9622)

(2)癸巳卜,贺贞:翌日祖甲岁,其牢。(《合集》27336)

(3)丙午卜,何贞:翌丁未其又𤖤岁毓祖丁。(《合集》27321)

例(1)的受祭对象"大乙"在"岁"之后,并通过"于"与"岁"连接,"其"在"于"之前;例(2)的受祭对象"祖甲"在"岁"之前,祭品信息"牢"在"岁"之后,"其"在"牢"之前;例(3)的受祭对象"毓祖丁"在"岁"之后,没有"于"连接,"其"在"又𤖤岁"之前。可见,命辞的语序没有定式。以上辞例都有"其",但"其"的位置不定,例(1)位于受祭对象前,例(2)在祭品信息前,例(3)在祭祀名称前。"其"在卜辞"皆用以表疑似之语气",②"其"之后所接内容不同,但都应该是卜辞的不确定之处。以上卜辞占卜的天干日都在受祭者日干名的前一天。

有一例残辞:

---

①陈梦家:《殷虚卜辞综述》,北京:中华书局,1988 年,第 193 页。

②于省吾主编:《甲骨文字诂林》,北京:中华书局,1999 年,第 2810 页。

（4）甲辰卜,□贞:岁其□于大乙。(《合集》27148)

"贞"前的卜人名残去,同版还有两条卜辞为:

癸巳卜,何。

丁未卜,彭。

虽然我们无法知道例(4)"贞"前面的卜人究竟是谁,但例(4)属于廪辛时期的何组卜辞是无疑的。

此类中也有无"其"的卜辞,如:

（5）□□卜,犾[贞:]酚上甲又岁。王受又。(《合集》27054)

（6）乙卯卜,何贞:屮乂岁于唐。王亡壱。[十]二月。

　　乙卯卜,何贞:王宾乂岁。不菁雨。(《合集》27153)

（7）[乙]卯卜,何贞:屮乂于唐。亡壱。十二月。(《合集》27150)
（图3-1）

例(5)对上甲岁祭伴以侑祭、酒祭,例(6)对大乙岁祭伴以侑祭、乂祭,都是很隆重的祭祀仪式。例(7)与例(6)第一条卜辞的内容相近,不同的是"于"前无"岁"字,"亡"前无"王"字,但细审拓片,"贞"字左一、二列同一位置都应有一字,只是漫漶不清,二者应是同文卜辞,都是年终的祭祀。对这样大型的祭祀谨小慎微,卜问王会不会有灾害,能不能得到保佑,都是不容有一点含糊的,所以不用"其"这样的推测语气词是合情合理的。

图3-1　岁祭大乙
(《合集》27150)

（二）岁祭对象

卜辞岁祭对象有祖先神(先公、先王、先妣、高祖、父、母、尋、兄、子)、外族神、自然神。廪辛时期卜辞岁祭的对象仅有祖先神之先公、先王、先妣与父。

1. 先公

岁祭的先公是上甲,见例(5)。

2. 先王

岁祭的先王有大乙、祖甲、毓祖丁,岁祭大乙的如例(1)、例(4)、例

（6）、例（7），例（6）、例（7）称大乙为"唐"。称"唐"时的岁祭有侑祭、𢎥祭相伴，辞尾附记月名。此类对大乙的岁祭有四例之多，占总数的近1/3，可见其对大乙之尊崇。例（2）岁祭祖甲，"第三期卜辞中的祖甲应当是指阳甲"。①例（3）岁祭毓祖丁，"毓祖丁"即"廪辛康丁之世称其祖父武丁也"。②

3. 先妣

岁祭的先妣是妣辛，辞例如：

（8）庚戌卜，何贞：妣辛岁，其驭𢆶。（《合集》26975）

三期有如下卜辞：

（9）于妣辛。
　　于祖丁。（《合集》27368）

（10）……妣辛……祖丁。（《合集》27509）
（图3-2）

图3-2　妣辛、祖丁
同祭（《合集》27509）

（11）庚子卜，何贞：翌辛丑其又妣辛飨。
　　丙午卜，何贞：翌丁未其又𢎥岁毓祖丁。（《合集》27321）

例（9）是祖丁与妣辛同版共祭，武丁"三、四、五期卜辞中称其为'祖丁'"。③ 例（10）辞残过甚，但可见妣辛与祖丁同版，甚至有可能是同条卜辞共祭。可见，三期卜辞的妣辛应指武丁之配。例（11）也是妣辛与祖丁同版共祭，称祖丁作"毓祖丁"。也有称妣辛为"毓妣辛"的，如：

（12）庚戌卜，何贞：翌辛亥其又毓妣辛飨。（《合集》27456）

命辞的内容与例（11）第一条卜辞相近，语序相同，亦于庚日占卜，第二天辛日对妣辛祭祀，只是把妣辛称作"毓妣辛"。有一条卜辞：

（13）乙卯卜，犾贞：虧羌，其用妣辛𢀜。（《合集》26954）

在妣辛的宗庙用祭，"拥有宗庙的女性祖先都是直系先王的配偶，而且是近世直系先王的配偶"。④ 例（13）中妣辛有自己的宗庙，也为判断妣辛

---

①常玉芝：《商代宗教祭祀》，北京：中国社会科学出版社，2010年，第311页。
②饶宗颐：《殷代贞卜人物通考》，香港：香港大学出版社，1959年，第1089页。转引自宋镇豪、段志
　洪主编《甲骨文献集成》第16册，成都：四川大学出版社，2001年，第510页。
③常玉芝：《商代宗教祭祀》，北京：中国社会科学出版社，2010年，第328页。
④常玉芝：《商代宗教祭祀》，北京：中国社会科学出版社，2010年，第493页。

为武丁之配提供了证据。

4.父

岁祭的父是祖庚,辞例如:

（14）己亥卜,何贞:翌庚子𡥏岁,其延于父庚。（《合集》27424）

父庚应是廪辛称其父祖庚。

值得注意的是,此类岁祭的远祖有商王朝历史上的功臣上甲、大乙,近祖有其祖父武丁、祖母妣辛及父亲祖庚,而曾祖辈岁祭的不是小乙,是小乙之兄阳甲[见例(2)]。

（三）岁祭用品类别与规格

此类的岁祭用品有牢和宰两种,辞例也仅有 2 例:

（15）癸巳卜,景贞:翌日祖甲岁,其牢。（《合集》27336）

（16）丙午卜,何贞:翌丁未其又𡥏岁毓祖丁。

丙午卜,何贞:其宰。

丙午卜,何贞:其三宰。（《合集》27321）（图 3-3）

例(15)于癸巳日占卜,由贞人景贞问第二天即甲午日用一牢岁祭阳甲。例(16)有三条卜辞,都于丙午日占卜,由贞人何贞问。后两条卜辞承第一条卜辞省去了相同的信息,分别贞问第二天丁未日要不要侑祭、𡥏祭、岁祭毓祖丁,以及行侑祭、𡥏祭、岁祭时是用一宰还是三宰。占卜的天干日都在先王日干名的前一日。

（四）小结

廪辛时期岁祭卜辞的前辞类型只有一种,岁祭对象有先公上甲、先王大乙、阳甲、武丁及其配偶妣辛、其父祖庚。有用牲记录的仅见于阳甲与武丁,岁祭武丁用宰,岁祭阳甲用牢,阳甲的岁祭规格甚至高于其直系祖父武丁,可见对阳甲的重视。

图 3-3　岁祭毓祖丁（《合集》27321）

第二节　康丁卜辞

康丁时期的岁祭卜辞共找到 210 例,除 29 例无前辞和 66 例辞残外,其余 115 例分布在五种前辞类型中:一、干支卜;二、干支卜+贞;三、干支贞;四、贞;五、卜。下面逐一进行分析。

一、干支卜

这一前辞类的卜辞有 108 例,约占总数的 93.9%,是康丁时期岁祭卜辞中占比最高的一类。命辞的形式可分成两类,一类是岁祭有伴祭的,另一类是岁祭无伴祭的。

甲、岁祭有伴祭类

（一）文例

此类卜辞的命辞语序是"其(王)+又(𠂤)岁+(于)+祖妣+(祭品)",即辞首有"其",有时有"王",岁祭有侑祭相伴,有时还有𠂤祭相伴。受祭对象在"岁"之后,有的通过"于"与"岁"连接,有时有祭品信息,祭品信息在受祭对象之后。辞例如:

（1）乙丑卜,其又岁于二司一羝。（《合集》27582）

（2）□□卜,其又岁于高……（《屯南》4071）

（3）庚子卜,其又岁于三祖□。兹用岁。（《合集》27179）（图 3-4）

（4）癸丑卜,其又𠂤岁大乙伐,卯二[牢]。（《合集》26999）

图 3-4　岁祭三祖□
（《合集》27179）

例(1)的"其"位于命辞之首,岁祭有侑祭相伴,受祭对象"二司"在"岁"之后,并通过"于"与"岁"连接,祭品信息"一羝"在受祭对象之后。例(2)的前辞、命辞都有残缺,例(3)的命辞有残缺,但也可见与例(1)一样,"其"位于命辞之首,岁祭有侑祭相伴,例(2)受祭对象"高……",例(3)受祭对象"三祖□"都在"岁"之后,并通过"于"与"岁"连接。例(4)的"其"位于命辞之首,与岁祭相伴的除有侑祭外,还有𠂤祭。与上面的卜辞

一样,受祭对象"大乙"在"岁"之后,不同的是受祭对象与"岁"之间没有
"于"连接。但下文例(29)"□□卜,其又♦岁于大乙三牢"(《屯南》993)就
与没有♦祭伴祭的例(1)—(3)文例完全相同。

　　一期午组岁祭卜辞中有与此类前辞相同的,其命辞形式为"(𠂤)岁+
于+祖妣+(祭品)",与这一小类相近,区别在于午组卜辞的命辞辞首无
"其"。

　　有一条卜辞:

　　　　(5)甲戌卜,其执伊又岁。(《合集》27306)
(图3-5)

　　岁祭有侑祭相伴,祭品信息"执"在"其"之后,受
祭对象"伊"在祭品信息之后,"又岁"在受祭对象之
后,与上面的语序不同。这种差异是否因受祭对象是
外族神伊尹所致,还有待进一步研究。

　　(二)岁祭对象

　　此类卜辞的岁祭对象有祖先神之先王、先妣、父、
母、兄及外族神和自然神。除先公、高祖、子外,覆盖了
岁祭对象的大多数。

图3-5　岁祭伊尹
(《合集》27306)

　　1.先王

　　岁祭的先王有大乙、祖乙、小乙、二祖辛(小辛),辞例如:

　　　　(6)癸丑卜,其又♦岁大乙伐,卯二[牢]。(《合集》26999)
　　　　(7)甲子卜,其又岁于毓祖乙。
　　　　　　甲子卜,其又岁于高祖乙。(《屯南》2951)
　　　　(8)庚戌卜,其又岁于二祖辛,重牡。(《合集》27340)

　　例(6)、例(7)分别岁祭大乙、小乙、祖乙。小乙称毓祖乙,祖乙称高祖
乙。"在第四期卜辞中,对祖乙除称'祖乙'外,还称'高祖乙'。"①由例(7)
可见,最早在第三期的卜辞中"高祖乙"的称谓已可见到。例(8)岁祭二祖
辛。二祖辛指小辛,因其在祖辛之次。② 岁祭小乙之兄小辛此属首见。以

①常玉芝:《商代宗教祭祀》,北京:中国社会科学出版社,2010年,第275页。
②陈梦家:《殷虚卜辞综述》,北京:中华书局,1988年,第433页。

上卜辞除例（6）岁祭大乙占卜日在癸日外，其余三条卜辞占卜的天干日都在先王日干名的前一天。

2. 先妣

岁祭的先妣有妣己、妣辛、妣壬、妣癸，辞例如：

（9）戊□卜，其又岁于妣己，叀翌日□。（《合集》27516）

（10）庚午卜，其又岁于妣辛牢。（《合集》27440）①

（11）辛未卜，其又岁于妣壬一羊。（《合集》27164）

（12）壬午卜，其又岁于妣癸，叀小宰。（《合集》27572）

例（9）、例（11）、例（12）分别岁祭妣己、妣壬、妣癸。例（10）岁祭妣辛，妣辛是武丁之配，在廪辛时期的卜辞中已见。以上四条卜辞的占卜日都在先妣日干名的前一天。

有一条卜辞：

（13）戊戌卜，祖丁使其延妣辛、妣癸。王［受又］。（《合集》27367）

妣辛、妣癸与武丁同条共祭，妣癸也应是武丁之配。

3. 父

岁祭的父有祖甲、父戊、孝己，辞例如：

（14）癸亥卜，其又夕岁于父甲𠭟。王受又又。（《合集》30359）

（15）丁酉卜，其又岁于父戊……（《合集》27486）

（16）戊辰卜，其又岁于中己，王宾。（《屯南》2354）

例（14）岁祭于父甲的宗庙，父甲是康丁对祖甲的称呼。例（15）岁祭父戊，父戊应是祖庚、祖甲的兄弟。岁祭父戊的卜辞还见于《屯南》1048。例（16）岁祭中己，中己当指祖己，即孝己。② 这三条卜辞占卜的天干日都在诸父日干名的前一天。

4. 母

岁祭的母是母乙，辞例如：

---

①拓片漫漶不清，此据《摹释总集》释文。

②赵诚：《甲骨文简明词典——卜辞分类读本》，北京：中华书局，2009 年，第 26 页。

(17)□□卜,其又岁于母乙……(《屯南》3161)

5. 兄

岁祭的兄有兄己、兄庚,见后例(32)。还有岁祭兄辛的,辞例如:

(18)辛卯卜,重今日其夕又岁兄辛。王受又。大吉。(《屯南》2996)

(19)王其又岁于兄辛……(《合集》27624)

兄辛是康丁对其兄廪辛的称呼。例(18)岁祭兄辛是在其日干名之日辛日的夜间。例(19)无法判断其前辞,但岁祭兄辛只能是在康丁时期的卜辞中,语序与"干支卜+贞"、"干支贞"、"贞"、"卜"不类,而与这一类的例(22)近似,岁祭有伴祭,所以应属于此类。王亲自岁祭兄辛,可见康丁对其兄廪辛的重视。

6. 外族神

岁祭的外族神是伊尹,辞例如:

(20)□□卜,其又岁于伊尹,重龟祝。兹[用]。(《合集》27653)

《竹书纪年》曰:"末喜氏以与伊尹交,遂以间夏。"《国语·晋语一》:"妹喜有宠,于是乎与伊尹比而亡夏。"离间夏,亡夏,伊尹对商王朝的建立有功。商后人视这位有功之臣如自己的祖先。岁祭时由龟祝祷在此类卜辞中仅见于伊尹。本书第一章已见龟祝是一种很高的礼仪,可见时王对伊尹的敬重。下文的例(44)"癸丑卜,上甲岁,伊宾。吉"。上甲是商人尊崇的先公,伊尹配享上甲,也可见时王对他的敬重。

7. 自然神

岁祭的自然神有亳土、帝五臣,辞例如:

(21)戊子卜,其又岁亳土三小[牢]。[①]　(《合集》28109)
(22)王又岁于帝五臣正。隹亡雨。(《合集》30391)

例(21)岁祭亳土,"亳土即亳地之社"。[②] 社神即土地神。例(22)岁祭帝五臣,同版有一条卜辞为:"辛亥卜……五臣……"辞残,与例(22)同

---

① 因为同版的第二条卜辞是"十小牢",两条卜辞就用牢的数量作选择问,所以"小"字之后无疑是"牢"。
② 陈梦家:《殷虚卜辞综述》,北京:中华书局,1988年,第584页。

有"五臣",例(22)应是承上文省略了前辞。诚如是,则例(22)属于此类。"殷人祭祀的自然神中的风神、云神、雨神、日神和四方神,这五种神灵应是殷人心目中天神上帝的五个臣、使。"①所以称其为帝五臣。"甲骨文祭名之正应读作禜。"②是一种禳灾之祭。帝五臣奉天之命,掌管着自然界的刮风下雨,为求风调雨顺,时王亲自祭祀,可见其对帝五臣的敬畏之情,对禳灾祈福之心切。

有一例卜辞:

(23)乙卯卜,其又岁于帝丁一牢。(《合集》27372)

"殷晚期有将直系父辈祖先称作'帝某'的习俗。"③这条辞中的"丁"如果指康丁,是把康丁视为直系父辈,那么这应是一条武乙早期的卜辞。

(三)岁祭用品类别与规格

此类卜辞的岁祭用品有5种,分别是:人牲、牢、牛、宰、羊。

1.人牲

岁祭用人牲的辞例如:

(24)癸丑卜,其又𢀖岁大乙伐,卯二[牢]。(《合集》26999)

命辞中的"伐"应是与"牢"一样作名词用的人牲,卜辞中类似的表述还有:

(25)贞:钏子渔于父[乙],业一伐,卯宰。(《合集》729)(一期)

(26)业于上甲十伐,卯十宰。(《合集》893 正)(一期)

(27)贞:业于祖乙五伐,卯五宰。(《合集》923 正)(一期)

例(25)至例(27)的语境与例(24)类似,三例中的"伐"前分别有数词一、十、五修饰,"伐"显然是用作名词的,例(24)"伐"前的"一"应是被省略而已。例(24)于癸丑日卜问要不要侑祭、𢀖祭、岁祭大乙一伐并对剖二牢。

(28)甲戌卜,其执伊又岁。(《合集》27306)

---

① 常玉芝:《商代宗教祭祀》,北京:中国社会科学出版社,2010 年,第 68 页。
② 于省吾:《甲骨文字释林》,北京:商务印书馆,2010 年,第 156 页。
③ 常玉芝:《商代宗教祭祀》,北京:中国社会科学出版社,2010 年,第 336 页。

"在卜辞里,执常用作祭祀时之人牲。"①这条卜辞应是用一个人牲
"执"侑祭、岁祭伊尹。大乙是商王朝的开国君主,伊在此类中是唯一一位
与大乙同享人牲的,可见康丁对他的敬重。

2. 牢

岁祭用牢的辞例如:

(29)□□卜,其又彳岁于大乙三牢。(《屯南》993)

(30)庚午卜,其又岁于妣辛牢。(《合集》27440)

(31)庚子[卜,]又岁兄辛□。兹(用)。

　　　　　叀牢。用。(《合集》27623)

(32)己未卜,其又岁于兄己一牛。

　　　　己未卜,其又岁眔兄庚牢。(《合集》27615)

(33)乙卯卜,其又岁于帝丁一牢。(《合集》27372)

例(29)的前辞有残缺,卜问要不要用三牢侑祭、彳祭、岁祭大乙。在
《殷墟甲骨刻辞类纂》(简称《刻辞类纂》)中标注为三期或四期,根据其用
牲特点应属于三期。② 岁祭有侑祭、彳祭相伴,用三牢,应是此类规格很高
的岁祭,足见康丁对大乙的尊崇。例(30)于庚午日卜问,要不要用一牢侑
祭、岁祭妣辛。例(31)有两条卜辞,第一条卜辞的前辞、命辞都有残缺,从
仅有信息看,是于庚子日卜问侑祭、岁祭兄辛。第二条卜辞承上而省相同
信息,卜问是不是用一牢岁祭兄辛,验辞表明,最终采用了卜问的内容。例
(32)也有两条卜辞,都于己未日占卜,第一条卜问要不要用一头牛侑祭、
岁祭兄己,第二条命辞中的"眔"是一个并列连词,卜问要不要在用一牛岁
祭兄己的同时用一牢岁祭兄庚。兄己、兄庚应是廪辛、康丁的同辈,而兄庚
用一牢岁祭,与兄辛同[见例(31)],兄己用一牛岁祭,地位要低,其原因值
得进一步探讨。例(33)于乙卯日卜问要不要用一牢侑祭、岁祭康丁。

相较而言,用牢岁祭时,大乙的规格最高,用三牢;妣辛与兄庚、兄辛、
康丁用一牢,其岁祭规格次于大乙。

3. 牛

除例(32)用一牛岁祭兄己外,还有辞例如:

_____

①赵诚:《甲骨文简明词典——卜辞分类读本》,北京:中华书局,2009 年,第 164 页。
②详细论证见本书第六章。

（34）庚戌卜，其又岁于二祖辛，重牡。（《合集》27340）

这条卜辞于庚戌日卜问，要不要侑祭、岁祭二祖辛，是不是用一头牡牛。岁祭小辛注重牛的牝牡，而岁祭兄己只称一头牛，可见，小辛的岁祭规格高于兄己。

4.宰

岁祭用宰的辞例如：

（35）戊子卜，其又岁于亳土三小［宰］①。

十小宰。（《合集》28109）（图3-6）

第二条卜辞承第一条而省略了相同的信息。是于戊子日卜问，侑祭、岁祭亳土要用三小宰还是十小宰。亳是商的都邑，"亳土"即亳社，"古人所以立社以祭土地神，是因为土地是他们生存的来源"。②

（36）壬午卜，其又岁于妣癸，重小宰。（《合集》27572）（图3-7）

（37）□［辰］卜，其又岁于父戊。

□□卜，□□岁□父戊□宰。（《合集》27484）（图3-8）

图3-6　岁祭亳土　　　　图3-7　岁祭妣癸　　　　图3-8　岁祭父戊

（《合集》28109）　　　（《合集》27572）　　　（《合集》27484）

例（36）于壬午日卜问要不要侑祭、岁祭武丁之配妣癸，是不是用一小宰。例（37）有两条卜辞，第一条卜辞的前辞有残缺，第二条的前辞、命辞

①第一条卜辞"小"字后残，与第二条卜辞对应位置是"宰"，两条卜辞是就岁祭用"小宰"的数量在作选择问，所以《合集释文》在此处补出"宰"是可信的。

②常玉芝：《商代宗教祭祀》，北京：中国社会科学出版社，2010年，第133页。

都有残缺。第一条于地支为"辰"的某一天卜问,要不要侑祭、岁祭父戊,第二条从仅有信息可见是以宰岁祭父戊。这一类侑祭、岁祭用的都是小宰,审视"宰"字上的残文作"▩▩▩",应是"小"字的残笔。例(37)也应是用一小宰岁祭父戊。

相较而言,不管是三小宰还是十小宰岁祭亳土,都是此类中规格最高的;岁祭妣癸、父戊用一小宰,规格低于亳土。

5. 羊

岁祭用羊的辞例如:

> (38) 戊子卜,其又岁于中己,重羊。(《合集》27392)
>
> (39) 辛未卜,其又岁于妣壬一羊。(《合集》27164)

例(38)于戊子日卜问,要不要侑祭、岁祭中己,是不是用一只羊。例(39)于辛未日卜问,要不要用一只羊侑祭、岁祭妣壬。岁祭中己(孝己)、妣壬都用一只羊,可见中己(孝己)与妣壬的规格相同。在用羊岁祭时,占卜的天干日都在祖妣日干名的前一天。

比较以上辞例可见,在"干支卜岁祭有伴祭"类卜辞中,受祭规格最高的是大乙,用一伐而且用到三牢。其次是伊尹,用一伐。妣辛与廪辛、兄庚、康丁用一牢,其规格不及伊尹,但高于用牛岁祭的小辛与兄己。小乙之兄小辛用一头牡牛,兄己只用一牛,小辛的规格又高于兄己。此类用宰岁祭时,用的都是小宰,岁祭亳土可用三小宰或十小宰,规格虽不及小辛、兄己,但高于只用一小宰的妣癸、父戊。中己(孝己)与妣壬的规格是最低的,仅用一只羊。

乙、岁祭无伴祭类

(一) 文例

这类卜辞中命辞的语序是"祖妣+岁+(祭品)",即受祭对象在"岁"之前,如有祭品信息,祭品信息在"岁"之后,辞例如:

> (40) 丙申卜,祖丁暮岁二……(《屯南》20)
>
> (41) 戊辰卜,中己岁……[兹]用。(《合集》27386)
>
> (42) 丁卯卜,伊岁……(《合集》27665)

以上辞例的命辞都有残缺。例(40)的受祭对象"祖丁"在"岁"之前,祭品信息"二……"在"岁"之后。例(41)、例(42)的受祭对象"中己"、

"伊"分别在"岁"之前。

一期花东组岁祭卜辞中有与此类前辞相同的,如下举例(66)、例(67),其命辞形式为"岁+祖妣+祭品"。二者的区别在于此类的受祭对象在"岁"之前,而一期花东组卜辞的受祭对象在"岁"之后。

有一例卜辞:

(43)壬寅卜,王宾妣壬岁彸。(《合集》27387)

二期"王宾卜辞"的语序为"王宾+(祖妣)+岁+(祭品)",与此例相同,区别在于二期王宾卜辞的前辞为"干支卜+某贞",与此例不同。

(二)岁祭对象

此类卜辞的岁祭对象有先公、先王、先妣、父、母、兄。

1. 先公

岁祭的先公有上甲、示壬,辞例如:

(44)癸丑卜,上甲岁,伊宾。吉。(《合集》27057)

(45)辛亥卜,示壬岁一牢。(《屯南》1505)

两辞占卜的天干日都在先公日干名的前一天。

2. 先王

岁祭的先王有大丁、外丙、雍己、祖乙、祖辛、羌甲、阳甲、小乙、武丁,辞例如:

(46)丙戌卜,二祖丁岁一牢。(《屯南》2364)

(47)乙亥,王先钦卜丙岁遚申。兹用。(《合集》27164)

(48)己酉卜,雍己岁一牢。兹[用]。(《屯南》2165)

(49)□□卜,祖乙岁……又一牛。(《屯南》2951)

(50)□酉卜,中宗祖乙岁……(《合集》27240)

(51)庚子卜,祖辛岁……吉。不用。(《屯南》139)

(52)癸卯卜,羌甲岁一牛。(《英藏》2463)

(53)甲寅卜,阳甲岁,叀牡。(《屯南》3109)[①]

(54)甲辰卜,毓祖乙岁牢。(《屯南》1014)

(55)□□卜,祖丁暮岁二牢。王受[又]。(《合集》27274)

---

①拓片漫漶不清,此据《摹释总集》的释文。

例(46)岁祭二祖丁,《小屯南地甲骨》作者认为这是一条康丁卜辞,
"二祖丁"应指大丁。① 例(47)—(49)分别岁祭外丙、雍己、祖乙。例(50)
岁祭中宗祖乙。在第三期卜辞中,祖乙除称作"祖乙"外,还称"中宗祖
乙","河亶甲崩,中丁之子祖乙夺回了王位,他任用巫贤为相,使'殷复
兴',后世商王称其为'中宗',给予频繁隆重的祭祀"。② "所以称'中宗',
是说'在某一群宗庙中,其位置居中'。祖乙冠以'中宗',本意当是为了将
其与同日名的其他先祖相区分。"③祖乙在上一类"岁祭有伴祭"中有祭。
例(51)—(54)分别岁祭祖辛、羌甲、阳甲、小乙,称小乙作"毓祖乙",小乙
在上一类中有祭。阳甲在廪辛岁祭中称祖甲,此处只称阳甲。例(55)岁
祭武丁,称"祖丁"。武丁在廪辛卜辞中有祭。

3. 先妣

岁祭的先妣有妣丙、妣庚、妣辛、妣壬、妣癸,例(43)已见岁祭妣壬,岁
祭其余诸妣的卜辞如:

(56)甲申卜,妣丙岁一小宰。王受又。吉。(《屯南》4563)

(57)□亥卜,妣庚岁夕牛。(《合集》27532)

(58)庚子卜,妣辛岁,重牡一。

　　　　　　　　重牝。(《屯南》2683)

(59)□□卜,妣癸岁牢……(《屯南》2984)

例(56)、(57)分别岁祭妣丙、妣庚,例(58)、(59)分别岁祭妣辛、妣
癸,这两位都是武丁之配,妣辛、妣壬、妣癸在第一类"岁祭有伴祭"中都
有祭。

4. 父

岁祭的父有祖甲、父戊、孝己,辞例如:

(60)甲午卜,父甲夕岁,重……王受又。(《屯南》4510)

①中国社会科学院考古研究所编:《小屯南地甲骨》(下册·第一分册),北京:中华书局,1983年,
　第1008页。
②常玉芝:《论商代王位继承制》,《中国史研究》,1992年第4期。转引自宋镇豪、段志洪主编《甲
　骨文献集成》第21册,成都:四川大学出版社,2001年,第90页。
③朱凤瀚:《殷墟卜辞所见商王室宗庙制度》,《历史研究》,1990年第6期。转引自宋镇豪、段志洪
　主编《甲骨文献集成》第21册,成都:四川大学出版社,2001年,第68页。

　　父甲指祖甲,在第一类"岁祭有伴祭"中有祭。岁祭父甲还有如下卜辞:

　　(61)癸酉卜,父甲夕岁,叀牡。兹用。(《屯南》1031)

　　(62)癸亥卜,其又夕岁于父甲𡧊。王受又又。(《合集》30359)

　　(63)辛酉卜,父甲酓又夕岁。王受[又]。吉。(《合集》27452)

　　(64)癸亥卜,父甲夕岁二牢。吉。(《合集》27453)

　　以上辞例中岁祭父甲都是选在夕时,即夜间。例(61)、例(62)、例(64)的占卜日名都选在父甲日干名的前一天癸日,即在癸日的夜间举行岁祭,这与盛行于第五期的"彡夕"之祭类似。[①] 二期祖甲岁祭其父武丁多在暮时,此处又见康丁岁祭其父祖甲于夜间,都应是特殊的岁祭规定。"升"在卜辞为祀神之室。[②] 例(62)的"父甲𡧊"指父甲之祭室,即父甲之宗庙。

　　(65)□巳卜,父戊岁,叀旦㱿。王受又又。吉。(《屯南》4078)

　　此例的前辞有残缺,岁祭的父戊,在第一类"岁祭有伴祭"中有祭。陈梦家疑"旦"为坛,[③]于省吾释"旦"为旦明之义。[④] 两种意义在此处似乎都讲得通,卜问是否祭于坛的卜辞如:"贞:㱿人于喜旦"(《合集》1074正)、"于南门旦"(《合集》34071)、"于厅旦寻"(《屯南》60)等,在"于"与"旦"之间有一个修饰语,说明是何处之坛。例(65)的"旦"前无修饰语,不应是表祭坛义的。岁祭卜辞中有以下辞例:

　　(66)甲午卜,岁祖乙牝一,于日出㱿。用。(《花东》426)

　　(67)己巳卜,翌日庚岁妣庚黑牛又羊,暮㱿。用。(《花东》451)

　　例(66)于日出时以㱿的方法用牲,例(67)于日暮时以㱿的方法用牲,例(65)的"旦"在"㱿"之前,位置与"日出"、"暮"对应,也是要确定以㱿的方法用牲的时间,应释为旦明之义更为合理。岁祭以㱿的方法处理祭牲时很注重执行的时间,除确定在一天的哪个时段外,还常常要确定用牲与岁

---

①常玉芝:《商代周祭制度》(增订本),北京:线装书局,2009年,第41—42页。

②于省吾:《甲骨文字释林》,北京:商务印书馆,2010年,第40页。

③陈梦家:《殷虚卜辞综述》,北京:中华书局,1988年,第472页。

④于省吾:《双剑誃殷契骈枝三编·释旦》,1944年,第4页。转引自宋镇豪、段志洪主编《甲骨文献集成》第8册,成都:四川大学出版社,2001年,第261页。

祭的先后,如:

（68）戊卜,其先饮岁妣庚。(《花东》401)

（69）庚申卜,旅贞:先妣庚宗岁饮,在十二月。(《合集》23372)
(二期)

（70）乙亥卜,王先饮卜丙岁逦申。兹用。(《合集》27164)(三期)

例(65)是在地支为"巳"的某一天卜问,岁祭父戊时是不是于旦时以
饮的方法用牲王受到佑助。验辞表明,旦时用牲是吉利的。

（71）己卯卜,王宾父己岁祭。王受又。(《屯南》95)

（72）己巳卜,中己岁,重今□饮。(《合集》27393)

父己是康丁对孝己的称呼,在例(72)中称作中己。父己在第一类"岁
祭有伴祭"中有祭。

有一条合祭卜辞:

（73）壬午卜,其延岁于多父。(《合集》27492)

此类中岁祭的父有父甲、父戊、父己,"多父"应是对他们的合称。

5. 母

岁祭的母有母戊、母己,辞例如:

（74）□申卜,母戊岁,重牡。(《合集》27584)

（75）己亥卜,母己岁,重牡。(《英藏》2406)

两例的命辞内容相似,岁祭用牲也相同。岁祭母己在己亥日占卜,占
卜日与母己的日干名相同,岁祭母戊也应在戊申日占卜。

6. 兄

岁祭的兄有兄己、兄庚、兄辛,辞例如:

（76）□□卜,兄己岁。(《合集》27612)

（77）戊辰卜,其延兄己、兄庚岁。(《合集》27617)

（78）己丑卜,兄辛岁……(《合集》27626)

兄辛指康丁之兄廪辛,兄己、兄庚应是与二位同辈的兄弟。三位在上
一类"岁祭有伴祭"中都有祭。

有一条卜辞:

（79）□□卜，亚般岁竞🀀……（《合集》27938）

此例的"亚"应是官名。① 称亚某的卜辞还有如：

（80）己巳卜，于大示亚🀀🀀告。（《合集》32273）（四期）

与"🀀🀀"的职官是亚一样，"般"的职官也是亚。卜辞中亚参与祭祀的辞例如：

（81）乙酉贞：王令🀀🀀亚侯又。（《合集》32911）（四期）

此例中"🀀🀀"是"亚侯"的名字。正如亚侯🀀🀀参与侑祭一样，例（79）的亚般参与了岁祭，不能把"亚般"看作岁祭的对象。

（三）岁祭用品类别与规格

此类卜辞的岁祭用品有 4 种，分别是：牢、牛、宰、羊。

1. 牢

例（46）用一牢岁祭大丁，用牢岁祭的辞例还有如：

（82）辛亥卜，示壬岁一牢。（《屯南》1505）

于辛亥日卜问用一牢岁祭示壬，示壬是此类中唯一用牲岁祭的先公。

（83）甲辰卜，毓祖乙岁牢。（《屯南》1014）

（84）□□卜，祖丁暮岁二牢。王受［又］。（《合集》27274）

（85）己酉卜，雍己岁一牢。兹［用］。

二牢。（《屯南》2165）

以上卜辞分别用牢岁祭先王。例（83）于甲辰日卜问用一牢岁祭小乙，称小乙为"毓祖乙"。例（84）的前辞有残缺，是卜问于日暮时分用二牢岁祭武丁，占辞曰商王会受到佑助。类似的卜辞还见于《合集》27275。二期岁祭武丁称父丁，于暮时岁祭；三期岁祭武丁称祖丁，也于暮时岁祭，是沿袭了二期的制度。例（85）有两条卜辞，第二条卜辞承第一条省去相同的信息。是于己酉日卜问岁祭雍己用一牢还是二牢。验辞表明，最终采用的是第一条卜问的内容。同用牢岁祭先王，武丁的岁祭规格高于小乙、雍己。

（86）己丑卜，姚庚岁二牢。

---

① 于省吾主编：《甲骨文字诂林》，北京：中华书局，1999 年，第 2905 页。

三牢。(《屯南》1011)

(87)庚申卜,妣辛舌岁牢。(《屯南》2315)

(88)□□卜,妣癸岁牢……(《屯南》2984)

以上卜辞用牢岁祭诸妣。例(86)由同版的两条卜辞组成,第二条卜辞承第一条省去相同的信息。两条卜辞于己丑日卜问岁祭妣庚是用二牢还是三牢。例(87)的"舌"读为砒,典籍通作磔,是就割裂祭牲的肢体言之。这条卜辞于庚申日卜问以肢解一牢岁祭妣辛。例(88)的前辞有残缺,卜问用一牢岁祭妣癸。以牢岁祭先妣时,妣庚的岁祭规格高于武丁之配妣辛、妣癸。由例(86)、(87)两辞可见,用牢岁祭先妣时,占卜的天干日在先妣日干名的前一天,例(88)前辞残去的天干日很有可能是"壬"。

(89)癸亥卜,父甲夕岁二牢。吉。(《合集》27453)

(90)己未卜,父己岁牢。(《屯南》2315)

以上卜辞用牢岁祭诸父。例(89)于癸亥日卜问夜间用二牢岁祭父甲,即祖甲。例(90)于己未日卜问用一牢岁祭父己,即孝己。以牢岁祭诸父时,祖甲的规格高于孝己。

(91)己丑卜,兄庚岁二牢。(《合集》27621)

(92)己丑卜,兄庚𩵋岁牢。

三牢。(《屯南》1011)

例(91)于己丑日卜问岁祭兄庚用二牢。例(93)的"𩵋"是祭名①。是一版选择问卜辞,于己丑日卜问𩵋祭、岁祭兄庚用一牢还是三牢。占卜的天干日都在兄庚日干名的前一天。

相较而言,此类中岁祭用牢规格最高的是妣庚、兄庚,用三牢。其次是武丁与祖甲,用二牢。只用一牢的是示壬、大丁、雍己、小乙、妣辛、妣癸、孝己。以牢岁祭时,康丁对其兄、其父、祖父的岁祭规格高于曾祖父小乙以上的远祖大丁、雍己及先公示壬,体现出这一类的岁祭制度重近轻远的特点。

2.牛

岁祭用牛的辞例如:

---

①中国社会科学院考古研究所编:《小屯南地甲骨》(下册·第一分册),北京:中华书局,1983年,第927页。

（93）□□卜，祖乙岁……又一牛。（《屯南》2951）

这条卜辞的前辞、命辞都有残缺，从仅有信息可见是用什么牺牲又加一牛岁祭祖乙。"又一牛"的表述在卜辞中常见，其前常见的是"宰"或"牢"，辞例如：

（94）癸丑卜，何贞：其宰又一牛。（《合集》27042 正）

（95）己酉卜，何贞：其宰又一牛飨。（《合集》27138）

（96）牢又一牛。王受又。大吉。（《合集》27180）

类似的还见于《合集》27184、《合集》27334、《合集》27526、《合集》30707、《合集》32553（四期）、《合集》34427（四期）、《合集》35350（五期）等。可见，例（93）"又一牛"之前残缺的是祭牲，"又"用作连词，可能是卜问用一宰或一牢再加一牛岁祭祖乙的。

（97）庚子卜，祖辛岁……吉。不用。

叀羊。

叀幽。

……牛。（《屯南》139）（图 3-9）

这版卜辞为选择岁祭祖辛的用牲而问。后面三条卜辞承前省略了前辞与命辞中相同的信息。《校释总集》最后一条的释文为："叀夂牛。""牲之赤色者通谓之羊。"[1]卜辞中有羊牛、幽牛并列的还见如下卜辞：

图 3-9　岁祭祖辛
（《屯南》139）

（98）叀羊。

叀幽牛。

叀黄牛。大吉。（《屯南》2363）（三期）

与羊牛、幽牛同时备选的还有可能是黄牛，可见，是否要把例（97）最后一条"牛"字上残辞补为"叀夂"还需要进一步论证。从仅存信息可见，是在庚子日卜问岁祭祖辛是用赤色牛呢，还是幽色牛呢，还是什么毛色的牛呢。

---

①于省吾主编：《甲骨文字诂林》，北京：中华书局，1999 年，第 1526 页。

（99）癸卯卜，羌甲岁一牛。（《英藏》2463）

（100）甲寅卜，阳甲岁，重牡。（《屯南》3109）

例（99）于癸卯日卜问用一头牛岁祭羌甲。例（100）于甲寅日卜问，岁祭阳甲是不是用一头牡牛。此类同用牛岁祭先王，祖乙要同用牢或窜，祖辛要在多种毛色中选择，阳甲要确定牝牡，而羌甲只用普通的一牛，羌甲的规格是最低的。同是旁系先王，阳甲比羌甲更受重视。

（101）□亥卜，妣庚岁夕牛。（《合集》27532）

（102）庚子卜，妣辛岁，重牡一。

　　　　　重牝。（《屯南》2683）

以上卜辞用牛岁祭先妣。例（101）前辞有残缺，是于地支为"亥"的某一天用一头黧色牛岁祭妣庚，例（102）于庚子日卜问是用一头牡牛还是牝牛岁祭妣辛。

（103）癸酉卜，父甲夕岁，重牡。兹用。（《屯南》1031）

（104）戊子卜，父戊岁，重牛。（《合集》27485）

以上是用牛岁祭诸父的卜辞，例（103）于癸酉日卜问夜间是不是用一头牡牛岁祭父甲，验辞表明，最终采用了卜问的内容。例（104）于戊子日卜问是不是用一头牛岁祭父戊。同用牛岁祭父甲、父戊，父甲用牛讲究牝牡，父戊只用一头普通的牛，可见，父甲的岁祭规格高于父戊。

（105）己亥卜，母己岁，重牡。（《合集》27596）

（106）壬申卜，母戊岁，重牡。（《合集》27583）

以上是用牛岁祭诸母的卜辞，例（105）于己亥日卜问是不是用一头牡牛岁祭母己，例（106）于壬申日卜问是不是用一头牡牛岁祭母戊。母己、母戊的岁祭规格相同。

相较而言，此类用牛岁祭祖辛、妣庚讲究毛色，阳甲、妣辛、父甲、母己、母戊讲究牝牡，规格是较高的；祖乙、羌甲、父戊只用普通的牛，既不讲究毛色，也不讲究牝牡，其规格较低。

3. 窜

岁祭用窜的辞例如：

（107）甲申卜，妣丙岁一小宰。王受又。吉。（《屯南》4563）

（108）壬辰卜，母壬岁，重小宰。（《屯南》1011）

与上一类"岁祭有伴祭"一样，此类岁祭用宰也都用小宰。例（107）于甲申日卜问用一小宰岁祭妣丙，验辞表明商王会受到保佑。例（108）于壬辰日卜问是不是用一小宰岁祭母壬。妣丙与母壬都用一小宰，规格相同。

4. 羊

岁祭用羊的辞例如：

（109）戊辰卜，中己岁，重羊。兹用。（《屯南》2354）

（110）□子卜，父戊岁，重羊。（《合集》27487）

（111）己卯卜，兄庚**䏍**岁，重羊。（《合集》27620）

例（109）于戊辰日卜问是不是用一只羊岁祭孝己，验辞表明，最终采用了卜问的内容。例（110）的前辞有残缺，是于地支为"子"的某一天卜问是不是用一只羊岁祭父戊。例（111）于己卯日卜问是不是用一只羊**䏍**祭、岁祭兄庚。类似的卜辞还见于《合补》8762。以上用羊数都是一，即用羊岁祭时，孝己、父戊、兄庚的规格相同。

有一条合祭卜辞：

（112）□巳卜，三公父二岁，重羊。（《合集》27494）

是于地支为巳的某一天卜问是不是用一只羊岁祭三公父二。此类岁祭的先公有上甲、示壬两位，先王有外丙、雍己、祖乙、祖辛、羌甲、阳甲、小乙、武丁八位，父有父甲、父己、父戊三位，此处的"三公父二"不知其所指。

比较以上辞例可见，在"干支卜岁祭无伴祭"类卜辞中，受祭规格最高的是妣庚，用三牢还用讲究毛色的一牛。其次是兄庚，用三牢还用一羊。祖甲用二牢，用讲究牝牡的一牛，规格次于兄庚，但高于仅用二牢的武丁。岁祭妣辛用一牢，还用讲究牝牡的一牛，其规格不及武丁，但高于用一牢又加一头普通牛的祖乙。岁祭父己用一牢还用一羊，用牢时称父己，用羊时称中己。只用一牢的是示壬、大丁、雍己、小乙、妣癸，其规格低于父己。岁祭母己用一讲究牝牡的牛，其规格低于以上用一牢的诸位，但高于用普通的一牛还用一羊的父戊。岁祭祖辛仅用一讲究毛色的牛，岁祭阳甲、母戊仅用一讲究牝牡的牛，其地位不及父戊，但高于仅用一普通牛的羌甲。仅用一小宰岁祭的妣丙、母壬,其规格不及羌甲。此类突出的特点是:①兄庚的岁祭规格高于大乙、祖乙、小乙、武丁、父甲、父己;②武丁之配妣辛的岁祭规格稍低于武丁,但二者的规格都高于祖乙;③旁系先王雍己的规格高于直系先王祖辛。

　　丙、小结

　　将"干支卜"前辞类中以上两小类的受祭对象归纳成表9。

类别\受祭对象	先公	先王	先妣	父	母	兄	外族神	自然神
①岁祭有伴祭类		大乙、祖乙、二祖辛(小辛)、小乙	妣己、妣辛、妣壬、妣癸	祖甲、父戊、孝己,	母乙	兄己、兄庚、廪辛、康丁	伊尹	亳土、帝五臣
②岁祭无伴祭类	上甲、示壬	大丁(二祖丁)、外丙、雍己、祖乙、祖辛、羌甲、阳甲、小乙、祖丁(武丁)	妣丙、妣庚、妣辛、妣壬、妣癸	祖甲、父戊、孝己、	母戊、母己	兄己、兄庚、廪辛		

　　由表9可见,各类都有岁祭的是先王、先妣、父、母与兄。横向观察可见,①有伴祭类卜辞岁祭的四位先王中直系先王三位、旁系一位。父辈祭父甲、父戊、父己而没有父庚。②无伴祭类卜辞中岁祭对象最多的是先王,有九位,直系先王五位、旁系先王四位。岁祭父甲、父戊、父己也没有父庚。纵向比较可见如下特点。①有伴祭类岁祭外族神、自然神,不祭祖先神之先公;无伴祭类岁祭先公,不祭外族神、自然神,二者形成一种互补状态。②两类卜辞中共祭的先王有祖乙、小乙,共祭的先妣有妣辛、妣壬、妣癸,共祭的父是父甲、父戊、父己,共祭的兄是兄己、兄庚、廪辛,这些都是此类中所重视的岁祭对象。③无伴祭类卜辞所祭祖妣的数量多于有伴祭类,无伴祭类应是一种普遍的祭祀类型。

　　比较两类岁祭的用牲特点,有伴祭类用人牲,无伴祭类不用人牲,前者的整体规格要高于后者。与例(93)"□□卜,祖乙岁……又一牛"(《屯南》2951)同版还有一条卜辞:"甲子卜,其又岁于高祖乙。"前者岁祭无伴祭称祖乙,后者有伴祭,称高祖乙。有伴祭类岁祭的整体规格高于无伴祭类,则称高祖乙与祖乙的区别在于二者分用于两种不同的场合,岁祭规格高的场合称高祖乙,岁祭规格低的场合称祖乙。

两类共用的祭牲有牢、牛、窜与羊,都没有用豕,而且都只用小窜。有伴祭类用小窜较多,用牛只有一例;无伴祭类用牛较多,用小窜的只有两例。

有伴祭类岁祭规格最高的是大乙,无伴祭类规格最高的是妣庚。两类岁祭兄庚的规格都较高,有伴祭类与武丁之配妣辛、廪辛、康丁同,无伴祭类甚至高于其父祖甲、其祖父武丁。有伴祭类岁祭自然神之亳土、帝五臣,帝五臣没有用牲记录,亳土仅用小窜,规格处于第四等级。无伴祭类岁祭先公上甲与示壬,上甲没有用牲记录,示壬仅用一牢,规格处于第六等级。可见,此类对自然神、祖先神之先公的岁祭规格都是较低的。有伴祭类中妣辛的岁祭规格高于旁系先王小辛,无伴祭类中妣辛的规格甚至高于直系先王祖乙、小乙,可见康丁岁祭时对祖母的敬重。

二、干支卜+贞;干支贞;贞;卜

这四种前辞类卜辞的辞例都很少,集中讨论于此。

(一)干支卜+贞

这一前辞类的卜辞仅找到 1 例,约占康丁卜辞总数的 0.9%。

(113)庚午卜,贞:于母戊岁,迺……(《合集》27585)

这条卜辞的岁祭无伴祭,"于+祖妣"在"岁"之前。母戊在第一类第二小类"岁祭无伴祭"中有祭。母戊当是康丁称祖甲之配。这一前辞类型在一期宾组、自组卜辞中也有,不同的是一期卜辞中的"祖妣"在"岁"之后。二期祖甲卜辞中有一例:"[庚寅]卜,贞:……兄庚岁于……"(《合集》23493)"祖妣"在"岁"之前,"于"在"岁"之后。只是辞残,无法作进一步比较。

(二)干支贞

这一前辞类的卜辞也仅找到 1 例,约占总数的 0.9%。

(114)甲寅贞:其叙乘于祖乙。

弜 ✦ 岁。(《合集》27189)

这是同版的两条卜辞。第二条卜辞承前而省略了相同信息,命辞中的岁祭有 ✦ 祭相伴,岁祭对象是祖乙,没有祭品信息。前辞与此类相同的卜辞还见于一期的午组卜辞,但午组卜辞中与岁祭相伴的有侑祭,与此类不同。

（三）贞

这一前辞类的卜辞找到 4 例,约占总数的 3.5%。

> （115）贞:暮岁……王受[又]。（《合集》30730）
> （116）贞:驭[莝]品岁……（《合集》29682）
> （117）贞:王宾父己岁𤔲。（《合集》27400）
> （118）贞:其弘岁宰五十。（《合集》31318）

例(115)、(116)的命辞中均未见岁祭对象与祭品信息。例(117)命辞之首有"王宾",受祭对象"父己"在"岁"之前。例(118)命辞之首有"其",祭品信息"宰五十"在"岁"之后。这种前辞类型在一期的宾组卜辞中有,但其命辞的形式是"**{**岁酚",即岁祭有**{**祭与酒祭相伴,与此不同。第二期的祖甲卜辞中也有,其命辞形式是"祖妣+岁+（祭品）",与例(117)相似,但例(117)命辞之首有"王宾",例(118)有"其",是二期的这类卜辞中没有的。"贞"类卜辞中仅见的岁祭对象是父己。

有一条卜辞:

图 3-10　廪辛卜辞
（《合集》26899）

> （119）贞:重岁。（《合集》26899）（图 3-10）

与之同版的还有一条卜辞:

> 癸亥卜,口贞:其兄于妣,重**⿱⿰**用。

此处《合集释文》释为"兄"的字甲骨文作"**⿰**",与"兄"有别,"乃'祝'字,乃祭祷之义"。[①] 两条卜辞在为向妣祷告用于哪种类型的祭祀作选择问,所以例(119)的前辞承上而省,应是"干支卜+某贞",不属于此类,应属于廪辛卜辞。

（四）卜

这一前辞类的卜辞仅找到 1 例,约占总数的 0.9%。

---

① 于省吾主编:《甲骨文字诂林》,北京:中华书局,1999 年,第 86 页。

（120）卜：ㄓ岁其至于大乙。吉。（《合集》27101）（图 3-11）

卜辞的前辞只有"卜"，命辞的语序是："ㄓ岁+其+祖妣。"即岁祭有ㄓ祭相伴，受祭对象在"岁"之后。这种前辞类型在之前的岁祭卜辞中未见。这是一例合祭卜辞，岁祭的起点不知，终至于大乙。也没有祭品信息。

第三节　三期卜辞岁祭的特点

图 3-11　岁祭至于大乙
（《合集》27101）

三期的岁祭卜辞分廪辛卜辞与康丁卜辞，对这两类进行比较，并进一步比较各类内部不同小类的卜辞，可见其岁祭制度的特点。

一、文例特点

把三期岁祭卜辞的前辞类型归纳成表 10。

类别＼前辞类	干支卜+某贞	干支卜	干支卜+贞	干支贞	贞	卜
廪辛	+					
康丁		+△	+	+	+	+

注：表中"+"表示某组中所有的前辞类型，"△"表示所标注类型是该组的主要类型。

廪辛卜辞的前辞类型只有"干支卜+某贞"一类，康丁有五类，但以"干支卜"类为主。在这一主要类型中，命辞又表现出两种明显不同的特征，一种是岁祭有伴祭的，一种是岁祭无伴祭的。两个小类各自有不同的岁祭制度。

二、岁祭对象特点

把三期各类岁祭卜辞中的受祭对象归纳成表 11。

类别 受祭对象			干支卜 +某贞	干支卜	干支卜 +贞	干支贞	贞	卜
祖先神	先公	上甲	+	+				
		示壬		+				
祖先神	先王	大乙	+	+				+
		大丁		+				
		外丙		+				
		雍己		+				
		祖乙		+		+		
		祖辛		+				
		羌甲		+				
		小辛		+				
		阳甲	+（祖甲）	+				
		小乙		+				
		武丁	+	+				
	先妣	妣丙		+				
		妣己		+				
		妣庚		+				
		妣辛	+	+				
		妣壬		+				
		妣癸		+				
	父	父戊		+				
		孝己		+			+	
		祖庚	+					
		祖甲		+				
	母	母乙		+				
		母戊		+	+			
		母己		+				
	兄	廪辛		+				
		兄己		+				
		兄庚		+				
		康丁		+				
外族神		伊尹		+				

续表

类别 受祭对象		干支卜 +某贞	干支卜	干支卜 +贞	干支贞	贞	卜
自然神	亳土		+				
	帝五臣		+				

注：表中"+"表示某类中所有的受祭对象,对"帝五臣"的岁祭是合祭,只出现于一条卜辞中,为方便起见,于统计时视为一个整体。

还有一些无法归类的卜辞,其中有表11没有的岁祭对象,如:

（1）王其又大乙、大丁、大甲,叀𠂤岁公。（《合集》27149）

（2）……［其］又岁于小丁。（《合集》27331）

（3）其又岁于祖戊,叀羊。（《屯南》175）（图3-12）

（4）……又岁于祖乙奭……（《屯南》2258）

（5）母癸岁,王宾祭。（《合集》27583,图3-13）

例（1）合祭大乙、大丁、大甲,"𠂤岁公"中的"公"应是对三位的代称。大乙、大丁的岁祭已见于前,而大甲的岁祭此属首见。例（2）侑祭岁祭祖丁,称小丁。岁祭祖丁还见于《合集》27328、《屯南》3676,所在卜辞都是难以归类的。例（3）岁祭祖戊,祖戊即大戊。[①] 祖丁、大戊的岁祭也是可分类卜辞中未见的。例（4）岁祭祖乙之配,只是辞残,无法判断其确指。有辞例如:

（6）甲午卜,召其至妣己祖乙奭,又正。吉。（《合集》27503）

（7）其又妣己祖乙奭,叀今日己亥彭。（《合集》27504）

图3-12　岁祭祖戊
（《屯南》175）

图3-13　岁祭母癸
（《合集》27583）

――――――――
① 赵诚：《甲骨文简明词典——卜辞分类读本》,北京：中华书局,2009年,第23页。

（8）于妣己、妣庚祖乙奭。（《合集》27505）

可见，例（4）"祖乙奭"之后所缺的有可能是妣己或妣庚。例（5）《合集释文》："王宾祭母癸岁。"《摹释总集》的释文为："子癸岁，王宾祭。"同版卜辞有"壬申卜，母戊岁，叀牡"。卜辞的辞序从左到右，可见例（5）的辞序应以《摹释总集》为是；但细审拓片，"癸"上一字应是"母"字残掉的下半部分。同版岁祭母戊、母癸，从内容来说也是相应的，故释文应以《合集释文》为是。母癸的岁祭此属首见。

以上卜辞中岁祭的大甲、祖丁、大戊、母癸丰富了三期岁祭对象的内容。

综上所述，三期岁祭卜辞中的受祭对象共37位。其中祖先神之先公2位，约占所祭祖先的5.4%，占《世次表》中所有先公的33.3%；直系先王9位，约占所祭祖先的24.3%，占《世次表》中祖庚、祖甲之前所有直系先王的81.8%；旁系先王5位，约占所祭祖先的13.5%，占《世次表》中祖庚、祖甲之前所有旁系先王的50%；女性祖先有10位，其中先妣6位，母4位，各占所祭祖先的16.2%、10.8%；父4位，兄3位，外族神1位，约各占所祭祖先的10.8%、8.1%、2.7%；自然神2位，约占所祭祖先的5.4%。表现出的特点有三。①岁祭女性祖先合占27%，岁祭男性祖先（先王、父、兄）合占56.7%，男性祖先的比例是女性祖先的2倍多。②岁祭直系先王的比例明显高于旁系先王的比例。③廪辛卜辞中专祭其父祖庚，不见其他父辈祖先；康丁卜辞中岁祭祖庚以外的父辈，不见父庚。这表明祖庚很可能是廪辛之生父，父子为旁系；祖甲是康丁之生父，父子为直系。①

三、岁祭用品与规格特点

廪辛时期卜辞中岁祭用牲的记录很少，康丁时期的五类岁祭卜辞中只有"干支卜"一类有详细的、可比较的用牲记录，已总结于前。还有一些难于根据前辞分类的卜辞，其所呈现的岁祭祭品信息对前面的总结有补充、拓展的意义。

上举例（3）《校释总集》的释文为："……其又岁于祖戊。叀（羌）。"细

---

① 蒙常玉芝先生见告。

审拓片,羊角下的竖画走向确实像"羌"字。^① 前面岁祭用人牲的仅见于大乙与伊尹,诚如是,则大戊的岁祭规格与大乙、伊尹相同。

还有辞例如:

(9)祖乙岁五牢。用。(《合集》27188)

在前面的分析中,用牢最多的是三牢,分别用于大乙、妣庚、兄庚,而祖乙只用一牢,此处用五牢岁祭祖乙,则祖乙的用牢数是最高的。

(10)伊尹岁十羊。(《合集》27655)

在前面的分析中,包括伊尹在内的受祭对象用羊数都为一。此处用十只羊岁祭伊尹是一种特殊的礼遇。伊尹作为外族神,时王岁祭时用了如此高的规格,可见当时的岁祭观念,不论是同族、外族,只要是在商王朝历史上有功的,都会被重祭。

(11)妣辛岁,叀羊。[吉]。

　　　　叀奴牛。吉。《屯南》2710)

这是同版的两条选择问卜辞,卜问是用一头赤色牛还是用一头黧色牛岁祭妣辛。在前面的分析中,岁祭妣辛用牛讲究牝牡,由此例可见,岁祭妣辛也讲究毛色。三期岁祭卜辞中,妣辛是仅次于妣庚而受重视的先妣。

有一条卜辞:

(12)叀王至妣辛岁。(《屯南》642)(图3-14)

这条卜辞《校释总集》的释文为:"妣辛岁,叀王至。"同版最下面一条卜辞"丙寅卜,其……"的左面无内容,可见,卜辞的语序是自左向右,例(12)的释文应以《屯南》为是。时王在岁祭妣辛时亲自参加,也可见对岁祭其祖母妣辛的重视。

图3-14　岁祭妣辛
（《屯南》642）

(13)于之日酒饮兄辛岁。

　　　叀乳。(《合集》27627)

这是同版的两条卜辞,第二条卜辞承第一条而省略了相同的信息。是

---

①岁祭卜辞中"叀"字后常见的是牛羊之类,很少有"羌"字的辞例,此处为仅见。

在卜问岁祭廪辛时是不是用一只牝羊。岁祭兄辛,所以只能是康丁时期的卜辞,而康丁时期除第一类"干支卜"岁祭有伴祭小类岁祭兄辛用牲外,在其余的类别中不见记录。例(13)岁祭没有伴祭而用牝羊岁祭兄辛,正好弥补了这一空缺。

　　(14)兄己岁,叀牡。(《合集》27611)

　　此处卜问是不是用一头牡牛岁祭兄己,在前面的分析中岁祭兄己只用普通的牛,而此处可见岁祭兄己用牛也有讲究牝牡的。

　　(15)妣癸岁,叀牛。
　　　　牢。
　　　　牢又一牛。
　　　　二牢。(《合集》27573)

　　这是同版的四条选择问卜辞,卜问岁祭妣癸是用一牛还是用一牢,还是一牢再加一牛,还是二牢。妣癸在前面的分析中最多用一牢岁祭,而此处显示可用到二牢,岁祭规格较上面结论更高。

　　(16)父甲岁,叀三牢。(《合集》27441)
　　(17)父甲岁,[叀]羊。兹用。
　　　　叀夕牛。(《合集》27443)

　　例(16)卜问岁祭父甲是不是用三牢,例(17)卜问岁祭父甲,在赤色或鬃色牛之间选择。在前面的分析中,岁祭父甲最多用二牢,用讲究牝牡的牛,此处可见,岁祭父甲可用到三牢,也有讲究毛色的,岁祭规格较上面的结论更高。

　　(18)父己岁一牛。(《合集》27403)
　　(19)父己岁,叀羊。
　　　　叀夕牛。(《合集》27013)
　　(20)父己岁,叀羊。(《屯南》3563)
　　(21)父己岁,叀口。王受又。(《合集》27401)(图3-15)

图3-15　岁祭父己
(《合集》27401)

　　例(18)至例(21)四例都是岁祭孝己的。例

(18)岁祭孝己用一牛,例(19)有两条选择问卜辞,卜问岁祭孝己是用赤色牛还是黧色牛。例(20)卜问岁祭父己是不是用一只羊。例(21)《摹释总集》的释文为:"父己岁,叀羊。王受又。"细审拓片,"叀"下一字作"![字形]",漫漶不清,似"羊",也不排除"牛"的可能性。从《摹释总集》的释文,则例(21)与例(20)同用羊祭。如果是"牛",则例(21)与例(18)一样,都用牛祭。在前面的分析中,岁祭孝己用一牢,由这些卜辞可见,岁祭孝己还有用牛和羊的,而且用牛还讲究牛的毛色,用牲种类更为丰富。

(22)……父庚岁牢。吉。(《屯南》2209)

在前面的分析中,父庚只见于廪辛时期,不见于康丁时期,而且没有用牲记录。康丁卜辞岁祭父辈不见父庚是一个值得注意的现象。"由于孝己早死,不但使祖庚、祖甲相继为王,而且使祖甲因有子续嗣而变成了直系,孝己、祖庚反倒成了旁系。"[①]但同是旁系,岁祭孝己有用牲记录而岁祭祖庚没有用牲记录。例(22)无法依据前辞分类,但可见岁祭祖庚用一牢,弥补了三期岁祭祖庚无用牲记录的空缺。

①常玉芝:《论商代王位继承制》,《中国史研究》,1992 年第 4 期。转引自宋镇豪、段志洪主编《甲骨文献集成》第 21 册,成都:四川大学出版社,2001 年,第 90 页。

第四章　四期岁祭卜辞的文例、岁祭对象与规格

四期的岁祭卜辞都没有贞人，也没有对兄的祭祀，我们暂将其视为一个整体讨论。共找到 390 例，除 50 例无前辞和 131 例辞残外，其余 209 例分布在五种前辞类型中：一、干支贞；二、干支卜；三、干支卜+贞；四、干支；五、贞。下面逐一进行分析。

一、干支贞

这一前辞类的卜辞有 127 例，约占总数的 60.8%，是四期岁祭卜辞中占比最高的一类。命辞有两小类：第一小类是岁祭有伴祭的；第二小类是岁祭无伴祭的。

甲、岁祭有伴祭类

（一）文例

此小类的命辞形式是"（干支、其、王）+（又、𠂤、酚）岁+于+祖妣+（祭品）"，即命辞之首有时有干支或其、王，岁祭有时有侑祭或𠂤祭、酒祭相伴，受祭对象在"岁"之后，并通过"于"与"岁"连接。如有祭品信息，则在受祭对象之后。辞例如：

（1）乙亥贞：又𠂤岁于祖乙大牢一牛。（《合集》32509）

（2）癸亥贞：甲子酚𠂤岁于上甲五牛。兹用。（《合集》32360）

（3）乙巳贞：王又𠂤岁［于］父丁三牢、［羌］十又五。若。兹卜雨。（《合集》32057）

（4）丁丑贞：［其］又𠂤岁于大戊三牢。兹用。（《合集》34165）

例（1）的岁祭有侑祭、𠂤祭相伴。受祭对象"祖乙"在"岁"之后，并通过"于"与"岁"连接。祭品信息"大牢一牛"在受祭对象之后。例（2）的命辞之首有干支信息"甲子"，岁祭有酒祭、𠂤祭相伴。受祭对象"上甲"位于"岁"之后，并通过"于"与"岁"连接。祭品信息"五牛"在受祭对象之后。

例(3)的命辞之首有"王",岁祭有侑祭、彡祭相伴。受祭对象"父丁"在"岁"之后,并通过"于"与"岁"连接。祭品信息"三牢、[羌]十又五"在受祭对象之后。例(4)的命辞之首有"其",岁祭有侑祭、彡祭相伴。受祭对象"大戊"在"岁"之后,并通过"于"与"岁"连接。祭品信息"三牢"在受祭对象之后。

当命辞之首有干支日,岁祭只有侑祭相伴时,辞例如:

　　(5)辛未贞:乙亥又岁于大乙三牢。

　　　　辛未贞:乙亥又岁于大乙五牢又伐。(《屯南》2293)

　　(6)甲寅贞:乙卯又岁于大乙。兹用。(《合集》32409)

与例(5)第一条同文的卜辞还见于《怀特》1558,以上卜辞是岁祭大乙的。

当命辞之首有"王"时,岁祭的对象只有祖乙与父丁,除例(3)、下文例(9)外,辞例还见于《合集》32114、《合集》32057、《合集》32064、《合集》32511、《合集》32517、《合集》32669,时王参与的只有康丁与祖乙的岁祭,可见,两位是此类岁祭最重要的对象。岁祭有侑祭与彡祭相伴,都是很隆重的场合。

以上是此类中典型的卜辞,但也有一些卜辞不合乎上述语序,辞例如:

　　(7)己未贞:叀元示又彡岁。

　　　　己未贞:自大乙又彡岁。(《合补》10442)(H34088+后上19.7,重见B10665)

　　(8)丁丑贞:来甲……于大甲彡岁。(《合集》32478)

例(7)有两条卜辞,受祭对象"元示"、"自大乙"在"岁"之前,与以上文例的语序不同,二者都是合祭卜辞。例(8)的受祭对象"大甲"在"岁"之前,命辞在"于"之前有残缺。

有一版卜辞:

　　(9)癸丑贞:王又岁于祖乙。

　　　　于父丁又岁。(《合集》32113)

第一条卜辞同于上述文例,第二条承第一条卜辞省略了前辞,又承第一条语义省略了"王",同时语序有变动。同文卜辞还见于《合集》32517。

例(8)的命辞是否也与此类似,难以判断,暂寄于此。

　　一期午组卜辞中有一版的前辞与此类相同,辞例如:"甲[戌贞:]牢[又]岁母戊。"(《合集》22206乙)主要区别在于午组卜辞的命辞之首无"干支"或"其、王"。在受祭对象"母戊"与"岁"之间没有"于"连接。三期与此类前辞相同的卜辞仅见一例:"甲寅贞:其聂乘于祖乙。弜岁。"(《合集》27189)第二条卜辞承第一条省略了"于祖乙",与例(1)语序相同,只是岁祭没有侑祭相伴。四期与三期这一例命辞相似的卜辞有:

　　　　(10)癸丑贞:岁其五牢。(《合集》34626)

　　　　(11)丁未贞:岁叀祭菁。(《合集》34616)

　　　　(12)丁未贞:岁叀祭(菁)。(《合集》34613)

　　例(11)、(12)为同文卜辞,以上三例都没有岁祭对象。

(二)岁祭对象

　　此类卜辞的岁祭对象有祖先神之先公、先王、先妣、父、帚①,还有外族神与自然神。

1. 先公

　　岁祭的先公有上甲、示壬,辞例如:

　　　　(13)庚□贞:[彭]岁于上甲。(《合集》32361)

　　　　(14)辛亥贞:又岁于二示。

　　　　　　　　又岁于……壬。不雨。(《合补》10669,图4-1)

　　例(13)岁祭上甲。例(14)是一版由《合集》32396与《合集》34106缀合的卜辞,这里选取的是第一、九两条卜辞,第九条的前辞承上而省,也应属于此类。在拓片上,"于"字的右边有残,结合第一条看,应是指示壬。

图4-1　岁祭示壬
(《合补》10669)

2. 先王

　　岁祭的先王有大乙、大丁、大甲、大戊、中丁、祖乙、祖辛、南庚、小乙、武

①这一小类有岁祭"帚亏"的,因所在卜辞的文例特殊,放在本小部分最后讨论。

丁,辞例如:

　　　（15）［甲寅］贞：□**钅**岁大乙。［不］遘雨。（《合集》32410）

　　　（16）丙辰贞：酚岁于大丁。亡［壱］。（《合集》32463）

　　　（17）丁丑贞：来甲申先于大甲**钅**岁……兹用。（《合集》41476）

　　　（18）丁丑贞：［其］又**钅**岁于大戊三牢。兹用。（《合集》34165）

　　　（19）丙寅贞：又**钅**岁于中丁。兹用。（《屯南》856）

　　　（20）癸丑贞：王又岁于祖乙。（《合集》32113）

　　　（21）庚寅贞：又**钅**岁于祖辛。（《屯南》996）

　　　（22）庚午贞：又岁于南……（《合集》32411）

　　　（23）甲辰贞：又岁于小乙牢。兹用。（《屯南》1083）

　　　（24）癸丑贞：又**钅**岁于［祖丁］①。兹用。（《合集》32596）（图4-2）

图4-2　岁祭祖丁
（《合集》32596）

　　例（15）、（16）分别岁祭大乙、大丁，例（17）岁祭大甲，与例（17）同文的卜辞还见于《英藏》2401。例（18）至例（21）分别岁祭大戊、中丁、祖乙、祖辛，例（22）侑祭岁祭"南……"，祖先名有"南"的唯有南庚。例（23）岁祭小乙。武丁在"三、四、五期卜辞中称其为'祖丁'"。② 例（24）岁祭的祖丁指武丁。

　　3.先妣

　　岁祭的先妣有妣壬、妣癸，辞例如：

　　　（25）辛卯贞：酚**钅**岁妣壬、癸。（《合集》32751）（图4-3）

图4-3　岁祭妣壬、妣癸
（《合集》32751）

　　"癸"前的"妣"承上而省，《摹释总集》的

---

① 命辞的"于"下两字作"**▮**"、"**▰**"，都是残字，《合集》32597上的"祖丁"作"**▰▯**"，与之相比，可见部分的写法一致，《合集释文》补出"祖丁"二字是可信的。
② 常玉芝：《商代宗教祭祀》，北京：中国社会科学出版社，2010年，第328页。

释文为:"辛卯贞:酌刊岁姹壬姹癸。"补出了省略的"姹"。此处合祭姹壬、姹癸。

4. 父

岁祭的父是父丁,辞例如:

（26）丙辰贞:丁巳又刊岁于父丁大……（《屯南》524）

这条卜辞岁祭父丁,是武乙对其父康丁的称呼。岁祭父丁的卜辞还见于《屯南》441。

5. 帚

（27）癸亥贞:丁卯又帚夸岁十[宰]①。（《合集》32982）

卜辞中的诸帚"不仅是商王的亲属,而且是可以带兵打仗、主持祭祀、负责农业、对外处理政事而对商王朝有过贡献的女官"。② 卜辞岁祭帚仅见"帚夸"。

6. 外族神

岁祭的外族神是伊尹,辞例如:

（28）乙酉贞:又岁于伊龟示。（《合集》33329）（图4-4）

这条卜辞《合集释文》:"乙酉贞:又岁于伊西龟。"《摹释总集》的释文为:"乙酉贞:又岁于伊龟示。"细审拓片,甲骨文的"龟"字头部有只勾轮廓

图4-4　岁祭伊尹
（《合集》33329）

无填充笔画的,如█（《合集》17591）、█（《合集》27428）、█（《合集》27653）等,也有填充笔画作█（《花东》449）、█（《合集》8995正）、█（《屯南》859、《合集》10198）的"敆"字从"龟"作█,与此处"伊"后一字比较,头部仅是一横画和两横画的区别。《合集释文》释为"西龟"的字作█,所谓"西"应是"龟"的头部。卜辞中除此之外很少

---

① 命辞最后一字残缺,所剩笔画作"█","█"中显然是"羊"字的残画,有向下弯曲的羊角。《合集释文》补出"宰"字是可信的。岁祭分析详见本类最后的特殊文例中。
② 赵诚:《诸妇探索》,《古文字研究》第12辑,北京:中华书局,1985年,第105页。

有"龟"与"西"或其他方位名词结合的,应从《摹释总集》的释文。"龟"字左下角,相当于下面一条卜辞第一行字的位置有"示"字,《摹释总集》把"示"字属于第一条卜辞,"'伊尹鼍示'、'鼍示'、'伊示'都可以是'伊尹鼍示'的省称,鼍示指的就是伊尹"。① 此类岁祭伊尹的还见于《合集》32103。

7. 自然神

岁祭的自然神是出入日。辞例如:

(29)癸未贞:甲申酚出入日岁三牛。兹用。(《屯南》890)

"'出入日'寓意于太阳的周日视运动,揆度东西出入日影标位,与《尚书·尧典》说的仲春'寅宾出日',仲秋'寅饯纳日'意义相类。"②

此类还有合祭卜辞如:

(30)己未贞:又 $\checkmark$ 岁自上甲。(《屯南》441)

(31)乙亥贞:又 $\checkmark$ 岁自上甲,氾菁上甲彡。(《屯南》488)

(32)[癸]亥贞:翌乙丑其又 $\checkmark$ 岁于大乙至于大甲。(《屯南》2420)

(33)己未贞:重元示又 $\checkmark$ 岁。(《合补》10442)(H34088+后上19.7,重见B10665)

例(30)、(31)两条合祭自上甲始的先公先王,卜辞只说了合祭的起点,没有说明合祭范围的终点。例(32)合祭自大乙至大甲的诸先王。例(33)侑祭、 $\checkmark$ 祭、岁祭元示,元示"指直系先王"。③

(三)岁祭用品类别与规格

此类卜辞的岁祭用品有4种,分别是:人牲、牢、牛、豕。

1. 人牲

岁祭用人牲的辞例如:

---

① 蔡哲茂:《殷卜辞"伊尹鼍示"考——兼论它示》,《"中央研究院"历史语言研究所集刊》第58本第4分,1987年。转引自宋镇豪、段志洪主编《甲骨文献集成》第21册,成都:四川大学出版社,2001年,第12页。

② 宋镇豪:《中国上古酒的酿制与品种》,《远望集——陕西省考古研究所华诞四十周年纪念文集》,西安:陕西人民美术出版社,1998年,第442页。

③ 张政烺:《释它示——论卜辞中没有蚕神》,《古文字研究》第1辑,北京:中华书局,1979年,第67页。

（34）癸酉贞：又岁于大乙羌二十。（《屯南》51）

（35）辛未贞：乙亥又岁于大乙三牢。

　　　　　　　大乙伐十羌。

　　　　　　　大乙伐十羌又五。

　　　　　　　大乙伐三十羌。（《屯南》2293）

（36）甲午贞：酚╡伐乙未于大乙羌五，岁五牢。

　丙申贞：酚╡伐大丁羌五，岁五……（《屯南》739）

（37）庚午贞：叀岁于祖乙。

　　　　其又羌□又五。（《合集》32064）

（38）乙巳贞：王又╡岁［于］父丁三牢、［羌］十又五。若。兹卜雨。（《合集》32057）（图4-5）

（39）丙子贞：丁丑又父丁，伐三十羌，岁三牢。兹用。（《合集》32054）

（40）癸亥贞：上甲岁。不冓雨。

　　　　　弜又羌。

　　　　　又羌。（《合集》32142）

（41）□戌贞：又岁于祖辛。

　　　　　弜又。

　　　　　又羌。

　　　　　弜又。（《合集》32131）

图4-5　岁祭父丁
（《合集》32057）

　　例（34）于癸酉日贞问用二十个羌俘侑祭、岁祭于大乙。例（35）所在的一整版八条卜辞都是关于岁祭大乙的，从丁卯日开始占卜贞问一直到下一旬的辛巳日，历时十五天。用人牲岁祭的见于例（35）的第二至第四条卜辞。这三条卜辞的前辞、命辞承第一条而省略了相同的信息，都是于辛未日贞问，第五天乙亥日用三牢侑祭、岁祭大乙的同时以伐祭十个、十五个还是三十个羌俘作伴祭。类似的卜辞还见于《怀特》1558。例（36）有两条卜辞，第一条辞于甲午日贞问，第二天乙未日用五牢岁祭大乙，同时以酒祭、╡祭、伐祭五个羌俘作伴祭。第二条的命辞有残缺，是于甲午日的第三天丙申日贞问，用五个什么祭牲岁祭大丁，同时以酒祭、╡祭、伐祭五个羌俘作伴祭。例（37）有两条卜辞，第二条卜辞承第一条而省略前辞，也属于此类。命辞内容有残缺,与第一条卜辞的内容相因。从仅有信息可知,是岁祭祖乙时要不要以侑祭多少羌俘作伴祭。"其又羌"也出现在二期一条卜辞:"癸亥卜,旅贞:翌甲子又🄂岁上甲,其又羌九。"(《合集》22558)此处"其又羌"后面也应是用羌的数量,"又五"前的数字残掉,至少应该是十。例(38)所在的牛肩胛骨上面有残断部分,《合集释文》:"乙巳贞:王又🄂岁[于]父丁三牢、[羌]十又五。若。兹卜雨。"《摹释总集》的释文为:"乙巳贞:王又🄂岁于父丁三牢、伐十又五。"把《合集释文》释为"羌"的字释为"伐"。如果只看残存的部分"▍",释为"伐"似乎也有可能,但是同版卜辞有一条为:"癸卯贞:王又🄂岁三牢羌十又五。"是于乙巳日的前两天贞问,命辞的用牲与例(38)应相同。"羌"字作"🄂",与例(38)的残字相同。可见,例(38)的释文应从《合集释文》,是时王用三牢和十五个羌俘侑祭、🄂祭、岁祭父丁。例(39)于丙子日贞问,第二天丁丑日用三牢岁祭父丁,并用侑祭、伐祭三十个羌俘作伴祭。验辞表明,最终采纳了卜问的内容。例(40)有三条卜辞,第二、三条承第一条而省略了相同的信息,是于癸亥日贞问,岁祭上甲时要不要以侑祭一个羌俘作伴祭。例(41)有四条卜辞,第一条辞的前辞有残缺,是于地支为"戌"的某一天贞问侑祭、岁祭祖辛,第二至第四条承上而省略了相同的信息,分别就不要在岁祭祖辛时以侑祭作伴祭,还是用侑祭一个羌俘伴祭作选择问。可见,岁祭祖辛时是可以侑祭一个羌俘作伴祭的。

有一条卜辞:

(42)甲午贞:又🄂伐自祖乙羌五,岁三牢。(《屯南》1091)

这是合祭自祖乙始的先王,用三牢岁祭并以侑祭、🄂祭、伐祭五个羌俘作伴祭。

相较而言,岁祭大乙、父丁最多可以用到三十个羌俘,祖乙用侑祭至少是十五个羌俘伴祭,大丁用五个羌俘,而上甲、祖辛仅用一个羌俘,用人牲岁祭的规格依次降低。岁祭自祖乙始的先王时用五个羌俘合祭。

2. 牢

上文已见例(1)岁祭祖乙用一大牢,类似的还见于《屯南》441。例(5)岁祭大乙用五牢。例(3)、例(4)分别用三牢岁祭父丁、大戊,岁祭大戊的还见于《合补》10642。例（23）岁祭小乙用一牢。岁祭用牢的辞例还有如：

（43）□巳贞：甲午又𣥼岁于上甲五牢。（《合集》32322）

　　这条卜辞的前辞有残缺，占卜日在甲午日之前地支为"巳"的某一天。离甲午日最近的是前一天癸巳日，此类卜辞中于上一旬最后一天卜问下一旬第一天岁祭上甲的卜辞还见于例（2）"癸亥贞：甲子彭𣥼岁于上甲五牛。兹用"（《合集》32360）。前辞"巳"之前残掉的字更有可能是"癸"字。诚如是，则这条辞是于癸巳日贞问，第二天甲午日用五牢侑祭、𣥼祭、岁祭于上甲。

（44）癸卯贞：彭𣥼岁于大甲甲辰五牢。兹用。（《屯南》2953）
（45）丙申贞：丁酉彭𣥼岁于大……五牢。兹用。
　　　　大甲。
　　　　祖乙。（《合集》32480）
（46）丙寅［贞：］王又𣥼岁于祖乙五牢□牛。（《合集》32511）
（47）丙午贞：彭𣥼岁于中丁三牢、祖丁三牢。（《合集》32816）

　　以上是用牢岁祭先王的卜辞。例（44）于癸卯日贞问，第二天甲辰日用五牢酒祭、𣥼祭、岁祭大甲。验辞表明，最终采纳了卜问的内容。例（45）有三条卜辞，第二、三条辞承第一条省略了相同的信息。是于丙申日贞问，第二天丁酉日用五牢酒祭、𣥼祭、岁祭的是"大……"，还是大甲、祖乙。"大甲"、"祖乙"在《世次表》中以由远及近的降序排列，"大……"应在"大甲"之前。排在"大甲"之前以"大"为名的有大乙、大丁，用五牢岁祭大乙已见上，也有岁祭大丁的可能。例（46）的命辞有残，是于丙寅日贞问，时王亲自用五牢又多少牛侑祭、𣥼祭、岁祭祖乙。例（47）于丙午日贞问，分别用三牢酒祭、𣥼祭、岁祭中丁与武丁。

（48）癸丑贞：多宁其延，又𣥼岁于父丁牢又一牛。
　　　　其三牛。（《屯南》3673）
（49）癸卯贞：王又𣥼岁于父丁三牢。
　　　　其五牢。（《合集》32669）

　　以上是用牢岁祭父丁的卜辞。例（48）有两条卜辞，第二条辞承上省略相同的信息。是于癸丑日分别贞问，用一牢又加一牛侑祭、𣥼祭、岁祭父丁,要不要用三头牛。同样用一牢岁祭父丁的还见于《合集》32113。例(49)也有两条卜辞,第二条辞也承第一条而省略相同的信息。是于癸卯日分别贞问,时王用三牢侑祭、*祭、岁祭父丁,要不要用五牢。

（50）丙寅贞：又*岁于伊尹二牢。（《合集》33273）

例(50)于丙寅日贞问,用二牢侑祭、*祭、岁祭伊尹,同文卜辞还见于《屯南》1062。

（51）□未贞：又*岁自上甲□示三牢、小示二牢又……（《合集》34104）

（52）乙巳贞：又*岁自上甲大……三牢三……
　　　　　　……三牢小示……（《怀特》1555）

以上两例是合祭时用牢。例(51)的前辞、命辞都有残缺,是于地支为"未"的某一天贞问,后文有"小示二牢",则"示三牢"前所缺的应是"大"字。是侑祭、*祭、岁祭上甲以下的大示用三牢,小示用二牢又加什么祭牲。例(52)的命辞有残缺,从仅有的信息看,是于乙巳日贞问,分别用三牢侑祭、*祭、岁祭自上甲以下的大示、小示。

相较而言,用牢岁祭时规格最高的是祖乙,用五牢,还有用一大牢的,用牢的同时外加用牛,还有时王的亲祭。其次是父丁,用五牢,用牢的同时外加用牛,也有时王的亲祭。岁祭上甲、大乙、大甲用五牢,但未见有时王亲祭的,规格应次于父丁。岁祭大戊、中丁、武丁用三牢,规格次于上甲、大乙、大甲,但高于伊尹用二牢。岁祭小乙仅用一牢,是用牢岁祭时规格最低的。

3. 牛

例(2)岁祭上甲用五牛,例(48)岁祭父丁用三牛。此外,用牛岁祭的辞例还有如：

（53）癸酉［贞：］翌乙亥酚*岁于大乙三牛。（《合集》32422）

（54）甲子贞：今日又*岁于大甲牛一。兹用。在邻。（《屯南》1111）

（55）甲午贞：弜又岁祖乙。

　　　乙未贞：其十牛。

乙未贞：其三十牛。(《合集》32522)

例(53)于癸酉日贞问,于第三天乙亥日用三头牛酒祭、彡祭、岁祭大乙。例(54)是于甲子日贞问,当天在邻地用一头牛侑祭、彡祭、岁祭大甲。验辞表明,最终采纳了卜问的内容。例(55)有三条卜辞,第一条的命辞是一个否定句,其上应有一个对应的肯定句。第二、三条的内容是承第一条而省略了相同的信息,应是就侑祭、岁祭祖乙时是用十头牛还是三十头牛而作选择问。

相较而言,岁祭祖乙可以用到三十头牛,是此类中规格最高的;先公上甲用五头牛,其规格远次于先王祖乙;大乙、父丁用三头牛,大甲用一头牛,其规格渐次降低。

4. 豕

岁祭用豕的辞例如：

(56)癸未贞：重今乙酉又父岁于祖乙五豕。兹用。(《合集》32512)

这条卜辞于癸未日贞问,是不是在癸未日算起的第三天乙酉日用五头豕对父与祖乙侑祭岁祭。"此当为癸未卜后三日乙酉所追契之辞,故言'今乙酉'。"[1]

综上可见,在"干支贞岁祭有伴祭"类卜辞中,受祭规格最高的是父丁、大乙,用到三十个羌俘。二者进一步比较,岁祭父丁用五牢,大乙用三牢,父丁的用牢数多于大乙。岁祭父丁还有用三头牛的,用牲种类也多于大乙。还有时王亲祭父丁的,因此,父丁的岁祭整体规格要更高。

岁祭祖乙以侑祭至少十五个羌俘伴祭,用五牢岁祭,还用大牢,是此类中唯一用大牢的。用牢的同时外加用牛,单独用牛时可以用到三十头,有用五豕岁祭的,是此类中用牲种类最多的,还有时王的亲祭,也是很受重视的。岁祭大丁用五个羌俘,而岁祭上甲、祖辛仅用一个羌俘,用人牲岁祭的规格依次降低。岁祭上甲还有用五牢、五牛的,种类多于只用羌俘的祖辛。在不用人牲岁祭的祖先中,大甲用五牢、一牛,大戊、中丁、武丁用三牢,伊

---

①胡厚宣：《卜辞杂例》,《中央研究院历史语言研究所集刊》第8本第3分,1939年。转引自宋镇豪、段志洪主编《甲骨文献集成》第17册,成都：四川大学出版社,2001年,第540页。

尹用二牢,小乙仅用一牢,岁祭规格依次降低。

此类中有一种特殊的文例,其辞例如:

> (57)癸未贞:甲申酌出入日岁三牛。兹用。(《屯南》890)
>
> (58)辛酉贞:癸亥又父丁岁五牢。不用。(《合集》32667)

命辞开始多有"干支",岁祭有侑祭或酒祭相伴,与上文辞例不同之处在于受祭对象在"又(酌)"与"岁"之间。例(57)的受祭对象"出入日"在"酌"与"岁"之间,例(58)的受祭对象"父丁"在"又"与"岁"之间。

一期午组卜辞前辞与此类相同的只有一版卜辞,其中有一条卜辞是:"甲戌贞:又妣己岁🈁勺。"命辞的语序与此同,只是没有祭品信息。

这种特殊类型卜辞中的受祭对象有例(57)的自然神之出入日,例(58)的康丁。还见于如下卜辞中:

> (59)癸巳贞:甲午酌上甲岁三牛。[兹用]。(《合集》32363)
>
> (60)□戌贞:又示壬岁。兹[用]。(《合集》32394)
>
> (61)癸亥贞:丁卯又帚弄岁十[牢]①。
>
> 　　伊岁一牛。
>
> 　　其三牛。(《合集》32982)(图4-6)

图4-6　岁祭帚弄、伊尹
(《合集》32982)

例(59)、(60)分别岁祭先公上甲、示壬。例(61)的第一条卜辞岁祭帚弄,第二、第三条卜辞岁祭伊尹。

还有一些合祭卜辞如:

> (62)辛亥贞:壬子又多公岁。(《合集》33692)
>
> (63)丁未贞:又高祖岁一牛。(《合集》32311)

例(62)岁祭多公,"言'多公'者犹言'多先祖'"。② 同文的卜辞还见

---

①命辞最后一字残缺,所剩笔画作"🈁","宀"下显然是"羊"字的残画,有向下弯曲的羊角。《合集释文》补出"牢"字是可信的。

②胡厚宣:《殷代封建制度考·五等爵之来源》,《甲骨学商史论丛初集》,台北:台湾大通书局,1972年,第97页。转引自宋镇豪、段志洪主编《甲骨文献集成》第21册,成都:四川大学出版社,2001年,第219页。

于《合集》33693。例（63）岁祭高祖，高祖指曾祖之父以上的先王。[①] 例（63）是用一牛侑祭、岁祭曾祖武丁之上，始自小乙的先王。

这种特殊文例受祭的对象只有自然神、祖先神之先公、武丁以前的先王、康丁、帚妌与外族神伊尹。岁祭规格最高的是康丁，例（58）岁祭康丁用五牢，同文卜辞还见于《合集》32665、《合集》32666、《屯南》723；其次是自然神之出入日、祖先神之先公上甲、外族神伊尹，在例（57）、例（59）、例（61）中分别用三牛岁祭；例（61）岁祭帚妌用十宰，规格是最低的。

乙、岁祭无伴祭类

（一）文例

此类的命辞形式是"（干支）＋祖妣＋岁＋（祭品）"，即命辞之首有时有干支，岁祭无伴祭，受祭对象在"岁"之前，如有祭品信息，祭品信息在"岁"之后，辞例如：

(64) 甲寅贞：乙卯祖乙岁大牢。（《屯南》441）

(65) 丙午贞：父丁岁。不菁雨。（《合集》32695）

(66) 甲辰贞：祖岁。不菁雨。（《合集》34152）

例（64）命辞之首有干支日"乙卯"，受祭对象"祖乙"在"岁"之前，祭品信息"大牢"在"岁"之后。例（65）的受祭对象"父丁"在"岁"之前。例（66）的受祭对象"祖"在"岁"之前。

有一条卜辞：

(67)〔壬〕午贞：癸未延岁□癸牛三。兹用。（《合集》34436）（图 4-7）

图 4-7　岁祭□癸（《合集》34436）

这条卜辞的前辞、命辞都有残缺。癸未日之前地支为午的是其前一天壬午日，正如例（64）的占卜日在乙卯日的前一天甲寅日一样，《合集释文》在"午"前补出"壬"是合理的。命辞中的受祭对象"□癸"在"岁"之后，与此类的命辞语序不同，应是由于"延"的原因。延指

---

① 裘锡圭：《论殷墟卜辞"多毓"之"毓"》，《中国商文化国际学术讨论会论文集》，中国大百科全书出版社，1998 年。转引自宋镇豪、段志洪主编《甲骨文献集成》第 21 册，成都：四川大学出版社，2001 年，第 160 页。

祭而又祭,应是接上文而言。例(67)卜辞所在的牛甲骨残断,同版上应还有一条岁祭卜辞。

前辞与此相同的一期、三期卜辞中,岁祭都有伴祭,与之形成区别。

(二)岁祭对象

与第一类"岁祭有伴祭类"相比较,此类岁祭对象没有祖先神之先公、帚与自然神,仅有祖先神之先王、先妣、父和外族神。

例(64)岁祭祖乙,祖乙在第一类中有祭。例(65)岁祭父丁,此类岁祭父丁还见于《屯南》1126。父丁在第一类有祭。例(67)岁祭"□癸",岁祭对象名称包含"癸"的有祖癸、子癸、示癸、妣癸。岁祭祖癸仅见于一期的午组卜辞中,子癸也仅见于一、二期卜辞中,三、四期卜辞不仅没有岁祭子癸的,也没有岁祭子的。岁祭示癸仅见于二期的祖庚卜辞中,而妣癸的岁祭遍见于一、三期的卜辞中,四期此类"有伴祭类"小类中也有对妣癸的岁祭。因此,例(67)受祭对象最有可能的是妣癸。岁祭的其他对象还见于以下的辞例中:

(68)[癸]□贞:大甲岁牢。(《合集》32477)

(69)甲辰贞:岁于小乙。(《合集》32617)①

(70)甲寅贞:伊岁蓁大丁日。(《屯南》1110)

以上三例分别岁祭大甲、小乙、伊尹。三位在第一类"岁祭有伴祭类"中都有祭。

有一条卜辞:

(71)甲寅贞:自祖乙至岁毓。(《合补》10422)(图4-8)

图4-8 非岁祭卜辞(《合补》10422)

岁祭卜辞没有这样的语序,细审拓片,"至"下一字"岁"应属于下一条卜辞,《合补》的释文有误,例(71)非岁祭卜辞。

(三)岁祭用品类别与规格

此类卜辞的岁祭用牲仅有牢、牛。② 例(64)岁祭祖乙用一大牢,例(67)岁祭妣癸用三牛,例(68)岁祭大甲用一牢。还有辞例如:

---

①此例是唯一与这一类文例不同的,受祭对象"小乙"在"岁"之后,并通过"于"与"岁"连接。
②因辞例太少,此处不再分类叙述。

（72）甲辰贞：岁于小乙。

　　　　　　弜又。

　　　　　　二牢。

　　　　　　三牢。（《合集》32617）

（73）［癸］酉贞：祖乙岁牢又牛。乙亥。（《合集》32505）

　　例（72）有四条卜辞，后三条卜辞承第一条而省略相同的信息。是于甲辰日贞问岁祭小乙，不要以侑祭伴祭，用二牢还是三牢岁祭。例（73）的受祭对象"祖乙"在"岁"之前，祭品信息"牢又牛"在"岁"之后。辞尾的干支"乙亥"是验辞，是于癸酉日贞问用一牢又加一牛岁祭祖乙。验辞表明，于第三天乙亥日采用了卜问的内容。

　　综上可见，在"干支贞岁祭无伴祭"类卜辞中，受祭规格最高的是祖乙，用一大牢岁祭，是此类中唯一用大牢的，还有用一牢加一牛岁祭的；其次是小乙用三牢；大甲用一牢，妣癸用三牛，其规格渐次降低。

　　丙、小结

　　下面将"干支贞"前辞类中两小类的受祭对象归纳成表12。

类别	受祭对象	祖先神					外族神	自然神
		先公	先王	先妣	父	帚		
岁祭有伴祭类	祖妣名称位于"岁"之后的	上甲、示壬	大乙、大丁、大甲、大戊、中丁、祖乙、祖辛、南庚、小乙、武丁	妣壬、妣癸	康丁		伊尹	
	附：祖妣名称位于"岁"之前的	上甲、示壬			康丁	帚亏	伊尹	出入日
岁祭无伴祭类			大甲、祖乙、小乙	妣癸	康丁		伊尹	

　　由表12可见，先王大甲、祖乙、小乙，先妣妣癸，父丁与外族神伊尹在两小类中都有祭，是这一类"干支贞"的重点岁祭对象。比较两小类可见如下特点。①有伴祭类中岁祭对象位于"岁"之后的，岁祭对象最多的是先王，有十位，除南庚之外都是直系先王。先妣只有妣壬、妣癸。受祭对象位于"岁"之前的，受祭对象仅有祖先神之先公、父、帚亏与外族神、自然神，是一种特定的岁祭类型。②无伴祭类卜辞中受祭对象较少，岁祭的先

王都是直系先王,所祭对象在有伴祭类中都有。③与三期卜辞相比,岁祭对象明显减少,多祭直系先王,仅有一位旁系先王,岁祭诸妣的数量也明显减少,没有了对母、兄与子的岁祭。④岁祭的父辈只见康丁,不见武乙,也不见称三祖辛的。

比较两小类的用牲特点,有伴祭类有四种祭品,有人牲,无伴祭类只有两种祭品,没有人牲。有伴祭类的岁祭规格整体高于无伴祭类。祖乙的岁祭规格在有伴祭类中仅次于康丁、大乙,在无伴祭类中最高。先公上甲只在有伴祭类中受祭,但岁祭规格不及康丁、大乙、祖乙。外族神伊尹只在有伴祭类中有用牲信息,但祭祀规格不高。这一类"干支贞"中岁祭的女性祖先只有先妣与寻亏,岁祭规格都是所在类中最低的。

二、干支卜

这一前辞类的卜辞有 73 例,约占总数的 34.9%。据命辞的不同又分两小类:一是岁祭有伴祭的;二是岁祭无伴祭的。

甲、岁祭有伴祭类

(一)文例

此类卜辞的命辞形式是"(干支、其)+(又、牜、酻、伐、宵)岁+于+祖妣+(祭品)",即命辞之首有的有"干支"或"其",岁祭大多有侑祭(有时有牜祭、酒祭、伐祭、宵祭)相伴,受祭对象在"岁"之后,并通过"于"与"岁"连接,有时有祭品信息,祭品信息在受祭对象之后。辞例如:

(74)甲午卜,其又岁于毓祖一牢。(《合集》32316)

(75)丙辰卜,丁巳又岁于大丁。不雨。(《合集》33308)

(76)甲辰卜,其牜岁于毓祖乙。(《合集》32454)

(77)甲午卜,其又岁于高祖乙。(《合集》32453)

例(74)命辞之首有"其",岁祭有侑祭相伴。受祭对象"毓祖"在"岁"之后,并通过"于"与"岁"连接。祭品信息"一牢"在受祭对象之后。例(75)命辞之首有干支日"丁巳",岁祭有侑祭相伴。受祭对象"大丁"在"岁"之后,并通过"于"与"岁"连接。例(76)命辞之首有"其",岁祭有侑祭、牜祭相伴。受祭对象"毓祖乙"在"岁"之后,并通过"于"与"岁"连接。例(77)命辞之首有"其",岁祭有侑祭相伴。受祭对象"高祖乙"在"岁"之后,并通过"于"与"岁"连接。以上卜辞中,占卜的天干日都在受祭对象日干名的前一天。

三期康丁岁祭卜辞"干支卜"前辞类有伴祭小类的命辞形式为"其+又( )岁+于+祖妣",例(74)、(76)、(77)的命辞形式与三期辞例无别。

以上是此类卜辞中命辞的典型形式,但也有辞首无"其"或"干支日"的,辞例如:

(78)□□卜,又 岁祖乙乙卯五牢。[兹]用。(《合集》32507)

一期宾组卜辞中有与此类前辞相同的,其命辞形式为"屮 岁+祖妣",与此类的区别在于受祭对象与"岁"之间无"于"连接。但例(78)的受祭对象"祖乙"与"岁"之间也没有"于"连接,与一期宾组卜辞相同,只是宾组的卜辞在受祭对象名后没有祭品信息,而例(78)的受祭对象"祖乙"与祭品信息"五牢"之间还有干支日"乙卯"。

(79)甲辰卜,又祖乙岁。(《屯南》1015)①

一期午组岁祭卜辞中有与此类前辞相同的,其命辞形式为"屮岁+于+祖妣",例(79)辞首无"其"、"干支日",但受祭对象"祖乙"在"岁"之前,与午组卜辞不同。

(80)丙申卜,又岁于大丁。不冓[雨]。(《合集》32462)

(81)乙酉卜,又岁于祖乙。不雨。(《屯南》4286)

(82)□戌卜,又岁于伊二十示又三。兹用。(《合集》34123)(图4-9)

图4-9　四期岁祭卜辞
（《合集》34123）

例(80)—(82)三例命辞的开始没有"其"、"干支日",与一期午组岁祭卜辞的命辞语序相同。细审拓片,例(82)的"用"字作"█",符合武乙、文丁卜辞中"用"的书写特征。② 还有"岁"字,午组卜辞中的"岁"多写作如下:

█(《合集》22088)　　█(《合集》22079)　　█(《合集》22075)

---

① 拓片漫漶不清,此据《摹释总集》释文。
② 常玉芝:《殷墟甲骨断代标准评议》,北京:中国社会科学出版社,2020年,第371页。

　　它们的共同特征是指示斧头与斧柄相接处的线条不超出纵向斧柄的线条;而四期卜辞"岁"字的写法如下:

　　　　(《合集》32316)　　(《合集》32324)　　(《合集》32453)

　　与午组卜辞中的"岁"字相比较,其特点是斧头与斧柄相接处的线条超出纵向斧柄的线条。例(80)—(82)的"岁"字分别作""、""、"",都呈现出四期卜辞书写的特点。因此,这三例应属于四期卜辞无疑。例(82)拓片上有残缺,"又"之上也不排除有文字的可能。例(80)、(81)两辞的文例与一期午组卜辞的文例相同。这两例都为侑祭、岁祭时不会下雨而卜问。

　　(83)于[毓]①祖乙又岁。
　　　　□未卜,又岁祖乙。
　　　　　(《合集》32628)(图4-10)

图4-10　岁祭小乙、祖乙
(《合集》32628)

　　这是同版的两条卜辞,命辞之首也无"其"、"干支"。与一期午组相同前辞类的命辞"虫岁+于+祖妣"比较,第一条卜辞的受祭对象"毓祖乙"在"又岁"之前,第二条的受祭对象"祖乙"与"岁"之间没有"于"字,与午组不同,也与此类的大多数不同,是少见的两条变例。但"岁"字作"",具有第四期卜辞的特征。

　　此类卜辞中也有酒祭与岁祭相伴的,辞例如:

　　(84)丙子卜,酚岁伐十五、十牢、殳大丁。(《屯南》4318)

　　(85)丙午卜,中丁岁立酚。(《合集》32498)

　　例(84)命辞中的岁祭有酒祭、祭相伴,祭品信息"伐十五、十牢、殳"在"岁"之后,受祭对象"大丁"在祭品信息之后。例(85)的岁祭只有酒祭相伴,受祭对象"中丁"在"岁"之前,是较特殊的一类。

　　有一条卜辞:

　　(86)己未卜,中己岁眔兄己岁酚……(《屯南》2296)

────────────

①与上文《合集》32316作的"毓"字比较,右下角残去的刚好是倒写的"子",《合集释文》在
　"于"字后补出"毓"是可信的。

　　一般把这条卜辞定为四期卜辞,如是,则为四期唯一岁祭中己、兄己的,也是四期唯一岁祭兄己的;而在三期同前辞类卜辞中,有很多岁祭中己、兄己及其他诸兄的。因此,宜把例(86)归为三期。

　　还有一条卜辞:

　　　　(87)丙午卜,父丁𤊶夕岁一牢。(《合集》32448)

　　岁祭有𤊶祭相伴,受祭对象"父丁"在"岁"之前,祭品信息"一牢"在"岁"之后。与此类的典型语序不同,但与例(85)相近。林沄认为,此处的父丁是祖甲之称武丁,[1]但需要面对的问题是:①二期岁祭卜辞中没有"干支卜"这一前辞类;②二期卜辞没有用"牢"为牲的;③二期卜辞常见的是于暮时岁祭父丁。如:

　　　　(88)□丑卜,旅贞:翌丁未父丁橐岁,其奴牛。

　　　　　　　□□卜,旅[贞:翌]丁未父丁橐岁,其牡,在十一月。(《合集》40975)

　　　　(89)丙午卜,行贞:翌丁未父丁橐岁牛。(《合集》23207)

　　　　(90)丙寅卜,行贞:翌丁卯父丁橐岁宰,在三月,在雇卜。(《合集》24348)

　　　　(91)丙辰卜,尹贞:翌丁巳父丁橐岁宰……(《合集》23206)

　　　　(92)[丙]□[卜],旅[贞:翌丁]□父丁橐岁宰。(《合集》23210)

　　　　(93)丁未卜,王曰贞:父丁橐岁,其弘三宰。兹用。(《怀特》1016)

　　但不见于夜间岁祭的。总之,例(87)的前辞类型、用牲种类、岁祭时间都说明其与二期岁祭卜辞不类。[2]

　　(二)岁祭对象
　　此类卜辞的岁祭对象有祖先神之先公、先王、先妣、父及外族神。

　　1. 先公
　　岁祭的先公是上甲,辞例如:

　　　　(94)辛亥卜,甲子又𣪊岁于上甲三牛。(《合集》32324)

---

①林沄:《无名组卜辞中父丁称谓研究》,《古文字研究》第13辑,北京:中华书局,1986年,第25—27页。
②用牲规格的分析见本书第177页。

　　此例占卜的天干日在上甲日干名的前三日,是提前三天占卜的,但岁祭天干日是与上甲日干名一致的。

　　2. 先王

　　岁祭的先王有大乙、大丁、大甲、大戊、雍己、中丁、戋甲、祖乙、祖辛、羌甲、祖丁、南庚、小乙、祖甲,三祖辛,辞例如:

　　　　(95)己丑卜,其又岁于翌日 ↵,又岁于大乙。(《合集》33370)

　　　　(96)丙辰卜,丁巳又岁于大丁。不雨。(《合集》33308)

　　　　(97)庚戌[卜],辛亥又岁祖辛二十牢又五,易日。兹用。允易日。

　　　　　　　　　　　　又岁大甲三十牢,易日。兹用。不易日。权雨。(《合补》10659)

　　例(95)、(96)分别岁祭大乙、大丁,例(97)有两条卜辞,第一条卜辞岁祭祖辛,第二条的前辞承上而省相同的信息,亦属此类卜辞,岁祭大甲。

　　　　(98)丁巳卜,其又岁于大戊二牢。(《合集》32455)

　　　　(99)己未卜,其又岁于雍己。兹用。(《屯南》3794)

　　　　(100)丙辰卜,丁巳又岁中丁二十牢又五,易日。兹用。允易日。(《合补》10659)

　　　　(101)甲寅又岁戋甲三牢、羌甲十牢又七,易日。兹用。(《合补》10659)

　　例(98)—(101)分别岁祭大戊、雍己、中丁、戋甲、羌甲,岁祭大戊的同类卜辞还见于《合集》32454。岁祭羌甲的同类卜辞还见于《合集》32587、32589。

　　　　(102)乙丑卜,又 ↵ 岁于祖乙五牢。(《合集》32510)

　　　　(103)甲辰卜,其又岁于高祖乙。(《合集》32450)

　　以上两条卜辞都是岁祭祖乙的,例(103)岁祭祖乙称“高祖乙”。此类岁祭高祖乙的卜辞还见于《合集》32454、《屯南》2951。

　　　　(104)丙戌卜,其又 ↵ 岁于小丁。(《合集》32639)(图4-11)

　　　　(105)己巳卜,其又岁于南庚一牛。兹用。(《合集》32608)

　　　　(106)乙丑卜,其又岁于毓祖乙。(《合集》32631)

（107）甲午卜，其又岁于毓祖一牢。（《合集》32316）

例（104）在《合集释文》："□戌卜，其又^乂岁于小丁。"《摹释总集》的释文为："丙戌卜，其又^乂岁于小丁。"细审拓片，有"丙"字的下半部分，应以《摹释总集》的释文为是。例（104）、（105）分别岁祭祖丁、南庚，称祖丁作"小丁"。例（106）岁祭小乙称作"毓祖乙"。例（107）岁祭的毓祖也指小乙。① 岁祭小乙的卜辞还见于《合集》32454、32630。

图4-11　岁祭小丁
（《合集》32639）

（108）甲辰卜，^乂伐祖甲岁二牢。用。（《合集》32198）
（109）辛亥卜，其又岁于三祖辛。（《合集》32658）

例（108）岁祭祖甲，四期卜辞的祖甲应是三期的父甲，是武乙、文丁对武丁之子祖甲的称呼。例（109）岁祭三祖辛，"当是指商代第三个辛名王廪辛"。② 是文丁对其祖父廪辛的岁祭。

3.先妣

岁祭的先妣有妣庚、妣辛，辞例如：

（110）己丑卜，其又岁于妣庚牢。兹用。
　　　　庚寅卜，其又岁于妣辛三牢。兹用。（《屯南》2668）

以上辞例中占卜的天干日均在先妣日干名的前一天。

4.父

岁祭的父有廪辛、康丁、武乙，辞例如：

（111）丁酉卜，戊[戌]又岁大戊二十牢，易日。兹用。
　　　　……未又岁父辛八牢，易日。兹[用]。（《合补》10627）（图4-12）

这版卜辞由《合集》32494与《安明》2535、2537缀合而成，部分重见于《合集》34026。第一条卜辞于丁酉日卜问，第二天戊戌日侑祭岁祭大戊，第二条卜辞的前辞、命辞有残，命辞内容类似，应属于此类。是于地支为

①裘锡圭：《论殷墟卜辞"多毓"之"毓"》，《中国商文化国际学术讨论会论文集》，中国大百科全书出版社，1998年。转引自宋镇豪、段志洪主编《甲骨文献集成》第21册，成都：四川大学出版社，2001年，第160页。
②常玉芝：《商代宗教祭祀》，北京：中国社会科学出版社，2010年，第337页。

"未"的某一天侑祭、岁祭父辛,父辛是武乙
对其父廩辛的称呼。

　　（112）丙寅卜,其又岁于父丁。
（《合集》32668）

　　（113）丙申卜,其又岁于父……
（《合集》32630）（图4-13）（"其"字倒
刻）

　　（114）乙未卜,又岁于父乙三牛。
兹用。（《合集》34240）

　　例（112）岁祭父丁,第四期卜辞中的父
丁应是武乙对其父康丁的称呼。例（113）
《摹释总集》的释文为:"丙戌卜,其又岁于
父丁……"诚如是,则与例（112）一样,也是
岁祭康丁的。例（114）岁祭的父乙应是文丁之父
武乙。

图4-12　岁祭大戊、父辛
（《合补》10627）

　　5. 外族神

　　岁祭的外族神是伊尹,辞例如:

　　（115）□戌卜,又岁于伊二十示又三。兹用。
（《合集》34123）

　　（116）□□卜,[又]岁[于]伊[二十]示又
三。（《合集》34124）

图4-13　岁祭父丁
（《合集》32630）

　　以上两条卜辞的前辞都有不同程度的残缺,命辞
的内容相同,都岁祭伊,同时合祭二十示又三。"伊尹,卜辞中又单称
'伊'。"[1]此处的"'二十示又三'指哪些先公先王,不能确知"。[2]

　　此类的合祭卜辞如:

　　（117）……又岁在小宗自上甲。一月。

　　　　丁丑卜,勹在小宗又岁……乙。（《合集》34046）（图4-14）

────────────

①常玉芝:《商代宗教祭祀》,北京:中国社会科学出版社,2010年,第400页。
②常玉芝:《商代宗教祭祀》,北京:中国社会科学出版社,2010年,第407页。

（118）丁亥卜，在［小］宗又 ￥ 岁自乙。

　　……宗……自上甲。（《合集》34045）

（图4-15）

图4-14　合祭卜辞
（《合集》34046）

例（117）有两条卜辞。第一条卜辞的前辞残，但由第二条可见，应属于此类。第二条卜辞的命辞有残缺，无法确定其所祭对象。隶定的"勺"字《甲骨文字诂林》未收，《甲骨文字典》收有"勺"字，[1]但对应的甲骨文字形是" ￥ "。细审拓片，此处的甲骨文字形应是收入《甲骨文字诂林》的" ￥ "，只是在拓片上字形左向而已，字在卜辞为人名。[2] 例（118）第一条卜辞《摹释总集》的释文为："丁亥卜，在小宗又 ￥ 岁自大乙。"细审拓片，在"自"与"乙"之间，相当于右边一列"小"的左边确有一字的位置。依照《摹释总集》的释文，则这版的两条卜辞分别合祭自大乙、自上甲始的诸先王。同类的卜辞还有如：

（119）己丑卜，在小宗又 ￥ 岁自大乙。

　　　　□亥卜，［在］大宗又 ￥ 伐三羌、十小宰自上甲。（《合集》34047）

图4-15　合祭卜辞
（《合集》34045）

　　"先王宗庙的第二种是专为合祭神主所设的宗庙，即胡厚宣先生所言合祭之庙。这类宗庙在卜辞中称作'大宗'、'小宗'……在大、小宗内受祭的先王，除直系外亦会有旁系。由于旁系先王无自己独立的宗庙，在祭祀时迁神主于大或小宗的可能性即不存在。看来，大、小宗内很可能本身即安置有从上甲以来的直、旁系先王神主。"[3]既是一种定制，对合祭范围的称述就应是一致的，例（117）第二条"乙"之前所残的也应是"自大"二字。

　　（三）岁祭用品类别与规格

　　此类卜辞的岁祭用品有 3 种，分别是：人牲、牢、牛。

①徐中舒：《甲骨文字典》，成都：四川辞书出版社，1989 年，第 1487 页。
②于省吾主编：《甲骨文字诂林》，北京：中华书局，1999 年，第 3468 页。
③朱凤瀚：《殷墟卜辞所见商王室宗庙制度》，《历史研究》，1990 年第 6 期。转引自宋镇豪、段志洪主编《甲骨文献集成》第 21 册，成都：四川大学出版社，2001 年，第 68 页。

1. 人牲

岁祭用人牲的辞例如：

(120) 甲辰卜，屮伐祖甲岁二牢。用。

　　　　　　岁十小宰。

　　又伐十五，岁小宰上甲。用。

　　弜。

　　二小宰。

　　三小宰。

　　叀牛。

　　叀大牢。(《合集》32198)

(121) □未卜，□屮岁大乙伐二十、十牢。(《屯南》2200)

(122) 丙子卜，酚屮岁伐十五、十牢，夕大丁。(《屯南》4318)

(123) 甲子夕卜，又祖乙一羌，岁三牢。(《合集》32171)

例(120)有八条卜辞。第二条及以后的卜辞承上省略相同的信息，都应属于此类，都于甲辰日卜问。第一、第二两条卜辞卜问，以屮祭一个人牲作伴祭，是用二牢还是十小宰岁祭祖甲。第一条的"屮伐"与第三条的"又伐十五"相当，只是"伐"后的"一"省略，验辞表明，最终采用的是第一条卜辞卜问的内容，即用二牢岁祭祖甲。第三条以后是以侑祭十五伐伴祭，选择问岁祭上甲用一小宰，还是不用；是用二小宰，还是用三小宰；是用牛，还是用大牢。验辞表明，最终采用的是第三条卜辞卜问的内容，即用一小宰岁祭上甲。如此多的反复选择，可见岁祭先公上甲时用牲的慎重。例(121)的前辞、命辞都有残缺，从现有信息可知，是于地支为"未"的某一天卜问，用二十伐与十牢岁祭大乙，并有屮祭相伴。例(122)于丙子日卜问，用十五伐、十牢、一夕牛岁祭大丁，并伴以酒祭、屮祭。岁祭卜辞中的"夕"都指黧色牛，此处的"夕"也应是"一夕牛"的省写。例(123)于甲子日的夜间卜问，用三牢岁祭祖乙，以侑祭一个羌俘作伴祭。

有一条卜辞：

(124) 癸亥卜，宗咸又羌三十，岁十牢。(《合集》32052)(图4-16)

这条卜辞的《合集释文》："癸亥卜，宗咸又羌三十，岁十牢。"《摹释总集》的释文为："癸亥卜，宗成，又羌三十，岁十牢。"细审拓片，"宗"下一字作"⿰戊丁"，由"戊"与"丁"组成而非"口"，应采用《摹释总集》的释文为宜。连劭名认为："'宗'是祭名。"①如此则"宗成"即宗祭大乙，但卜辞中有如下的表述：

图 4-16　岁祭于大乙宗
（《合集》32052）

（125）叀可用于宗父甲。王受又又。（《合集》40982）（二期）

（126）叀 🐾 肜□三十在宗父甲。（《合集》30365）（三期）

以上两例中的"宗父甲"与"宗成"相当，"宗父甲"分别作介词"于"、"在"的宾语。"宗"如果是祭名，则介词"于"、"在"之后可以有"祭名+祖妣名"的结构，但是在卜辞中很难见到同样的结构，所以把"宗"直接视为祭名还缺乏论据。与例（126）同版的一条残辞如下：

……在🐾。

虽然辞残，但可见两条辞是就祭祀的处所作选择问。"宗父甲"与"🐾"相当，即是"父甲宗"。例（124）的"宗成"也应视为"大乙宗"，是于癸亥日卜问，在大乙宗岁祭十牢，并以侑祭三十个羌俘作伴祭。

相较而言，此类用人牲岁祭的最高规格是大乙，以侑祭三十个羌俘伴祭，同时用十牢岁祭；其次是大丁，用十五个人牲，同时用十牢及一头黧色牛；再次是上甲，以侑祭十五个人牲伴祭，同时用一小窜岁祭；用一个人牲的有祖乙、祖甲，祖乙同时用三牢，祖甲只用两牢，是祖乙的规格又高于祖甲。

2. 牢

例（120）用二牢岁祭祖甲，例（121）、（124）分别用十牢岁祭大乙，例（122）用十牢岁祭大丁，例（123）用三牢岁祭祖乙。此外，岁祭用牢的辞例还有如：

（127）□□卜，其又岁于大戊二牢。兹用。（《合集》32454）

---

① 连劭名：《商代岁祭考》，《考古学报》，2007 年第 2 期。

（128）丁酉卜，戊［戌］又岁大戊二十牢，易日。（《合集》32494）

例（127）的前辞有残缺，是用二牢侑祭、岁祭大戊。同类卜辞还见于《合集》32455。例（128）于丁酉日卜问，第二天戊戌日用二十牢侑祭、岁祭大戊。占辞表明易日，卜辞中的易日不易日，皆指某一日的晴与不晴。

（129）庚戌［卜，］辛亥又岁祖辛二十牢又五，易日。兹用。允易日。
　　　　又岁大甲三十牢，易日。兹用。不易日。㞢雨。
　　　丙辰卜，丁巳又岁中丁二十牢又五，易日。兹用。允易日。
　　　己未卜，庚申又岁南［庚］十牢又三，易日。兹［用］。
　　　癸丑，甲寅又岁戋甲三牢，羌甲十牢又七，不易日。允易
日。兹用。（《合补》10659）（图4-17）

这版卜辞见于《战后宁沪新获甲骨集》1.9，由1.11与1.13拼合而成，原甲骨现藏于清华大学。同版的五条卜辞内容相近，辞中文字互有省略，都是在卜问用多少牢侑祭、岁祭诸先王后天气会不会变晴。验辞表明，每一条卜辞的内容都采纳了。第一、三、五条卜辞中最终天气确实变晴了，第二条卜辞的天气没有放晴，于是又为止雨行了㞢祭。第一条卜辞于庚戌日卜问，第二天辛亥日用二十五牢侑祭、岁祭祖辛，第二条卜辞应是承第一条省略了"庚戌卜"，亦此类卜辞。于庚戌日卜问，用三十牢侑祭、岁祭大甲。第三条卜辞于丙辰日卜问，第二天丁巳日用二十五牢侑祭、岁祭中丁。第四条卜辞于丁巳日后的第二天己未卜问，于第二天庚申日用十三牢侑祭、岁祭南庚。第五条卜辞是

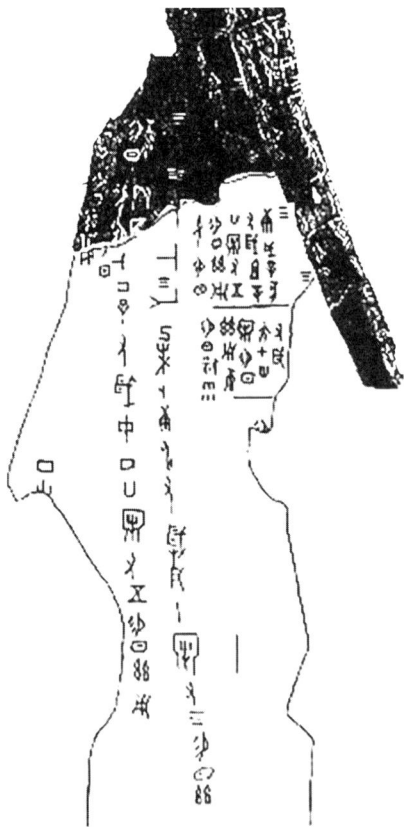

图4-17　岁祭祖辛、大甲、中丁、南庚、戋甲、羌甲（《合补》10659）

于癸丑日卜问,第二天甲寅日用三牢侑祭、岁祭戈甲,用十七牢侑祭、岁祭
羌甲。除第二条卜辞外,其余四条卜辞占卜的天干日都在岁祭先王日干名
的前一天。①

　　(130)乙丑卜,又🗡岁于祖乙五牢。(《合集》32510)

　　(131)□□卜,又🗡岁祖乙乙卯五牢。[兹]用。(《合集》32507)

　　(132)□午卜,其又岁于高祖乙。

　　　　二牢。

　　　　三牢。(《合集》32451)

　　以上三例都是岁祭祖乙的卜辞,例(130)、(131)都用五牢,岁祭都有
侑祭、🗡祭相伴。例(132)是同版的三条卜辞,第二、第三两条卜辞承第一
条卜辞而省略相同的信息,也属于此类。是于地支为午的某一天卜问,要
不要侑祭、岁祭祖乙,用二牢还是三牢。称祖乙作高祖乙。用三牢侑祭、岁
祭高祖乙的还见于《合集》32449。在三期卜辞中,祖乙、高祖乙的称呼分别
见于岁祭无🗡祭伴祭和有🗡祭伴祭时,我们分析"高祖乙"的称呼特别用在
隆重的岁祭场合。在以上三例中,称祖乙时有🗡祭相伴,称高祖乙时无🗡祭
相伴;称祖乙时用五牢,称高祖乙时用三牢,与第三期的情形正好相反。

　　(133)甲午卜,其又岁于毓祖一牢。(《合集》32316)

　　例(133)是于甲午日卜问,要不要用一牢侑祭、岁祭小乙。

　　以上都是用牢岁祭先王的。卜问岁祭后天气会不会变晴一类用牢的
数量明显很大。直系先王的用牢规格高于旁系先王。在非卜问天气的场
合,岁祭用牢数较少。

　　(134)己丑卜,其又岁于妣庚牢。兹用。

　　　　庚寅卜,其又岁于妣辛三牢。兹用。(《屯南》2668)

　　这是同版的两条卜辞,第一条卜辞于己丑日卜问,要不要用一牢侑祭、岁
祭妣庚,第二条卜辞于庚寅日卜问,要不要用三牢侑祭、岁祭妣辛。验辞表
明,最终都采用了卜问的内容。② 同是以牢岁祭先妣,妣庚用一牢,妣辛用

---

①第二条卜辞是否承接第一条还需要研究。进一步的论证见本书第六章。
②《刻辞类纂》标为三期或四期,根据用牲特点判断例(134)应是四期卜辞,详见本书第六章。

三牢,妣辛的用牢规格高于妣庚。两条卜辞占卜的天干日都在先妣日干名的前一天。

　　　　（135）丁酉卜,戊［戌］又岁大戊二十牢,易日。兹用。
　　　　……未又岁父辛八牢,易日。兹［用］。（《合补》10627）

　　同版的两条卜辞都是在卜问用多少牢岁祭后天气变晴,验辞表明,最终都采纳了卜问的内容。第二条卜辞的前辞残去,但命辞内容与第一条相类,应属于此类。是卜问用八牢侑祭、岁祭廪辛的。第一条于丁酉日卜问,第二天戊戌日用二十牢侑祭、岁祭大戊。占卜日在大戊日干名的前一天,岁祭日与大戊日干名相同,则第二条也应该是于辛未日岁祭,于庚午日占卜的。

　　相较而言,此类用牢岁祭的最高规格是大甲,用三十牢;其次是中丁、祖辛,用二十五牢;大戊用二十牢,其规格次于中丁、祖辛;用二十牢以下的依次是羌甲十七牢,南庚十三牢,大乙、大丁十牢,廪辛八牢,祖乙五牢,戋甲、妣辛三牢,祖甲二牢,小乙与妣庚各一牢。祖乙的用牢数在非卜天晴的卜辞中多于大戊。例（87）用一牢岁祭父丁,如果父丁指武丁,与小乙规格同。在二期岁祭卜辞中没有用牢岁祭的,只有用宰岁祭的。在二期岁祭用牲的规格系统中,同时岁祭小乙与父丁时,"翌日"祭卜辞类岁祭小乙用三宰,岁祭父丁用一宰;王宾卜辞类岁祭小乙用二宰,岁祭父丁用三宰,二者的岁祭规格是不等的。而此类中父丁与小乙的用牢规格相同。所以,从岁祭用牲规格来看,也不宜把例（87）看作二期的。"父丁"应是武乙对其父康丁之称。

　　3.牛
　　例（122）岁祭大丁用一头黧色的牛。岁祭用牛的其他辞例如:

图4-18　岁祭上甲
（《合集》32324）

　　　　（136）辛亥卜,甲子又 𫝀 岁于上甲三牛。
（《合集》32324）（图4-18）
　　　　（137）己未卜,其又岁于雍己。兹用。
　　　　　　　弜又。
　　　　□未卜,雍己重牡。兹用。（《屯南》3794）
　　　　（138）己巳卜,其又岁于南庚一牛。兹用。（《合集》32608）

(139)乙未卜,又✦岁于父乙三牛。兹用。(《合集》34240)

例(136)于辛亥日卜问,下下一旬的甲子日,即辛亥日以后的第十四天用三牛侑祭、✦祭、岁祭上甲,这在同类卜辞中是很少见的。细审拓片,"亥"上一字也不排除"癸"字的可能。如果是癸亥日,则是在第二天的甲子日祭祀。例(137)有三条卜辞,第一条卜辞于己未日卜问要不要侑祭、岁祭于雍己,验辞表明,最终采用了卜问的内容。第二条承第一条而省略了相同的信息,是从反面卜问岁祭雍己时不要以侑祭相伴。第三条的前辞有残缺,前两条卜问祭祀方式,第三条卜问祭祀时的用牲,三条卜辞的内容一贯,组成了一次卜问的完整内容。"未"前残缺的应是"己"。命辞也承第一条省略了相同的信息,应是于己未日卜问,侑祭、岁祭雍己时是不是用一头牡牛,即雄性的牛。验辞表明也采用了卜问的内容。例(138)于己巳日卜问,要不要用一头牛侑祭、岁祭南庚。例(139)于乙未日卜问,用三头牛侑祭、✦祭、岁祭武乙。验辞表明,例(138)、(139)最终都采纳了卜问的内容。

相较而言,此类用牛岁祭规格最高的是上甲、武乙,用三牛;其次是雍己,用一牡牛,注重牛的牝牡;前面用人牲岁祭大丁时还用一头骍色牛,注重牛的毛色;南庚只用一头普通的牛,规格最低。

综上可见,在"干支卜岁祭有伴祭"类卜辞中,受祭规格最高的是大乙,以侑祭三十个羌俘伴祭并岁祭十牢。其次是大丁,用十五个人牲、十牢以及一头骍色牛岁祭。岁祭上甲以侑祭、✦祭十五个人牲伴祭,并用十牢岁祭,还有单用三头牛岁祭的,其规格不及大丁。岁祭用一个人牲的有祖乙、祖甲,两位的规格远不及大乙、大丁与上甲。岁祭祖乙用一个羌俘同时用三牢,岁祭祖甲用一个人牲同时只用二牢,其规格不及祖乙。岁祭没有用人牲的祖妣整体规格不及以上用人牲的先公、先王。其中规格最高的是大甲,用三十牢。中丁、祖辛,用二十五牢,规格不及大甲。岁祭大戊用二十牢,规格又次于中丁、祖辛。用二十牢以下的依次是羌甲十七牢,南庚十三牢,廪辛八牢,戋甲、妣辛三牢,祖甲二牢,小乙、康丁与妣庚各一牢。武乙用三牛,雍己仅用一牡牛,规格是最低的。

表现出如下特点。①先王大乙、大丁的规格高于先公上甲;②直系先王的规格大多高于旁系先王,但是直系先王小乙、祖甲的规格不及旁系先王南庚、戈甲;③岁祭的父辈中规格最高的是廪辛,康丁虽然称作"帝丁",但规格不及廪辛;④岁祭的先妣仅见妣辛、妣庚,分别用三牢、一牢,规格都较低。

乙、岁祭无伴祭类

(一)文例

此类卜辞的命辞形式是"祖妣+岁+祭品",即受祭对象在"岁"之前,祭品信息在"岁"之后;辞例如:

(140)丁丑卜,大甲岁十牛。(《合集》32475)

(141)□戌卜,小丁岁一牛。(《合集》32645)

(142)丁亥卜,妣己岁一小宰。(《合集》32746)

以上三例的命辞中,受祭对象"大甲"、"小丁"、"妣己"分别位于"岁"之前,祭品信息"十牛"、"一牛"、"一小宰"分别在"岁"之后。

有一例卜辞:

(143)丙辰卜,二牢延岁于中丁。(《屯南》631)(图4-19)

同版卜辞有:

祖乙岁三刖牛。

弜刖牛。

图4-19　岁祭中丁
(《屯南》631)

第一条应是承前文而言,以二牢祭前一位祖先后又祭中丁,语序因此有了变动。第二条卜辞"祖乙岁三刖牛"的文例仍然是"祖妣+岁+祭品"。

一期花东组岁祭卜辞中有与此类前辞相同的,但其命辞形式为"岁+祖妣+祭品",与这一类的区别在于受祭对象在"岁"之后。三期岁祭卜辞中也有与此类前辞相同的,而且命辞形式与此类无别。可见,这一小类是从三期开始使用,一直延续到四期的一类。

有一条卜辞:

(144)丁丑卜,其十牛,大甲岁……(《合集》32476)

因命辞有残缺,所以很难判断是否属于此类,暂寄于此。

(二)岁祭对象

此类卜辞的岁祭对象与上一类相同,有先公、先王、先妣、父及外族神。

1. 先公

岁祭的先公是上甲,辞例如:

（145）辛酉卜,上甲岁,叀豰。（《合集》32353）

上甲在第一类"岁祭有伴祭类"中也有祭。

2. 先王

岁祭的先王有大甲、大庚、中丁、祖乙、羌甲、小丁（祖丁）、阳甲、小乙,辞例如:

（146）丁丑卜,大甲岁十牛。（《合集》32475）

（147）丙寅卜,大庚岁从于毓祖乙……（《屯南》3629）（图4-20）

（148）丙辰卜,二牢延岁于中丁。

祖乙岁三奻牛。（《屯南》631）

（149）癸卯卜,羌甲岁一牛。（《合集》32454）

（150）□戌卜,小丁岁一牛。（《合集》32645）

（151）癸巳卜,阳甲岁,叀牡。（《合集》32611）

图4-20　岁祭大庚、毓祖乙（《屯南》3629）

例（146）岁祭大甲,大甲在第一类"岁祭有伴祭类"中有祭。例（147）岁祭大庚从小乙,"从",使随行也。[1] 是使小乙随大庚一起受岁祭,小乙称毓祖乙。小乙在第一类中有祭。例（148）的两条卜辞分别岁祭中丁、祖乙,两位在第一类中有祭。例（149）岁祭羌甲,类似的卜辞还见于《合集》41482。例（150）岁祭祖丁,称祖丁为小丁。羌甲与祖丁在第一类中也有祭。例（151）岁祭阳甲。

3. 先妣

岁祭的先妣是妣己,辞例如:

（152）丁亥卜,妣己岁一小宰。（《合集》32746）

四期岁祭妣己此属首见。

4. 父

岁祭的父是武乙,辞例如:

---

[1] 徐中舒:《甲骨文字典》,成都:四川辞书出版社,1989年,第917页。

（153）庚寅卜，父乙岁眔𩚨［］。（《合集》32879）

"岁"与"𩚨"并列，应为用牲之法，但"岁"作动词与祭名相因，为了系统地考察与岁相关因素的变化规律，我们把此处的"父乙"也视为岁祭的对象。父乙在上一类"岁祭有伴祭类"中有祭。

5.外族神

岁祭的外族神是伊尹，辞例如：

（154）丁丑卜，伊尹岁三牢。兹用。（《合集》32791）

伊尹在第一类"岁祭有伴祭类"中有祭。

（三）岁祭用品类别与规格

此类卜辞的岁祭用品有4种，分别是：牢、牛、窜、豕。

1.牢

岁祭用牢的辞例如：

（155）丙辰卜，二牢延岁于中丁。（《屯南》631）

（156）癸卯卜，羌甲岁一牛。

　　　　　　　　牢。（《合集》32454）

（157）□□卜，高祖乙岁三牢。（《合集》32461 反）

（158）□寅卜，毓祖乙。

　　　……［岁］①牢。（《合集》32638）（图4-21）

例（155）于丙辰日卜问用二牢继续岁祭中丁。例（156）有两条卜辞，第二条卜辞承第一条省去相同的信息。两条卜辞于癸卯日卜问用一牛还是一牢岁祭羌甲。例（157）的前辞有残缺，卜问用三牢岁祭祖乙，称祖乙为"高祖乙"。例（158）的前辞、命辞都有残缺，从现有信息可见，是于地支为"寅"的某一天卜问用一牢岁祭小乙，称小乙为"毓祖乙"。

图4-21　岁祭毓祖乙
（《合集》32638）

（159）丁丑卜，伊尹岁三牢。兹用。（《合集》32791）

---

①"牢"上的残字作，与例（147）的"岁"字相比，《合集释文》补出"岁"字是可信的。

例(159)于丁丑日卜问用三牢岁祭伊尹,验辞表明,最终采纳了卜问的内容。

相较而言,用牢岁祭时规格最高的是祖乙、伊尹,用三牢;其次是中丁,用二牢;羌甲、小乙仅用一牢,规格又低于中丁。小乙的岁祭规格与旁系先王羌甲同,低于直系先王祖乙、中丁,而外族神伊尹的规格与祖乙同,是此类用牢规格最高的。

2. 牛

例(146)用十头牛岁祭大甲,例(148)用三头黧色牛岁祭祖乙,例(151)用一头公牛岁祭阳甲,例(149)、(150)分别用一头牛岁祭羌甲、祖丁。还有一条用牛的辞例:

(160)丁巳[卜,]中丁[岁],重[牡][①]。(《合集》32495)

例(160)是于丁巳日卜问是不是用一头牡牛岁祭中丁。

相较而言,岁祭祖乙用三夵牛强调颜色,阳甲、中丁用一牡牛强调牝牡,规格都是较高的。此外,使用十头牛岁祭大甲规格高于使用一牛岁祭的羌甲、祖丁。用牛岁祭时旁系先王阳甲的规格高于直系先王祖丁。

3. 宰

岁祭用宰见于例(152),是于丁亥日卜问用一小宰岁祭妣己,妣己是此类唯一用小宰岁祭的。

4. 豕

岁祭用豕见于例(145),是于辛酉日卜问,是不是用一头牡豕岁祭上甲。此类用豕岁祭的仅见于上甲。

综上可见,在"干支卜岁祭无伴祭"类卜辞中,受祭规格最高的是祖乙,用三牢,用牛并强调牛的颜色。其次是伊尹,用三牢。岁祭中丁用二牢,还有用牛并强调牛的牝牡,其规格不及伊尹,但高于仅用一牢的小乙。仅用牛岁祭的有阳甲、大甲、羌甲与祖丁,其规格要低于以上用牢的诸位。岁祭阳甲用牛强调牝牡,其规格是较高的。此外,使用十头牛岁祭大甲,其规格高于仅用一牛的羌甲、祖丁。岁祭妣己仅用一小宰,其规格不及羌甲、

---

① "丁"后的残字作█,与例(147)的"岁"字比较,释为"岁"也是可信的。"重"下一字作█,与例(151)的"牡"字█比较,左边一笔都很直,显然释为"牡"是合理的。

祖丁,但高于仅用一头豕的上甲。先公上甲在此类岁祭中的规格如此低,值得进一步研究。

丙、小结

下面将"干支卜"前辞类中两小类的受祭对象归纳成表13。

受祭对象 类别	先公	先王	先妣	父	外族神
岁祭有伴祭类	上甲	大乙、大丁、大甲、大戊、雍己、中丁、戋甲、祖乙、祖辛、羌甲、小丁(祖丁)、南庚、小乙、祖甲、三祖辛	妣庚、妣辛	廪辛、康丁、武乙	伊尹
岁祭无伴祭类	上甲	大甲、大庚、中丁、祖乙、羌甲、小丁(祖丁)、阳甲、小乙	妣己	武乙	伊尹

由表13可见,两类都有对先公、先王、先妣、父与外族神的岁祭。横向比较有如下特点。①有伴祭类卜辞中受祭对象最多的是先王,有十五位。其中直系先王十位、旁系五位。先妣只有妣庚、妣辛。无伴祭类卜辞中受祭对象最多的也是先王,有八位。其中直系先王六位、旁系先王两位。先妣只有妣己,两类中岁祭先王的数量远多于先妣。②两类中都只有对父的岁祭,没有对母的岁祭,也没有对兄与子的岁祭。

纵向比较可见如下特点。①两类岁祭的先公都是上甲,外族神都是伊尹。两类共祭的先王有:大甲、中丁、祖乙、羌甲、祖丁、小乙,这六位是这一类"干支卜"卜辞中所重视的岁祭对象。②两类所祭对象除先王大庚、阳甲,先妣不同外,无伴祭类岁祭对象在有伴祭类中都有。可见,有伴祭类是一种岁祭范围更广泛的岁祭类型。③岁祭有伴祭类父辈既有武乙祭廪辛、康丁,又有文丁祭廪辛称三祖辛、祭武乙称父乙,说明其中既有武乙时期的卜辞,也有文丁时期的卜辞。岁祭无伴祭类父辈只见到武乙。

比较两类岁祭的用牲,有如下特点。①有伴祭类有用人牲岁祭的,无伴祭类没有用人牲岁祭的。可见,有伴祭类的岁祭规格要高于无伴祭类。②有伴祭类岁祭规格最高的是大乙,无伴祭类岁祭规格最高的是祖乙,前者重祭远祖,后者重祭近祖。③在两类共祭的先公、先王中,规格相差明显的是先公上甲。在有伴祭类中上甲的岁祭以侑祭十五个人牲伴祭,规格仅次于大乙、大丁,而在无伴祭类中只用一头牡豕岁祭,规格是最低的。④两类中先妣的岁祭规格都不高。

三、干支卜+贞；干支；贞

这三种前辞类的辞例很少，集中讨论于此。

（一）干支卜+贞

这一前辞类找到的卜辞共 2 例 4 条，约占总数的 1.9%。

> （161）庚寅卜，贞：辛卯又岁自大乙十示又……牛小示，汎羊。
>
> 癸巳卜，贞：又上甲岁。
>
> 甲午卜，贞：其汎又岁自上甲。（《屯南》1116）

这是同版的 3 条卜辞，岁祭都有侑祭相伴。第一、第三两条是合祭卜辞，命辞之首分别有干支日"辛卯"、"其"，受祭对象"自大乙十示又……"、"自上甲"在"岁"之后。第二条卜辞的受祭对象"上甲"在"又"与"岁"之间。

> （162）丙寅卜，贞：丁卯又钅岁于父丁一牛。（《合集》32670）

这一例的命辞之首有干支日"丁卯"，岁祭有侑祭、钅祭相伴，受祭对象在"岁"之后，并通过"于"与"岁"连接，祭品信息"一牛"在受祭对象之后。

有一版卜辞：

> （163）癸卯卜，贞：钅伐十五，酚。甲辰上甲岁十小宰。用。
>
> 甲辰卜，延二伐祖甲，岁二牢。用。
>
> 岁小宰十五，又伐。（《天理》459）

这是同版的三条岁祭卜辞，收于《天理大学附属天理参考馆藏品：甲骨文字》，后面标注"三或四期"。第一条卜辞的前辞是"干支卜+贞"，后两条分别承前而有所省略。这种前辞类型在三、四期卜辞都有，但岁祭用人牲在三期规格最高的只有大乙和伊尹，分别仅用一伐而已，例（163）的第一条卜辞岁祭时伴祭用人牲到十五个，只有在四期岁祭卜辞中才是常见的现象，似应归于四期。

这一类卜辞除前辞相同外，命辞的内容、语序互不相同。与此类前辞相同的岁祭卜辞，见于一期宾组卜辞的如：

> （164）庚辰卜，贞：衣钅岁乍醿，自祖乙至于丁，十二月。（《合集》377）
>
> （165）丙申卜，贞：翌丁酉用，子央岁于丁。（《合集》3018）

（166）丙［申］卜，贞：罕尊岁羌三十，卯三宰，簋一牛，于宗。用。
六月。（《合集》320）

（167）丙午卜，贞：➤尊岁羌十，卯□宰，于羣。用。八月。（《合
集》340）

以上四例的共同特征是岁祭都没有侑祭相伴，例（165）—（167）的
"岁"前都有行岁祭的人名，这是这类没有的。还有辞例如：

（168）乙酉卜，贞：岁。（《合集》22440）（一期）

（169）［庚寅］卜，贞：……兄庚岁于……（《合集》23493）（二期）

这两例的共同点是岁祭没有伴祭，例（168）太简单，例（169）辞残。总
之，与这类前辞相同的不同期卜辞大都没有侑祭相伴，与这类不同。

有一条卜辞：

（170）丁巳贞：酓彡岁于伊……（《合集》
34163）（图4-22）

这条卜辞在《合集释文》："丁巳贞：酓彡岁于
伊……"《摹释总集》的释文为："丁巳卜，贞：酓岁
于伊……"二者的区别在于把"巳"右下角、相当
于右边一列"酓"和"岁"之间一字释为"卜"还是
"彡"。细审拓片，应是"彡"字。例（170）的前辞
应从《合集释文》，不属于此类。

图4-22　岁祭伊尹
（《合集》34163）

此类单独岁祭的只见上甲与父丁。用牲记录见于例（161）的第一、三
条卜辞。"汎"为用牲之法，指"汎物牲或人牲，献血以祭"。[①] 即划、刺祭牲
取其血以祭。第一条卜辞命辞有残缺，可见信息是于庚寅日占卜贞问，第
二天辛卯日用多少头牛侑祭、岁祭自大乙以下的十几世直系先王，及划、刺
一只羊取血侑祭、岁祭旁系先王。例（162）是于丙寅日占卜贞问，第二天
丁卯日用一头牛侑祭、彡祭、岁祭于父丁。

（二）干支

这一前辞类的卜辞只见到 2 例，约占总数的 1%。

---

①于省吾：《甲骨文字释林》，北京：商务印书馆，2010 年，第 25 页。

（171）庚申，甲子酚ϟ岁于上甲。（《屯南》2603）

（172）癸丑，甲寅又岁戋甲三牢、羌甲二十牢又七，易日。兹用。（《合集》32501）

例（171）的命辞之首有干支日"甲子"，岁祭有酒祭、ϟ祭相伴，受祭对象"上甲"在"岁"之后，并通过"于"与"岁"连接。例（172）的命辞之首有干支日"甲寅"，岁祭有侑祭相伴。受祭对象"戋甲"、"羌甲"分别在"岁"之后，祭品信息"三牢"、"二十牢又七"在受祭对象之后。例（171）、（172）两例的共同点是命辞之首都有干支日，岁祭都有伴祭。

有一条卜辞：

（173）甲申，又ϟ岁上甲，又雨。（《合集》32323）（图4-23）

前辞看起来好像属于此类，但细审拓片，"甲"上还有字，"甲申"或许是命辞中的一部分，所以还不能明确归入此类。

图4-23　岁祭上甲
（《合集》32323）

一期卜辞有与此类前辞相同的，但其命辞形式宾组是"ㄓϟ岁+祖妣"，𠂤组是"岁+祖妣"，子组是"岁+祖妣+祭品"，命辞之首都没有干支，与此类相区别。

二期祖甲卜辞有一例前辞与此相同的：

（174）乙未，又岁于祖乙牡三十宰，佳旧岁。（《合集》22884）

与此类相比，命辞句首也无干支。四期有一例卜辞：

（175）乙亥又岁于大乙牛……兹用。（《合集》32119）（图4-24）

这一例如果点断成"乙亥，又岁于大乙牛……兹用"则与例（174）的语序无别，似属于这一前辞类而命辞之首无干支日，但与其同版的卜辞有：

图4-24　岁祭大乙
（《合集》32119）

□□贞：又伐于土羌……

细审拓片，两条卜辞并列在一起，例（175）在其后，内容相近。卜辞中还可见到伐祭与岁祭同版对应的辞例，如：

（176）癸巳贞：其又⁴伐于伊，其即。

　　甲申贞：其又⁴岁于伊。（《合补》10418）

（177）甲子贞：又伐于上甲羌一，大乙羌一，大甲羌自。

　　丙寅贞：王又⁴岁于祖乙牢［又一］牛。（《合补》10422）

　　例（176）、（177）中同版两条卜辞的前辞类型都分别相同，例（175）应是承上而省相同的信息，也应属于"干支贞"类，"乙亥又岁于大乙牛……兹用"都属于命辞，《合集释文》正是如此。

　　此类的岁祭对象是上甲、戋甲、羌甲，都是于天干日为甲的这天岁祭甲名的先公、先王。同是旁系先王，羌甲用二十七牢，戋甲只用三牢，羌甲的岁祭规格远高于戋甲。

（三）贞

　　这一前辞类的卜辞只见到 3 例，约占总数的 1.4%。

（178）贞：岁父丁牢。（《屯南》920）

（179）贞：乙酉又⁴岁……

　　　　……又岁于伊……（《合集》32790）

（180）贞：□□左岁牢。（《合集》34545）

　　例（178）的受祭对象"父丁"在"岁"之后，祭品信息"牢"在受祭对象之后，是用一牢岁祭父丁的。例（179）、（180）两例的命辞都残缺过甚。例（179）有两条卜辞，第一条可见信息是于命辞之首有干支日"乙酉"，岁祭有侑祭、⁴祭相伴。第二条的岁祭有侑祭相伴，受祭对象"伊"在"岁"之后，并通过"于"与"岁"相连。例（180）的"岁"前有"左"，"左，应读为右，祭名"。[1]这一例仅有信息显示，岁祭有侑祭相伴，祭品信息"牢"在"岁"之后。

　　总之，这一类的命辞语序各异，受祭对象仅见康丁、伊尹。

四、四期卜辞岁祭的特点

（一）文例特点

　　四期岁祭卜辞的前辞类型有"干支贞"、"干支卜"、"干支卜+贞"、"干

---

[1]中国社会科学院考古研究所编：《小屯南地甲骨》（下册·第一分册），北京：中华书局，1983 年，第 979 页。

支"、"贞"五类,以前两类为主。在这两个主要类型中,命辞又各有两种不同的小类,第一种是岁祭有伴祭的,第二种是岁祭无伴祭的。"干支贞"类父辈只见康丁。"干支卜"类无伴祭小类父辈只见武乙。"干支卜"类有伴祭小类父辈既祭康丁也祭武乙,其卜辞既有武乙时期的,也有文丁时期的。

(二)岁祭对象特点

把四期各类岁祭卜辞中的受祭对象归纳成表14。

受祭对象 / 类别		①干支贞	②干支卜		③干支卜+贞	④干支	⑤贞
			有伴祭	无伴祭			
祖先神	先公	上甲	+	+	+	+	+	
		示壬	+					
	先王	大乙	+	+				
		大丁	+	+				
		大甲	+	+	+			
		大庚			+			
		大戊	+	+				
		雍己		+				
		中丁	+	+	+			
		戈甲		+			+	
		祖乙	+	+	+			
		祖辛	+	+				
		羌甲		+	+		+	
		祖丁		+	+			
		南庚	+	+				
		阳甲			+			
		小乙	+	+	+			
		武丁	+					
		祖甲		+				
	先妣	妣己			+			
		妣庚		+				
		妣辛		+				

续表

类别 受祭对象		①干支贞	②干支卜		③干支卜 +贞	④干支	⑤贞
			有伴祭	无伴祭			
祖先神	先妣 妣壬	+					
	妣癸	+					
	父　父乙		+	+			
	父丁	+	+		+		+
	父辛		+				
	帚　帚妌	+					
外族神	伊尹	+	+	+			+
自然神	出入日	+					

注：表中"＋"表示某类中所有的受祭对象，"出入日"合祭于同一卜辞中，而且仅见一条卜辞，为便于统计，这里权且视为一个受祭对象。同样，为便于统计，武乙称廪辛作"三祖辛"的也归于"父辛"。

在无法确定前辞类型的卜辞中还可见到以上类型中没有的受祭对象，辞例如：

（181）……［重］示癸岁先……（《合集》32401）

（182）……其又岁于般［庚］……（《合集》32598）

以上两例辞残，据现有信息可见，是分别岁祭示癸与盘庚的。

（183）……毓妣岁大……（《合集》33359）

此处岁祭毓妣。毓妣指毓祖之配。四期卜辞的毓妣应指武乙、文丁的曾祖武丁以下至祖庚、祖甲止的多祖中称为毓祖的配偶。

（184）其又岁于蔑三十羊。（《屯南》2361）

这条卜辞岁祭蔑，蔑在二期"干支卜＋某贞"的其他类卜辞中有祭。这里用三十只羊侑祭、岁祭这位商王朝的旧臣。

综上所述，四期卜辞中岁祭祖先共有33位。其中祖先神之先公3位，约占所祭祖先的9.1%，占《世次表》中所有先公的50%。直系先王12位，约占所祭祖先的36.4%，占《世次表》中廪辛、康丁之前所有直系先王的100%。旁系先王6位，约占所祭祖先的18.2%，占《世次表》中廪辛、康丁、武乙之前所有旁系先王的50%。女性祖先有6位。其中先妣

5 位;①帝 1 位,各占所祭祖先的 15.2%、3%。父 3 位,外族神 2 位,各占所祭祖先的 9%、6.1%。自然神 1 位,约占所祭祖先的 3%。其表现出的特点有以下几个方面。①岁祭女性祖先合占约 18.2%,岁祭男性祖先(先王、父)约占 63.6%,男性祖先的岁祭是女性祖先的 3.5 倍。②岁祭直系先王的比例高于旁系先王,是旁系先王的 2 倍。③上甲、父丁、伊尹的岁祭频率最高。伊尹虽是外族神,但祭祀频率高于大乙,可见时王对伊尹岁祭的重视。④没有对母、兄与子的岁祭。

(三)岁祭用品与规格特点

在四期各类岁祭卜辞中,可用于比较的岁祭用品信息主要见于"干支贞"与"干支卜"两类中。两类的用牲特点已总结于上文中,还有一些无法依据前辞归类的卜辞,其用牲信息对上面的总结有补充、拓展的意义。辞例如:

(185)……伐于祖乙羌三十,岁五牢。(《屯南》2142)

在"干支贞"有伴祭类卜辞中,岁祭大乙、父丁最多可以用到三十个羌俘,岁祭祖乙用侑祭十五个羌俘伴祭,是四期可分类卜辞中岁祭祖乙用人牲最多的。这条卜辞在岁祭祖乙时用伐祭三十个羌俘作伴祭,用人牲数与大乙、父丁一样。有一条残辞:

(186)又岁羌三十、牛十。(《合集》32058)

这条卜辞不知受祭对象。用羌俘三十个,如果不是合祭卜辞,受祭对象应是大乙、父丁或祖乙中的一位。

(187)其又妣辛……奭,重岁……
其酚郭。
……岁。(《合集》32162)(图 4-25)

图 4-25　岁祭妣辛
(《合集》32162)

这版卜辞的第一条《合集释文》:"其又妣辛奭,重岁……"《摹释总集》的释文为:"其又妣辛……奭,重岁……"认为"妣辛"后还应该有缺文。卜辞中有"奭"的辞例很多,如:

---

①四期岁祭卜辞中先妣名前也未见有附记夫名的。

（188）甲寅卜，行贞：王宾祖辛奭妣甲彡。亡［尤］。（《合集》22816）

（189）□□［卜，］□贞：……奭妣甲劋……羌甲劋。亡［尤］。（《合集》23025）

（190）庚戌卜，［旅］贞：王［宾］示壬奭妣庚。［亡尤］。（《合集》23303）

（191）［甲］□卜，即［贞：］王宾示癸奭妣甲劋。亡尤。（《合集》23308）

（192）［壬］午卜，尹贞：王宾大庚奭妣壬翌。［亡］尤。（《合集》23312）

（193）己巳卜，行贞：王宾祖乙奭妣己劋。［亡尤］。

　　　辛丑卜，行贞：王宾大甲奭妣辛劋。亡尤。在八月。（《合集》23314）

以上都是二期卜辞，例句中的先妣都在"奭"的后面，但也有先妣在"奭"前面的，如：

（194）□□卜，□［贞：］……妣丙大乙奭，叀今日酚。（《合集》27502）（三期）

（195）甲午卜，召其至妣己祖乙奭又正。吉。

　　　　　其召妣甲祖辛奭又正。（《合集》27503）（三期）

（196）于妣庚羌甲奭。（《合集》27506）（三期）

（197）翌日王弗□妣庚羌甲奭。（《合集》27507）（三期）

（198）于妣己祖乙奭告。（《合集》32744）（四期）

（199）甲子翌日妣甲示癸奭。（《合集》36187）（五期）

以上是三、四、五期卜辞，即二期以后例句中的先妣都在"奭"的前面，但是先妣与"奭"之间都有所配先王的名称，由此可见，不论卜辞中的先妣名在"奭"前或后，与"奭"直接相邻的都是先王之名。因此，例（187）应取《摹释总集》的释文。

"剢"在卜辞"皆以为祭祀之牺牲"。[1]"曾"俗作"砍"，[2]"其所'曾'之

---

①于省吾主编：《甲骨文字诂林》，北京：中华书局，1999年，第456页。

②于省吾：《甲骨文字释林》，北京：商务印书馆，2010年，第174页。

人牲则有'人'、'羌'、'㚔'、'剢'等"。① 这版卜辞是以砍杀人牲岁祭妣辛。在上文能分类的四期卜辞中,没有用人牲岁祭先妣的,例(187)是仅见的一例,可补其阙。

(200)夕兄上甲岁。

卯十牢。兹[用]。(《合集》32347)

(201)于来丁亥[又]岁伊。

五牢。(《合集》32746)

例(200)有两条卜辞,第二条卜辞的语义与第一条相承,是在岁祭上甲时以卯的方法用十牢。在上文可分类的岁祭卜辞中,岁祭上甲最多用到五牢,此处用十牢,是较高的规格。例(201)也有两条卜辞,是用五牢侑祭、岁祭伊尹。在上文可分类的卜辞中,岁祭伊尹最多用到三牢,此处用五牢也是较高的规格。

---

① 于省吾主编:《甲骨文字诂林》,北京:中华书局,1999 年,第 2969 页。

第五章　五期岁祭卜辞的文例、岁祭对象与规格

五期的岁祭卜辞共找到303例,除1例无前辞和2例辞残外,其余300例分布在两种前辞类型中:一、干支卜+贞;二、干支卜+某贞。下面逐一进行分析。

一、干支卜+贞

这一前辞类的卜辞共找到299例,约占总数的99.7%,是五期岁祭卜辞中占比最高的类型。前辞只有"干支卜+贞",命辞的语序为"王宾+(祖妣)+岁",即句首有"王宾",如有受祭对象,受祭对象在"岁"之前,没有受祭对象的占了这一类的绝大多数,都没有祭品信息。辞例如:

(1)甲戌卜,贞:王宾岁。亡尤。(《合集》38097)

(2)己丑卜,贞:王宾岁。亡尤。(《合集》38100)

(3)己亥卜,贞:王宾雍己、祖岁。亡尤。(《合集》41712)

以上三例句首都有"王宾"。例(1)、(2)没有受祭对象,例(3)的受祭对象"雍己、祖"在"岁"之前。"祖"后的"己"承前而省。祖己是指三期的兄己,还是二期的孝己,无法判断。

与此类前辞相同的卜辞见于一期宾组、二期、四期,与之不同的是,命辞之首都没有"王宾"。

此类中偶有信息较多的辞例如:

(4)丁酉卜,贞:王宾岁叔。[亡]尤。(《合集》41885)

(5)壬午卜,贞:王宾夕岁。亡尤。(《合集》41881)

(6)甲辰卜,贞:王宾夕[岁]。亡尤。(《合集》38714)

(7)辛巳卜,贞:王宾岁。亡尤。在四月。(《合集》38513)

(8)□□卜,贞:[王]宾岁。亡尤。在……[月]。(《合集》38646)

例（4）的岁祭有叙祭相伴，例（5）、（6）的岁祭于夜间进行，例（7）的岁祭是在四月的辛巳日占卜的，辞尾附记月名。例（8）命辞有残，辞尾也附记有岁祭施行的月份，只因辞残，不可确知。

二、干支卜＋某贞

这一前辞类的卜辞仅找到一例，约占总数的 0.3%。

　　（9）癸未卜，王贞：宾岁。亡尤。（《合集》38523）

命辞之首有"宾"。内容很简单，既没有受祭对象，也没有祭品信息。是时王亲自贞问，岁祭时行傧接仪式，验辞表明没有灾祸。

与此类前辞、命辞相近的是二期卜辞，如："庚申卜，行贞：王宾岁。亡尤。"（《合集》22906）比较可见，二期岁祭卜辞的命辞之首是"王宾"，例（9）的命辞之首仅有"宾"，"王"作贞人，这是二者之间的区别。

总而言之，五期的岁祭卜辞很少有受祭对象，没有祭品信息，大多只是笼统地贞问。"随着晚商占卜礼制的确立和王权政治制度的深化，传统的'卜以问疑''不违卜筮'的神圣观念已遭到冲击和动摇，甲骨卜也日趋公式化而呈衰落之势。"①五期岁祭卜辞内容简化，应是岁祭已成定制的体现。

---

① 宋镇豪：《夏商风俗》，上海：上海文艺出版社，2018 年，第 725 页。

第六章 岁祭卜辞文例与岁祭制度的
历史演变

岁祭卜辞遍见于一至五期,除五期卜辞中岁祭对象很少,没有岁祭用品信息外,各期的卜辞从文例形式到卜辞所反映的岁祭制度都呈现出不同的特点。在此,我们尝试从历史演变的角度追踪一至五期岁祭卜辞文例演变的规律和一至四期岁祭制度的演变规律,并以此为依据分析一些相关的问题。

第一节 岁祭卜辞文例的演变

岁祭卜辞文例的特点主要体现在前辞形式与命辞形式,下面就从这两方面分析其在五期中的演变轨迹。

一、前辞形式

岁祭卜辞的前辞形式共有十类:①干支卜+某贞;②干支卜+贞;③干支卜;④干支贞;⑤干支;⑥贞;⑦干卜;⑧干;⑨干支卜+卜人;⑩卜。我们把各种前辞类型在各期、组中使用的比例(%)归纳成表15。

类别 前辞类	第一期				第二期		第三期		第四期	第五期
	宾组	午组	自组*	花东	祖庚*	祖甲	廪辛*	康丁		
①干支卜+某贞	45.2		14.3		100	99.6	100			0.3
②干支卜+贞	14.3		14.3			0.4		0.9	1.9	99.7
③干支卜	4.8	81.3	28.6	20.5				93.9	34.9	
④干支贞		15.6						0.9	60.8	
⑤干支	19	3.1		44.3					1	

类别　　前辞类	第一期				第二期		第三期		第四期	第五期
	宾组	午组	自组*	花东	祖庚*	祖甲	禀辛*	康丁		
⑥贞	16.7							3.5	1.4	
⑦干卜				27.3						
⑧干				8						
⑨干支卜+卜人			42.9							
⑩卜								0.9		

注:上面的百分比不包括同类中的无前辞及残辞类。表中数字为四舍五入后的约数。加 * 号的表示辞例很少。

由表 15 可见以下的特点。

其一,十种前辞类型中,第⑦"干卜"、第⑧"干"两类仅见于一期的花东组卜辞;第⑨"干支卜+卜人"类仅见于一期的自组卜辞;第⑩"卜"类仅见于第三期的康丁卜辞。除第⑦类在花东组卜辞中占比到 27.3%,是花东组卜辞中的主要类型之一外,第⑧、⑩两类的占比分别只有 8% 和 0.9%,辞例都很少。第⑨类虽然占比 42.9%,是自组卜辞中的主要类型,但自组卜辞总数仅有 12 例,除去 5 例无法确定所属种类外,分布到这一类的仅有 3 例,所以实际辞例也很少。

其二,第②"干支卜+贞"类,虽然在一至五期中都有使用,但在二、三、四期中分别占 0.4%、0.9%、1.9%,占比都很低。在一期的宾组、自组中分别占 14.3%,占比稍高,但实际上分别只有 7 例、1 例,都很少;而在五期占 99.7%,是五期的主要类型。第④"干支贞"类在一、三、四期中都有使用,在三期中占 0.9%,占比很低。在午组卜辞中占 15.6%,占比较高,但只集中于同一版甲骨上;而在四期占 60.8%,是四期的主要类型。第⑤"干支"类虽然在一、四期中都有使用,但在四期、一期的午组卜辞中分别占 1%、3.1%,占比很低。在一期的宾组卜辞中占 19%,占比稍高,但也只有 8 例;而在一期花东组卜辞中占 44.3%,是花东组卜辞中的主要类型。第⑥"贞"类虽然分别出现于一期宾组,三、四期,但除在一期宾组中占 16.7%,占比较高外,在三、四期中分别占 3.5%、1.4%,都未能成为主要的使用类型。可见,第⑥类主要用于第一期中。这四类虽然在不同时期的岁祭卜辞中都有使用,但分别只是某一期的主要形式。分辨的难度较低。

其三,第①"干支卜+某贞"类在一、二、三、五期中都有使用,但在五期只占 0.3%,占比很低。在一期的自组卜辞、二期的祖庚卜辞、三期的廪辛卜辞中分别占 14.3%、100%、100%,但这三类的岁祭卜辞总数本身很少,实际上分别仅有 1 例、6 例、15 例,而在一期的宾组卜辞、二期的祖甲卜辞中分别占 45.2%、99.6%,是其中主要的使用类型。第③"干支卜"类在一、三、四期中都有使用,而且在一期的午组卜辞、三期的康丁卜辞中分别占 81.3%、93.9%,都是主要的使用类型。在四期卜辞中占 34.9%,是仅次于"干支贞"类的主要类型,在花东卜辞中占 20.5%,也是较主要的类型。

总之,在十种前辞类型中,第⑦、⑧、⑨、⑩四类分别只使用于某一期、组;第②、④、⑤、⑥四类分别主要使用于某一期、组;而第①、③两类则分别常用于两期以上的卜辞中,要分辨卜辞的期属需要进一步考察其命辞特点。

二、命辞形式

一条卜辞的命辞特征主要体现在句首特征、岁祭有无伴祭、虚词和语序等方面,下面结合第①、③两类前辞形式的岁祭卜辞比较不同期的命辞特征。

(一)干支卜+某贞

这是前辞齐全的一类,主要使用于一期的宾组卜辞和二期的祖甲卜辞中。除根据贞人加以区别外,宾组卜辞的命辞形式是"岁+祖妣",命辞之首没有特征,命辞中无祭品信息,受祭对象在"岁"之后。二期的祖甲卜辞中有三类命辞形式:①"翌日"祭卜辞;②王宾卜辞;③其他卜辞。第一类命辞之首有"翌日"标记,第二类命辞之首有"王宾"标记。第三类无标记,与宾组卜辞同,但这一类的命辞语序是"祖妣+岁+(祭品)",受祭对象在"岁"之前,如有祭品信息,祭品信息在"岁"之后,因此与一期的宾组卜辞形成区别。

有一条岁祭卜辞:

(1)丁未卜,王曰贞:父丁橐岁,其弘三宰。兹用。(《怀特》1016)

这条卜辞据前辞形式、贞人都无法判断其所属,但命辞语序是受祭对象"父丁"在"岁"之前,所以确定为二期是可信的。

(二)干支卜

前辞为"干支卜"类的卜辞在一、三、四期中都有使用,而且在一期的午组卜辞、三期的康丁卜辞中都是主要的使用类型,在一期的花东组卜辞与四期卜辞中也都是较主要的类型。把其中的命辞特征归纳成表16。

期组类别 ＼ 卜辞特征		伴祭	辞首有"其"、"干支"、"王"	介词"于"	文例
午组		(屮、彳)	－	＋	(屮彳)岁+于+祖妣+(祭品)
花东		－	－	－	岁+祖妣+祭品
三期	①	又、(彳)	"其"("王")	＋	其(王)+又(彳)岁+(于)+祖妣+(祭品)
	②	－	－	－	祖妣+岁+(祭品)
四期	①	又、(彳)	("其"、"干支"、"王")	＋	(干支、其、王)+又(彳)岁+于+祖妣+(祭品)
	②	－	("干支")	－	(干支)+祖妣+岁+(祭品)

注:表中的"＋"表示有此项特征,"－"表示无此项特征,"( )"表示有时有、有时无此特征。

由表16可得出如下推断。

1.午组卜辞的岁祭有时有侑祭相伴,偶尔也有彳祭相伴,有时无侑祭、彳祭相伴。当有侑祭、彳祭相伴时,与三、四期卜辞的区别在于句首无"其"或"干支"、"王"。但是四期也有句首无"其"或"干支"、"王"的,所以午组和四期同文例的卜辞需要结合其他特征进一步区别。当没有侑祭、彳祭相伴时,与三、四期卜辞的区别在于受祭对象在"岁"之后,并通过"于"与"岁"连接,而三、四期卜辞中的受祭对象在"岁"之前,句中无"于"。三、四期卜辞之间也需要结合其他特征进一步区别。如下面的辞例都是岁祭有伴祭的:

(2)乙卯卜,屮岁父己。

　　　　屮岁于兄己。(《合集》22075)

(3)己未卜,其又岁于兄己一牛。(《合集》27615)

（4）丙申卜，岁屮于父丁。（《合集》22066）

（5）丙寅卜，其又岁于父丁。（《合集》32668）

（6）丁亥卜，又岁于二示父丙眔戊。（《合集》22098）

（7）丁酉卜，其又岁于父戊……（《合集》27486）

例（2）有两条卜辞，第二条卜辞承第一条而省去了前辞。第一条侑祭、岁祭父己，第二条侑祭、岁祭兄己。例（3）也侑祭、岁祭兄己。例（2）命辞首没有"其"，有可能是一期午组或四期卜辞，但四期无岁祭兄的，所以应是午组卜辞；例（3）句首有"其"，是三期或四期卜辞，但四期没有岁祭兄的，所以应属于三期。例（4）、（5）都是侑祭、岁祭父丁的，例（4）句首没有"其"，不应是三期卜辞，而四期卜辞的侑祭没有写作"屮"的，所以应是午组卜辞。例（5）句首有"其"，是三期或四期卜辞，但三期没有岁祭父丁的，所以应是四期卜辞。例（6）、（7）都侑祭、岁祭父戊，例（6）句首无"其"，应是午组或四期卜辞，但四期没有岁祭父丙、父戊的，所以应是午组卜辞。例（7）句首有"其"，又是岁祭父戊的，所以只能是三期卜辞。

以下是岁祭无伴祭的辞例：

（8）己丑卜，岁父丁、戊羳。（《合集》22073）

（9）戊子卜，父戊岁，重牛。（《合集》27485）

（10）己未卜，父己岁牢。（《屯南》2315）

（11）庚寅卜，父乙岁眔饮[𤔔]。（《合集》32879）

这些卜辞都是岁祭父辈祖先的，例（8）父名在"岁"之后，是午组卜辞。例（9）—（11）的父名在"岁"之前，是三期或四期卜辞。四期没有岁祭父戊、父己的，所以例（9）、（10）是三期卜辞。同样，三期没有岁祭父乙的，所以例（11）应是四期卜辞。

总之，虽然都是岁祭父、兄，午组与三、四期卜辞的文例有明显的不同。偶有文例相同的，应结合其他特征进一步区分，相同的父名或兄名，其所指对应于不同时代的不同祖先。

2. 花东组卜辞的岁祭无伴祭，与三、四期无伴祭卜辞的区别在于前者受祭对象名在"岁"之后；后者受祭对象在"岁"之前。

3. 三、四期这一前辞类的卜辞，岁祭有伴祭而命辞之首无"其"时，应是四期卜辞。岁祭不论有无伴祭而句首有"干支"时，应是四期卜辞。如：

（12）乙酉卜，又岁于祖乙。不雨。（《屯南》4286）

（13）丙寅卜，丙寅……大庚岁从于毓祖乙。

　　　　……来日岁于大庚。（《屯南》3629）

例（12）岁祭有侑祭相伴，命辞之首无"其"，是四期卜辞。例（13）是岁祭无侑祭相伴的类型，《刻辞类纂》标注为三或四期，命辞之首有"干支"，据此特点可以确定其为四期卜辞。

不同期的岁祭卜辞其文例有一定的特征，掌握这些特征有利于辨别岁祭卜辞的分期。当文例特征不足以分辨时，需结合其他内容特征，而这些内容特征就是岁祭制度的演变特征。①

第二节　岁祭制度的演变

一期𠂤组卜辞、二期祖庚卜辞、三期廪辛卜辞辞例都很少，考察岁祭制度只能在一期的宾组、午组、花东组卜辞，二期的祖甲卜辞，三期的康丁卜辞和四期卜辞内进行。因此，在追踪岁祭制度的演变规律时，只能把每一期的材料模糊成一个均质的点，而无法看清每一期内部更清晰的演变脉络。岁祭制度主要包括受祭对象及其岁祭规格，不同期岁祭制度的特点对于分辨岁祭卜辞的期属也将构成另一个重要的坐标系。

一、同期不同类卜辞之间受祭对象的分析

同一期内不同类卜辞之间受祭对象会有不同。一期卜辞岁祭先公、祖乙以上的直系先王只在宾组、𠂤组中进行，午组与花东组卜辞中无祭。二期的高祖夒、先公上甲只在祖甲卜辞中岁祭，而祖庚卜辞只祭先公示壬、示癸。三期对外族神、自然神的岁祭只在康丁卜辞中出现。廪辛卜辞除上甲、大乙、武丁三位外，不见对其他先公、先王的岁祭。就父辈祖先而言，廪辛卜辞只祭祖庚，不祭祖甲，而康丁卜辞只祭祖甲，不祭祖庚。一期午组与

①除此之外，岁祭卜辞还有一些局部用语特征。如占辞，二期最常用的是"亡尤"，三期最常用的是"亡卷"，四期偶有使用"亡卷"的，五期用的是"亡尤"。可见，岁祭卜辞验辞用"亡尤"的最有可能是二、五期，用"亡卷"的最多见于三期，偶有四期的。再如验辞，一期常用的是"用"、"不用"，二期以后偶有使用"用"的，三、四期最常用的是"兹用"。因此，卜辞有"兹用"的只可能是三、四期，"用"最多见于一期，也不排除后期的可能。

花东组卜辞属于非正统卜辞,二期的祖庚、三期的廪辛非直系先王,以上卜辞岁祭对象的不同应是因祭主身份不同而引起的。"先王之制:邦内甸服,邦外侯服……甸服者祭,侯服者祀。"①甸服内的臣属应当祭祀天子的祖父和父亲,侯服内的臣属应该祭祀天子的高祖和曾祖,周代为远近不同政治区域分配不同的祭祀对象,比商代应更细致、严谨,但其划分本身应源自商代的祭祀制度。各期各类卜辞受祭对象的不同正是后代祭祀制度的滥觞。

二、各类受祭对象在不同期岁祭的分析

受祭对象包括祖先神(先公、先王、先妣、高祖、父、母、帚、兄、子)、外族神、自然神。把一至四期卜辞中各类受祭对象的占比归纳成表17。

受祭对象分期	祖　先　神												外族神	自然神
	先公		先王				先妣	高祖	父	母	帚	兄	子		
			直系		旁系										
	①	②	①	②	①	②									
一期	7.1	50	9.5	44.4	9.5	57.1	19	0	4.8	7.1	0	4.8	2.4	0	2.4
二期	11.9	83.3	23.8	100	11.9	50	23.8	2.4	0	0	7.1	4.8	0	4.8	0
三期	5.4	33.3	24.3	81.8	13.5	50	16.2	0	10.8	10.8	0	8.1	0	2.7	5.4
四期	9.1	50	36.4	100	18.2	50	15.2	0	9	0	3	0	0	6.1	3

注:1.为统计方便,一期的自然现象并入自然神中;2.表中的①指占所有受祭对象的百分比,②指占《世次表》中时王之前先公、直系先王或旁系先王的百分比。

一至四期都有岁祭的是先公、先王、先妣、父,他们是岁祭的主要对象。由表17可见各期各类受祭对象的占比及演变趋势。①一期岁祭所有先公的50%,二期高于一期,达到83.3%,是一期占比的1.7倍,达到最高峰。之后开始降低,三期的占比回落到低于一期的水平,四期又增高到50%,但还是低于二期。换言之,岁祭时对先公的态度是由一期的比较重视,到二期的更加重视,之后重视程度降低至低于一期的水平,四期则回升至一期的水平。②对直系先王的岁祭始终是重视的。一期祭小乙之前所有直系先王的44.4%,二期岁祭武丁之前所有的直系先王。

①[清]吴乘权等辑:《纲鉴易知录》卷一,北京:团结出版社,2018年,第98—99页。

三期有所下降,占到祖甲之前所有直系先王的81.8%,约占4/5,仍高于一期。到了四期又岁祭廪辛、康丁之前所有的直系先王。旁系先王一期祭57.1%、二至四期祭50%,变化不大。与直系先王相比,一期略高于直系先王,二期以后均低于直系先王。换言之,一期之后,岁祭以直系先王为主的趋势一以贯之地延续到了四期。③一至四期岁祭先妣占所有岁祭对象的百分比分别为:19%、23.8%、16.2%、15.2%,二期高于一期,之后略呈下降的趋势;直系先王占所有岁祭对象的百分比分别为:9.5%、23.8%、24.3%、36.4%,二者比较可见,一期岁祭先妣的比例高于直系先王,二期两者相同,之后则低于直系先王,到四期仅占直系先王的不到一半。换言之,先妣在一期受重视的程度高于直系先王,二期以后直系先王受重视的程度越来越高于先妣。④岁祭父,一期、二期仅占所祭对象的4.8%;三期占10.8%,是岁祭父辈最多的;四期有所下降,占9%,仍高于一、二期。总之,岁祭父辈祖先由一期的不受重视(二期岁祭父的比例与一期相等,但重祭父丁),到后期逐渐受重视,重要性逐渐提升;而一至三期岁祭母辈占所祭对象的百分比分别为:7.1%、4.8%、10.8%,到四期已无岁祭母辈的卜辞。二者相比,一期岁祭母的百分比高于父,二、三期相等,四期岁祭父辈独占优势。⑤比较各期不同类型受祭对象的分布,一期占比最高的是先妣,其次是先王。二期直系先王的占比与先妣同,高于旁系先王。三期直系先王的占比高于先妣,先妣的占比高于旁系先王。四期占比最高的是直系先王,其次是旁系先王,再次是先妣。先妣由一期的占比最高到二期与直系先王相等、三期低于直系先王,但高于旁系先王,再到四期低于旁系先王依次降低。自然神、祖先神之高祖、兄、子的岁祭比例始终是较低的。其中自然神的岁祭仅见于一期午组、三期的康丁卜辞、四期卜辞,高祖的岁祭仅见于二期,兄的岁祭仅见于一至三期,子的岁祭仅见于一、二期,辞例都很少。

　　就岁祭规格而言,较明显的特点有:①直系先王的受祭规格高于旁系先王。一期宾组岁祭规格虽不明显,但已可见直系先王高于旁系,这一趋势一直贯穿在一至四期的岁祭中。如四期的干支卜类中有一类卜问岁祭后天气会不会变晴的卜辞,用牢数量很大,岁祭直系先王在二十牢以上,旁系先王在二十牢以下。②二期岁祭远祖的规格高于近祖,如用宰岁祭时,大甲、大戊用三宰,祖乙以下用一宰。三期岁祭则有近祖高于远祖的趋势,如以牢岁祭时,康丁对兄、父、祖父的岁祭规格高于曾祖父小乙以上的远祖大丁、雍己、先公示壬。四期岁祭有伴祭类重祭远祖,无伴祭类重祭近祖。③每一时期都主祭商王心目中最尊崇的先王,不同时期的主祭对象各不相同。一期岁祭规格最高的是先公上甲与先王大乙,武丁最尊崇的是先公上甲与开国君主;二期岁祭规格最高的是祖乙,祖庚、祖甲更重视中兴之祖祖乙;三期岁祭规格最高的是大乙,廪辛、康丁以大乙为最重要;四期是大乙、祖乙与父丁,对大乙、祖乙与康丁都给予重祭。④一期宾组重祭小乙之配,武丁之母。花东组重祭祖乙之配妣庚和羌甲之配妣庚,规格次于祖乙、羌甲,但祭牲种类是最多的。二期岁祭祖乙之配用人牲,是先妣中唯一享受人牲祭的。在王宾卜辞中其规格高于同祭的祖乙,也高于直系先王大庚、大戊。在"翌日"祭卜辞中,小乙之配妣庚的岁祭规格高于直系先王祖辛。三期"干支卜"类中武丁之配妣辛的岁祭规格高于祖乙。但降至四期,对先妣的祭祀规格则普遍不高,没了对母辈的岁祭。女性祖先的岁祭规格渐次降低。

总之,岁祭是以祭祀先公、先王、先妣及父为主的,在由一期至四期的发展过程中,先公、先妣受重祭的位置逐渐让位于先王与父,对大乙以来世袭男性祖先的重视程度渐次提升。

三、每位受祭对象在不同期岁祭的分析

把一至四期卜辞中在两期以上受祭又可确定的受祭对象归纳成表 18。

受祭对象 ＼ 期别		一期	二期	三期	四期
先公	上甲	+	+	+	+
	示壬	+	+	+	+
	示癸		+		+
先王	大乙	+	+	+	+
	大丁		+	+	+
	大甲	+	+	+	+
	外丙	+		+	

受祭对象 期别		一期	二期	三期	四期
先王	大庚		+		+
	大戊		+	+	+
	雍己		+	+	+
	中丁		+		+
	祖乙	+	+	+	+
	祖辛		+	+	+
	羌甲	+	+		+
	祖丁	+	+	+	+
	南庚	+	+		+
	阳甲	+	+	+	+
	小乙	+	+	+	+
	武丁		÷(父丁)	+(祖丁)	+(祖丁)
	孝己		+(兄己)	+(父己)	
	祖庚		+(兄庚)	+(父庚)	
	祖甲			+(父甲)	+(祖甲)
	廪辛			+(兄辛)	+(父辛)
	康丁			+	+(父丁)
外族神	蔑		+		+
	伊尹			+	+

注:表中"+"表示各期所有的岁祭对象。

　　由表18可见,1.一至四期都有岁祭的是上甲、示壬、大乙、大甲、祖乙、羌甲、祖丁、阳甲、小乙共九位。除两位先公上甲、示壬外,其余的七位先王中只有羌甲、阳甲是旁系先王。上甲、大乙、祖乙的讨论已见上文。

　　先公示壬的岁祭始见于一期𠂤组,同时以牛岁祭时,用三头牛岁祭示壬,一头牛岁祭阳甲,规格高于阳甲。二期祖庚卜辞中示壬是仅有的三位岁祭对象之一。三期康丁卜辞中以一牢岁祭示壬,规格与小乙同。四期仅以牛岁祭示壬,规格很低。总之,示壬在一期𠂤组、二期祖庚岁祭中较受重视。

大甲的岁祭首见于一期宾组卜辞,二期王宾卜辞用宰岁祭先王,大甲与大戊、祖乙、父丁同用三宰,是同类中岁祭规格最高的,高于祖丁、小乙。四期"干支贞"类与上甲、大乙同用五牢,仅次于父丁。在"干支卜"类卜问岁祭后天象的卜辞中,大甲用三十牢,规格最高。大甲的岁祭在一、三期不见用牲记录,在二、四期岁祭规格较高。

羌甲的岁祭首见于一期宾组,在一期花东组卜辞中尊称祖甲,受重祭。二期王宾卜辞中用宰岁祭时,羌甲仅用一宰,但与直系先王大丁、祖辛的规格同;二期其他类中岁祭羌甲仅用一牛,但规格高于直系先王祖丁。三期无伴祭类中羌甲只用普通的一牛,规格最低。四期"干支卜"类无伴祭小类岁祭仅用一牢、一牛,但与直系先王小乙、祖丁规格同。总之,羌甲的岁祭除三期不受重视外,在一期花东组受重视,在二、四期中较受重视,规格常与直系先王同。

祖丁的岁祭在一期宾组卜辞首见,是宾组岁祭频率最高的先王,并且是少有以人牲单独岁祭的祖先。二期王宾卜辞中是用人牲最多的先王,地位与祖庚、祖甲之父武丁同,但到了三、四期地位就下降了。在三期无伴祭类中,祖丁岁祭用一牛,规格与旁系先王羌甲同,甚至低于旁系先王阳甲。在四期"干支贞"类未见到岁祭祖丁的;"干支卜"类无伴祭小类只用一牛,规格与羌甲相同而不及旁系先王阳甲。总之,祖丁的岁祭在一、二期中受重视。

岁祭阳甲首见于一期的自组卜辞中,以牛岁祭,其规格不及先公示壬。在二期受岁祭的频率高于大丁、大甲,与祖乙、武丁同,但未见用牲记录。在三期的廪辛卜辞中,岁祭阳甲称"祖甲",用一牢岁祭,其规格高于廪辛的直系祖父武丁;在康丁卜辞"无伴祭类"中,用牛讲究牝牡,规格与康丁的父亲祖甲同,高于同是旁系先王的羌甲。在四期"干支卜"类无伴祭小类用牛讲究牝牡,规格也高于直系先王祖丁。总之,旁系先王阳甲的岁祭在二至四期很受重视,其原因值得进一步研究。

小乙的岁祭首见于一期宾组卜辞,岁祭规格不及母庚。在二期的"翌日"祭卜辞类以宰岁祭时,规格高于武丁,又与大乙、祖乙、祖丁、武丁一同享用人牲。在三期的无伴祭类中,以牢岁祭小乙的规格低于武丁、祖甲,而高于祖辛。在四期"干支贞"类用牢岁祭时规格高于大甲;"干支卜"类无伴祭小类以牢岁祭时规格是直系先王中最低的。总之,小乙的岁祭只在二期受到重视,在一、三、四期都不是重祭的对象。①

　　2.二期仅与三期、四期同祭的是大丁、大戊、雍己、祖辛、武丁。除雍己外,都是直系先王。

　　大丁的独祭首见于二期宾组卜辞,以五宰岁祭,其规格与主祭对象武丁同。三期"干支卜"类无伴祭小类中以牢岁祭时,大丁只用一牢,规格不及武丁,与旁系先王雍己同。在四期"干支贞"类用人牲岁祭时规格低于大乙、祖乙与康丁,位居第四;在"干支卜"类有伴祭小类中以人牲岁祭时用十五个人牲,规格仅次于最高规格的大乙,高于先公上甲。总之,大丁的岁祭在二期很受重视,三期地位下降,四期又渐次提高。

　　大戊的独祭首见于二期的王宾卜辞中,用两头牛岁祭,规格与大庚同,用三宰岁祭,规格与祖乙同,整体规格超过大庚。在三期的一条无法归类的卜辞中用一羌俘岁祭,其地位与大乙、伊尹比并。在四期"干支贞"类用三牢岁祭,其规格高于仅用一牢的小乙。总之,大戊在二、三期最受重视。《古本竹书纪年》引《海外西经》注:"殷帝大戊使王孟采药,从西王母。"又记:"大戊遇祥桑,侧身修行。三年之后,远方慕明德,重译而至者七十六国。商道复兴,庙为中宗。"大戊曾使商道复兴,应是其受重祭的缘由。

　　雍己的独祭首见于二期的王宾卜辞中,用两头牛岁祭,其规格与直系先王大庚、大戊同。在三期"干支卜"类无伴祭小类中以一牢岁祭,其规格与直系先王大丁、小乙同。四期"干支卜"类有伴祭小类中仅用一牝牛岁祭,规格为最低。总之,雍己在二、三期的岁祭中较受重视。

　　祖辛的独祭首见于二期,除不用人牲外,以三宰岁祭时,规格与祖乙、小乙、父丁同,并与大乙、武丁同享用鬯岁祭。三期康丁卜辞中,岁祭祖辛仅用一头讲究毛色的牛,规格较低,甚至低于旁系先王雍己。四期在"干支贞"类用一个羌俘,规格高于不用人牲的先公上甲、先王大甲、大戊;在"干支卜"中以牢岁祭卜问天气时用二十五牢,规格仅次于大甲,高于用十牢的大戊。总之,祖辛在二、四期的岁祭中受重视。

　　武丁在二至五期的岁祭中受祭,有父丁、丁、祖丁、毓祖丁、武丁五种称

────────────

①外丙在一、三期有祭,均未见有岁祭用品记录。二期有岁祭外丙母姚甲的,但未见岁祭外丙的。南庚在一、二、四期有祭。一期未见岁祭用品记录。二期仅见于一条卜辞,但因辞残,祭品信息不可见。四期干支卜类岁祭有伴祭小类岁祭南庚用十三牢,其规格低于羌甲,位列第五等级。以上信息较简,不列标题详述,仅记于此。

谓。岁祭首见于祖甲卜辞中,分别是王宾卜辞、其他类卜辞中岁祭规格最高的。三期以后被尊称为毓祖丁、祖丁,在康丁"干支卜"类无伴祭小类中用二牢岁祭,其规格甚至高于祖乙。四期见于"干支贞"类,用三牢岁祭,其规格仅与同样不用人牲的大戊、中丁同,高于小乙而已。总之,武丁主要在二、三期受重祭。

3. 二期仅与三期同祭的有武丁之子孝己与祖庚。

孝己的岁祭首见于二期的王宾卜辞中,用牛和宰岁祭,规格低于兄庚,是最低的;但在其他类中用一头牛岁祭,规格与兄庚同。在三期"干支卜"类无伴祭小类中用一牢、一羊岁祭,规格低于祖甲,高于大丁、小乙,不过在一条无法分类的卜辞中,以一头䣋色牛岁祭,讲究牛的毛色,如此则规格要与较受重视的妣辛相当。总之,孝己的岁祭在二期中规格较低,在三期规格较高。

祖庚的岁祭在祖甲时期的王宾卜辞中首见,用二宰岁祭,其规格高于孝己。在三期廪辛卜辞中有祭,但没有用牲记录,在一条无法分类的卜辞中,岁祭父庚用一牢,如果是廪辛卜辞,其规格与阳甲同,高于武丁;如果是康丁卜辞则低于祖甲、武丁。总之,祖庚的岁祭规格在二、三期均较低,仅有的可能是在廪辛时期与阳甲同。

4. 二期仅与四期同祭的祖先有示癸、大庚、中丁与外族神菎。

示癸的岁祭首见于二期的祖庚卜辞中,四期有一条残辞岁祭示癸,但均无法得知祭品信息。

大庚的岁祭首见于二期的王宾卜辞中,用两头牛岁祭,其规格与大戊同。四期"干支卜"类无伴祭小类有祭,但没有用牲记录。总之,大庚的岁祭一直未受重视。

中丁的岁祭首见于二期的"翌日"祭卜辞中,二期有一条残辞显示岁祭中丁用一牛,不论这条卜辞究竟属于哪一类,其规格都是最低的。在四期"干支贞"类岁祭中丁用三牢,其规格仅次于上甲、大乙、大甲,与大戊、武丁同;"干支卜"类有伴祭小类岁祭卜问天气时,用二十五牢,其规格仅次于最高级别的大甲,与祖辛同;在"干支卜"类无伴祭小类中岁祭用二牢,用牛时讲究牛的牝牡,其规格低于祖乙,而高于小乙。总之,中丁的岁祭在四期较受重视。《竹书纪年》:"仲丁即位,征于蓝夷。"仲丁在后期被重祭,应该与此战功有关。

蔑的岁祭首见于二期的其他类中,在四期的一条无法分类的残辞中用三十只羊岁祭,无论这条辞属于四期的哪一类,其岁祭规格都是很低的。总之,蔑的岁祭始终不受重视。

5. 三期仅与四期同祭的有祖甲、廪辛、康丁和外族神伊尹。

祖甲的岁祭首见于三期康丁卜辞"干支卜"类有伴祭小类,在同类无伴祭小类中用牛岁祭讲究牛的牝牡,其规格次于祖乙。在两条无法分类的卜辞中,祖甲用三牢,用牛岁祭讲究毛色,如果卜辞是"干支卜"类有伴祭小类,用牢数量与大乙同,只是没有用人牲而不及大乙。如果是无伴祭小类,则其规格与妣庚相同,属同类的最高规格。在四期"干支卜"类中用一个人牲,其规格与祖乙同,只是祖乙用三牢,祖甲用二牢,稍低于祖乙,而高于大甲、祖辛。《天理》有一版卜辞同祭上甲与祖甲,后者用人牲数不及上甲,但用小宰数多于上甲。岁祭规格是较高的。总之,祖甲在三、四期的岁祭都是很受重视的。

廪辛的岁祭首见于三期的康丁卜辞,在"干支卜"类有伴祭小类中用一牢岁祭,其规格次于大乙、伊尹位于第三等级。在四期"干支卜"类有伴祭小类卜问天气的卜辞中用八牢岁祭,规格最低。总之,廪辛的岁祭在三期的康丁卜辞中较受重视。

康丁的岁祭首见于三期一例岁祭"帝丁"的卜辞,称康丁为帝丁,应是一条武乙早期的卜辞。四期"干支贞"类康丁的岁祭用三十个羌俘、五牢,其规格最高。在"干支卜"类有伴祭小类中用一牢岁祭康丁,其规格与小乙同,低于祖甲。总之,康丁在四期"干支贞"类受重祭。

伊尹的岁祭首见于三期康丁卜辞"干支卜"类有伴祭小类中,用一个人牲岁祭,其规格仅次于大乙居第二等级。在四期"干支贞"类用二牢岁祭,其规格低于大戊、中丁、武丁,高于小乙。在"干支卜"类无伴祭小类中用三牢岁祭,其规格仅次于最高级别的祖乙。在一条无法分类的岁祭卜辞中用五牢岁祭,如果这条卜辞属于"干支卜"类,在岁祭非卜问天气类中规格是最高的,高于祖甲、康丁。如果属于"干支贞"类,其规格次于用五牢、一牛的大甲,高于大戊、中丁与武丁。伊尹在三期的受祭频率与祖甲同,在四期则高于祖甲两个等级,而与大乙同。总之,伊尹从三期开始受祭,在三、四期中的岁祭规格都是较高的。

综上所述,除上甲、大乙、祖乙在各期都被重祭外,先公示壬在一、二期较受重视,而示癸的岁祭无祭品信息。直系先王大甲的岁祭除一期不见用牲记录,始终没有用人牲的记录外,岁祭规格一直都较高。在某一期或两期受重祭的直系先王有大丁、大戊、祖辛、祖丁、小乙、武丁、祖甲、康丁,除大丁、大戊、祖辛外,其余各位都是作为当世商王的父、祖辈而被重祭的。在某几期受重祭的旁系先王是羌甲与阳甲。在某一期或两期中较受重视的是直系先王中丁与旁系先王廪辛、雍己。一直未受重视的有孝己、祖庚与大庚。作为外族神,蔑的岁祭并不受重视,但伊尹从三期开始岁祭,在三、四期中的岁祭规格都是较高的。

四、岁祭制度演变规律在辨析岁祭卜辞期属中的作用

有两条卜辞如:

(1)戊子卜,屮𧘕岁于父戊尽。用。今戊。(《合集》22046)

(2)乙未卜,又𧘕岁于父乙三牛。兹用。(《合集》34240)

从文例看,两者前辞形式相同,命辞语序也相同。从内容看,都是侑祭、𧘕祭、岁祭父辈的。虽然两条卜辞侑分别写作"屮"、"又",验辞例(1)用"用",例(2)用"兹用",但这些不同不足以把两条卜辞的期属区分开来。要进一步区分,就需要参照所在类别的岁祭制度。从受祭对象来看,午组卜辞"干支卜"一类岁祭的父中有父丙、父丁、父戊、父己,但没有岁祭父乙的,而四期"干支卜"一类岁祭的父中有父辛、父丁、父乙,但没有岁祭父戊的。从岁祭用品类别来看,午组这一类岁祭用牲的父辈中没有用牛岁祭的,而四期这一类岁祭父辈没有用人牲的。总之,例(1)属午组卜辞,例(2)属四组卜辞是可信的。每位受祭对象在具体某一期某一类中享用祭品种类及享用同一种祭品的数量比较固定。如果把同一岁祭制度下不同受祭对象之间受祭规格的不同组成一个参照系,也将有助于判断岁祭卜辞的期属。以下再就常讨论的二、四期岁祭卜辞及《刻辞类纂》中标为三期或四期的岁祭卜辞做些分析。

(一)同在二、四期岁祭的先王

同在二、四期岁祭的先王,除所在卜辞的前辞类型不同外,再放到二、四期相应的由岁祭规格组成的参照系中观察,还可以看出不同先王之间岁祭规格的相互对应关系有明显的差异。如:

1. 大甲与祖丁

大甲与祖丁在二期与四期中同祭,辞例如:

　　(3)甲寅卜,□贞:王宾大甲岁三[宰]。亡尤。(《合集》22783)

　　(4)丁卯卜,旅贞:王宾小丁岁眔父丁,𫝀伐羌五。(《合集》22560)

　　(5)癸卯贞:彫𫝀岁于大甲甲辰五牢。兹用。(《屯南》2953)

　　(6)丙午贞:彫𫝀岁于中丁三牢、祖丁三牢。(《合集》32816)

　　(7)丁丑卜,大甲岁十牛。(《合集》32475)

　　(8)□戌卜,小丁岁一牛。(《合集》32645)

　　例(3)、(4)是二期王宾卜辞,例(3)大甲岁祭用三宰,例(4)称祖丁为小丁,称武丁为父丁。祖丁岁祭规格与武丁同,以𫝀祭、伐祭五个羌俘作伴祭。可见,在二期这一类的岁祭制度下,大甲的受祭规格远不如祖丁。例(5)、(6)是四期“干支贞”类卜辞,岁祭大甲用五牢,岁祭祖丁用三牢,在这一类的岁祭制度下,大甲的受祭规格高于祖丁。例(7)、(8)是四期“干支卜”类无伴祭小类卜辞,岁祭大甲用十牛,岁祭小丁用一牛,在四期这一类的岁祭制度下,大甲的受祭规格也高于祖丁。总之,大甲与祖丁在二、四期岁祭制度中相互的规格位置是不同的。

2. 羌甲与小乙

羌甲与小乙也在二期与四期中同祭,辞例如:

　　(9)乙巳卜,行贞:王宾祖乙岁三宰眔小乙岁二宰。亡尤。(《合集》40951)

　　(10)甲辰卜,旅贞:王宾羌甲岁宰。亡尤。(《合集》23020)

　　(11)己未卜,庚申又岁南[庚]十牢又三,易日。兹[用]。

　　　　　　甲寅又岁戋甲三牢,羌甲十牢又七,易日。兹用。

(《合补》10659)

　　(12)甲午卜,其又岁于毓祖一牢。(《合集》32316)

　　例(9)、(10)同是二期的王宾卜辞,岁祭小乙用二宰,岁祭羌甲用一宰,小乙的岁祭规格高于羌甲。例(11)、(12)同是四期“干支卜”类中有伴祭小类的岁祭卜辞,岁祭羌甲用十七牢,岁祭小乙用一牢,羌甲的规格比小乙高。羌甲与小乙在二、四期岁祭制度中相互的规格位置是不同的。

3. 大丁与祖乙

在二、四期中同祭的还有大丁与祖乙,辞例如:

（13）□□卜,尹贞:[王]宾父丁岁宰眔大丁╛[岁]宰。亡尤。
（《合集》22769）

（14）乙巳卜,行贞:王宾祖乙岁三宰眔小乙岁二宰。亡尤。（《合集》40951）

（15）丙子卜,酌╛岁伐十五、十牢、夂大丁。（《屯南》4318）

（16）甲子夕卜,又祖乙一羌,岁三牢。（《合集》32171）

例（13）、（14）是二期的祖甲卜辞,岁祭祖乙用三宰,岁祭大丁用一宰,祖乙的岁祭规格高于大丁,而例（15）、（16）是四期"干支卜"前辞类中岁祭有伴祭的一类,岁祭大丁用十五个人牲又加十牢、一犗牛,岁祭祖乙侑祭一个羌俘作伴祭又岁祭三牢,大丁的岁祭规格明显高于祖乙。大丁与祖乙在二、四期岁祭制度中相互的规格位置也是不同的。

（二）同在三、四期岁祭的先王

三、四期岁祭卜辞中的前辞都有"干支卜"类,不论是其中有伴祭类还是无伴祭类,都有相同的命辞形式,如:

（17）癸丑卜,其又╛岁大乙伐,卯二[牢]①。（《合集》26999）

（18）己丑卜,其又岁于翌日╛,又岁于大乙。（《合集》33370）

两条卜辞的前辞都是"干支卜"类,命辞之首都有"其",岁祭都有侑祭相伴,只看文例很难区分,所以在《刻辞类纂》中常有标为三期或四期的,如:

（19）□□卜,其又╛岁于大乙三牢。（《屯南》993）

《刻辞类纂》标注这条卜辞可能是三期或四期。从命辞形式确实很难分辨,有卜辞如:

（20）癸亥卜,宗咸又羌三十,岁十牢。（《合集》32052）

（21）己未卜,庚申又岁南[庚]十牢又三,易日。兹[用]。
　　　　　　甲寅又岁戈甲三牢、羌甲十牢又七,易日。兹用。

（《合补》10659）

---

① "二"后一字作"╛","宀"里第一笔很直,所以不可能是"宰"字。

(22)庚午卜,其又岁于妣辛牢。(《合集》27440)

(23)庚子[卜],又岁兄辛□。兹(用)。

　　　　　　重牢。用。(《合集》27623)

(24)乙卯卜,其又岁于帝丁一牢。(《合集》27372)

例(20)、(21)是四期卜辞,四期"干支卜"一类岁祭规格最高的是大乙,如例(20)以侑祭三十个羌俘伴祭并岁祭十牢。岁祭用三牢以下的是旁系先王戋甲,如例(21)。例(19)岁祭大乙用三牢与四期的岁祭规格参照系不合。例(22)—(24)是三期卜辞,在三期的"干支卜"一类中,岁祭用三牢是最高的级别,例(22)—(24)分别用一牢岁祭妣辛、廪辛、康丁,三位都是三期的重要岁祭对象。因此,把例(19)放在三期的岁祭规格参照系中是融洽的。再如:

(25)己丑卜,其又岁于妣庚牢。兹用。

　　　　　　庚寅卜,其又岁于妣辛三牢。兹用。(《屯南》2668)

《刻辞类纂》也把这版卜辞标为三期或四期。在这两条"干支卜"类有伴祭小类卜辞中,岁祭妣庚用一牢,岁祭妣辛用三牢,岁祭妣辛的规格高于妣庚。三期"干支卜"有伴祭类卜辞中有岁祭妣辛的,但没有见到岁祭妣庚的。三期"干支卜"类有伴祭小类、无伴祭小类的岁祭制度有一致性,如两类岁祭兄庚的规格都较高,有伴祭类与武丁之配妣辛、廪辛、康丁同,无伴祭类甚至高于其父祖甲、其祖父武丁。岁祭妣辛的规格也较高,有伴祭类中妣辛的岁祭规格高于旁系先王小辛,无伴祭类中妣辛的规格甚至高于直系先王祖乙、小乙。无伴祭类中有如下卜辞:

(26)己丑卜,妣庚岁二牢。

　　　　　　三牢。(《屯南》1011)

(27)庚申卜,妣辛舌岁牢。(《屯南》2315)

例(26)岁祭妣庚可以用到三牢,例(27)岁祭妣辛仅用一牢。妣庚的岁祭规格高于妣辛,而例(25)岁祭妣辛的规格高于妣庚,与三期岁祭规格的参照系不合,不应该属于三期。

第七章 岁祭之时间、地点与伴祭

在前面的章节中我们讨论了岁祭卜辞的文例及其中常有的受祭对象、祭品信息,除此之外,岁祭卜辞中还记有时间、地点、伴祭等信息,这些信息将在本章集中讨论。第五期岁祭卜辞内容大多简单,极少涉及这些信息,讨论的辞例主要见于一至四期。

第一节 岁祭之时间

能体现岁祭时间关系的、材料较多的主要有两个方面:一是前辞中占卜的天干日与受祭对象日干名的关系;[①]二是卜辞尾附记的月名。[②]

一、一期岁祭之时间

一期岁祭卜辞中能显示占卜天干日与受祭对象日干名关系的材料较多,以宾组卜辞、午组卜辞、𠂤组卜辞、花东组卜辞分别讨论。附记月名的材料较少,集中讨论于后。

(一)占卜天干日与受祭对象日干名关系

1.宾组岁祭卜辞

宾组岁祭卜辞占卜天干日与受祭对象日干名的关系主要有两种:第一种是二者属同一天的;第二种是占卜天干日在受祭对象日干名前一天的。其中二者属同一天的共有 6 例:

(1)乙丑卜,宾贞:唐𡥈岁不我鼍。亡来艰。(《合集》1306)

(2)乙未,㞢𡥈岁祖乙。(《合集》1575)

(3)[丙]戌,㞢𡥈岁卜丙。(《英藏》1196)

---

① 岁祭卜辞中大量存在的是占卜天干日与受祭对象日干名同一天,占卜天干日在受祭对象日干名的前一天,偶尔也有在前两天的,体现出一定的规律性。

② 卜辞中有于夕、暮时对父辈的岁祭,也偶有于晨时岁祭的,这些于一天中的某个特定时间进行岁祭的分析已见于前。

（4）庚寅，业 岁南庚。（《合集》2009）

（5）庚午，业 岁母［庚］。（《合集》2566）

（6）庚寅，业 岁母庚。（《英藏》112 反）

受祭对象有先王、母。先王有直系先王大乙如例（1）、祖乙如例（2），也有旁系先王外丙如例（3）、南庚如例（4）。母有母庚如例（5）、（6）。除例（1）岁祭大乙的文例不同外，其余五例的文例都相同。例（1）称大乙为"唐"，前面已分析过，称"唐"见于最严肃的场合，由完整的前辞类型也可看出。其余五例的前辞只有"干支"，岁祭都有侑祭、 祭伴祭，是一种特定场合的岁祭类型，占卜天干日与受祭对象日干名相同也应是这种特定岁祭类型的规则之一。

占卜天干日在受祭对象日干名前一天的共有三例：

（7）［癸］丑卜，□贞：岁延于羌甲。（《合补》112）

（8）［丙］申卜，出贞：翌丁酉宙丁气岁。用。三月。（《合集》15464）

（9）丙申卜，贞：翌丁酉用，子央岁于丁。（《合集》3018）

受祭对象只有先王。有直系先王祖丁如例（8）、（9），旁系先王羌甲如例（7）。前两例的前辞类型相同，内容也都是卜问受祭对象范围和时间范围的，是与岁祭相关的外围信息，于岁祭前首先通过占卜确定下来。例（9）卜问岁祭的施祭人，总之，这一类有关岁祭外围信息的占卜要在岁祭之前一天进行。

宾组卜辞中同见天干日与受祭对象日干名的有 16 条。其中占卜天干日与受祭对象日干名相同的占 37.5%，天干日在受祭对象日干名前一天的占 18.8%，二者共占 56.3%。宾组卜辞的受祭对象包括先公上甲，先王大乙、外丙、祖乙、羌甲、祖丁、南庚，父小乙，母庚，除先公上甲、武丁之父小乙外都出现在以上规律性的岁祭中，而且出现在占卜天干日与受祭对象日干名同一天的受祭对象与出现在占卜天干日在受祭对象日干名前一天的受祭对象呈互补分布。可见，占卜日的选择不是随机的，而是一种人为的安排。在本书第一章已经分析过，武丁对大乙的态度是既严肃又亲近的，庄重的场合称大乙为"唐"，常用的场合称"成"，而上甲只在庄重的场合出现。相较而言，武丁对上甲更多的是敬重而亲近不及大乙，在规律性的岁祭中安排了大乙而没有安排上甲也是一种体现。同样在本书第一章已见，武丁的父亲小乙虽然被称作"入乙"以示亲近，但只在受祭对象最普遍的第四类中受祭，其地位无法与其配偶母庚相比，此处规律性的岁祭中有母庚没有小乙也是一个明证。总之，安排哪些祖先进入规律性的岁祭，哪些不进入；进入规律性岁祭的祖先中哪些只在前一天卜问一下相关事宜，哪些在岁祭当日卜问岁祭具体情况也是分别有规定的。

2. 午组岁祭卜辞

午组卜辞岁祭占卜天干日与受祭对象日干名的关系主要有两种，一种是二者属同一天的，一种是占卜天干日在受祭对象日干名前一天的。其中二者属同一天的共有5例：

（10）乙丑，岁祖乙光……（《合集》22172）

（11）乙酉卜，屮岁于下乙。（《合集》22088）

（12）庚子卜，屮岁于庚祖。（《合集》22079甲）

（13）乙卯卜，又岁于入乙小宰。用。（《合集》22092）

（14）戊子卜，屮乜岁于父戊乜。用。今戊。（《合集》22046）

例（10）与例（11）同祭祖乙，前辞不同。命辞的文例不同，例（10）的岁祭没有伴祭，"岁"与"祖乙"之间也无"于"连接。对祖乙的称呼也不同，例（11）把祖乙称作"下乙"。例（12）岁祭祖庚，一期卜辞中的祖庚应是指南庚。例（13）入乙与例（14）父戊是午组卜辞独有的称谓，父戊是午组以人牲岁祭的祖先神。总之，这一类的受祭对象有先王及午组特有的受祭对象。先王有直系先王祖乙，也有旁系先王南庚。

占卜天干日在受祭对象日干名前一天的共有6例：

（15）丁亥卜，屮岁于妣戊卢豕乙妻。（《合集》22098）

（16）己亥卜，屮岁于天庚子，用卢豕。（《合集》22077）

（17）壬申卜，屮岁于祖癸羊一。（《屯南》2771）

（18）丙午卜，屮岁于父丁羊一。（《合集》22093）

（19）丙申卜，岁屮于父丁。（《合集》22066）

（20）甲戌贞：妣乙又岁。（《合集》22206甲）

受祭对象除例（15）是岁祭妣戊外，其余五例岁祭的天庚、祖癸、父丁、妣乙都是午组卜辞特有的对象。除例（20）外其余5例的前辞相同。

午组卜辞中同见天干日与受祭对象日干名的有26条。其中占卜天干日与受祭对象日干名相同的占19.2%,天干日在受祭对象日干名前一天的占23.1%,二者共占42.3%。午组岁祭对象除无法判断日名的天象🜨外,有先王祖乙、南庚。午组特有先王天庚、祖己、内己、入乙、祖戊、祖癸、武。先妣妣戊、妣己、妣癸,午组特有先妣妣乙。父有父戊,午组特有的父丙、父丁、父己。母有母戊,兄有兄己,还有午组特有的子庚。出现在规律性岁祭中的有祖乙、南庚、入乙、祖癸、天庚、妣戊、妣乙、父戊、父丁,在占卜天干日与受祭对象日干名相同的与前一天的岁祭对象也呈互补分布。

3. 𠂤组岁祭卜辞

𠂤组卜辞中没有岁祭占卜天干日与受祭对象日干名在同一天的,占卜天干日在受祭对象日干名前一天的仅有1例:

（21）甲午卜,又屮岁大乙乎。（《合集》19815）

岁祭对象是先王大乙。

𠂤组卜辞中同时出现天干日与受祭对象日干名的有5条。其中占卜天干日在受祭对象日干名前一天的占20%。𠂤组岁祭对象有先公示壬,先王大乙、阳甲,先妣妣戊、妣辛,出现在规律性岁祭中的只有大乙,也体现出大乙地位的重要性。

4. 花东组岁祭卜辞

花东组卜辞岁祭占卜天干日与受祭对象日干名的关系主要有两种,一种是二者属同一天的,一种是占卜天干日在受祭对象日干名前一天的。其中二者属同一天的共有46例,辞例如:

（22）甲申卜,岁祖甲羝一。用。（《花东》228）

（23）乙亥,屮岁祖乙二牢、夕牛、白豭,䣎卣一,子祝。（《花东》142）

（24）甲子,岁祖甲羝,子祝,才𠀠。（《花东》330）

（25）戊申,岁祖戊犬一。（《花东》355）

（26）庚戌,岁妣庚羝一,入自麗。（《花东》428）

（27）甲午,岁妣甲牝一,又皀。（《花东》261）

（28）丁丑,岁妣丁小宰。（《花东》157）

（29）己丑,岁妣己牝一。（《花东》427）

（30）癸亥,岁癸子牝一。（《花东》289）

（31）庚申卜，岁妣庚牝一。（《花东》209）

（32）甲子卜，岁妣甲牡一，酚三小宰，又帚，才𤔲。（《花东》455）

（33）己卜，岁牡妣己。用。（《花东》223）

（34）庚，岁妣庚牝一。（《花东》180）

受祭对象有先王、先妣、子。先王有祖乙、祖甲、祖戊，先妣有妣庚、妣甲、妣丁、妣己，子有子癸。上举的 13 例中有 8 例都是前辞为"干支"的一类，岁祭有祝告仪式的仅限于祖乙与羌甲，都在这一类。

占卜天干日在岁祭对象日干名前一天的共有 15 例，辞例如：

（35）甲辰卜，岁祖乙宰，宙牡。（《花东》169）

（36）癸酉卜，宙奴牡岁甲祖。用。（《花东》37）

（37）乙卜，其岁牡母、祖丙。（《花东》446）

（38）己巳卜，翌日庚岁妣庚黑牛又羊，暮酓。用。（《花东》451）

（39）戊戌卜，宙羊岁妣己。用。（《花东》313）

岁祭对象有先王、先妣、母。其中先王有祖乙、祖甲、祖丙，先妣有妣庚、妣己，母有母丙，如例（37）的母指母丙，蒙后省略"丙"字。除例（37）外，其余卜辞的前辞都是"干支卜"一类。

花东组卜辞中同见天干日与受祭对象日干名的有 89 条。其中占卜天干日与受祭对象日干名同一天的占 51.7%，占卜天干日在受祭对象日干名前一天的占 16.9%，二者共占 68.6%。花东组岁祭的对象有先王祖乙、羌甲、祖丙、祖戊，先妣妣甲、妣丁、妣己、妣庚，还有母丙、子癸，全都出现在规律性的岁祭中。除祖乙、祖甲、妣庚、妣己同时出现在占卜天干日与受祭对象日干名相同和提前一天两类中外，只出现在同一天的有祖戊、妣甲、妣丁、癸子，只出现在前一天的有祖丙、母丙，也呈互补分布。这六位岁祭规格的区别不明显，祖戊与祖丙、母丙的受祭频率是最低的，在"干卜"类中，岁祭母丙、祖丙用一牡牛，岁祭子癸用一牝牛，都讲究祭牲的牝牡，而两类中共祭的妣庚、妣己、祖甲、祖乙是花东组岁祭频率最高的，也是岁祭时特别享有伴祭的。可见，花东组岁祭祭主是把重要的受祭对象安排在同一天和提前一天的两类中同时岁祭，而不重要的岁祭对象分别安排在占卜天干日与受祭对象日干名同一天或提前一天，两类之间并无岁祭规格的不同，分类的原因有待进一步研究。

把一期四组岁祭卜辞中占卜天干日与受祭对象日干名的关系归纳成表19。

占比\类别	天干日与岁祭对象日干名同一天	天干日在岁祭对象日干名前一天	总计
宾组	37.5%	18.8%	56.3%
午组	19.2%	23.1%	42.3%
白组	—	20%	20%
花东组	51.7%	16.9%	68.6%

由表19可见,宾组与花东组岁祭的规律性高于午组、白组。宾组、花东组以占卜天干日与受祭对象日干名在同一天的为主,午组以占卜天干日在受祭对象日干名前一天的居多,白组只有占卜天干日在受祭对象日干名前一天的。除白组只有一类外,其余各组受祭对象在两类中的分布都是互补的。在宾组与岁祭直接相关的信息在受祭对象日干名相同的天干日占卜,非直接相关信息在受祭对象日干名的前一个天干日占卜。午组岁祭安排重要岁祭对象在规律性的岁祭中,最重要的受祭对象父戊的占卜日安排在与其日干名相同的一天。在花东组岁祭中,互补地存在于两类中的对象之间没有岁祭规格的明显差异,而共存于两类的是花东组的重要岁祭对象。

(二)附记月名

一期岁祭卜辞中有附记月名的主要出现在宾组卜辞中,午组卜辞仅有1例,白组与花东组卜辞中没有附记月名的。辞例如:

(40)贞:人岁饮于丁,九月。(《合集》1073)

(41)[丙]申卜,㞢贞:翌丁酉宙丁气岁。用。三月。(《合集》15464)

(42)庚辰卜,贞:衣𢆶岁乍醵,自祖乙至于丁,十二月。(《合集》377)

(43)□□卜,宾[贞:]□甲申……[㞢]𢆶岁[自上甲]至于多毓……酌,十三月。(《合集》14856)①

---

①卜辞"至于"上残缺,此处根据一期卜辞"多毓"前多是"自上甲"补。参见《合集》10111、14852、14853、14854。

(44)贞:元示五牛,蠿示三牛。

　　贞:𣂼岁酚,十三月。(《合集》14354)

(45)贞:元示五牛,二示三牛。

　　贞:𣂼岁日酚,十三月。(《合集》14822)

(46)丙寅卜,宾贞:勿䎞用。子雍岁,九月。(《合补》464)

(47)丙[申]卜,贞:皋尊岁羌三十,卯三宰,箙一牛,于宗。用。六月。(《合集》320)

(48)丙午卜,贞:𡥋尊岁羌十,卯□宰,于羍。用。八月。(《合集》340)

(49)庚辰卜,□[贞:]来丁亥□帚出枫岁羌三十,卯十[牛],十二月。(《合集》319)

(50)癸巳卜,甲午岁于入乙牛一,七月。(《合集》22098)

上述辞例中的记月形式均为"某月"。除例(40)、(41)岁祭祖丁外,例(42)—(45)都是规模不等的合祭场合,例(46)—(49)没有受祭对象名。总之,宾组单独岁祭祖妣时,只在岁祭祖丁的场合附记月名,祖丁亦宾组唯一用牲并且用人牲岁祭的祖先。这些特征同集于一条卜辞,充分体现了祖丁在宾组岁祭中的重要地位。午组卜辞仅有例(50)附记月名,是岁祭入乙的,入乙是午组特有的受祭对象。

二、二期岁祭之时间

祖庚卜辞仅见4例,只有两例可见于壬日占卜岁祭先公示壬的:

(51)壬申卜,逐贞:示壬岁,其延于[示]癸。(《合集》22714)

(52)壬戌[卜],□贞:示壬翌□岁,翌癸亥其延于[示癸]……(《合集》22710)

祖甲岁祭卜辞的前辞有两种类型,即"干支卜+某贞"与"干支卜+贞",后一类仅有1条卜辞,放入前一类中一起讨论。前一类能显示占卜天干日与受祭对象日干名关系的材料较多,分作"翌日"祭卜辞、王宾卜辞及其他卜辞三个小类。在"翌日"祭卜辞中,占卜天干日在受祭对象日干名前一天。在王宾卜辞中,占卜天干日以与受祭对象日干名相同的类型为主。在其他类卜辞中,占卜天干日与受祭对象日干名的关系主要有两种:第一种是占卜天干日与受祭对象日干名属于同一天的;第二种是占卜天干日在受祭对象日干名前一天的。

(一)占卜天干日与受祭对象日干名关系

1."翌日"祭卜辞

"翌日"祭卜辞的命名就是基于占卜天干日在受祭对象日干名前一天的特点,共找到23例,辞例如:

(53)癸亥卜,旅贞:翌甲子又🔥岁上甲,其又羌九。(《合集》22558)

(54)辛亥卜,喜贞:翌壬子示壬岁。[亡尤]。十月。(《合集》22708)

(55)丙申卜,即贞:翌丁酉卣中丁岁先。(《合集》22860)

(56)甲申卜,□贞:翌乙[酉]□祖乙岁,其又羌。(《合集》22572)

(57)庚子卜,行曰贞:翌辛丑其又🔥岁于祖辛。(《合集》23002)

(58)[丙申]卜,旅贞:翌丁酉小丁岁,王其宾。(《合集》23051)

(59)[己]卯卜,旅[贞:]翌庚[辰]南庚岁其……(《合集》23080)

(60)甲戌卜,旅贞:翌乙亥毓祖乙岁□牛,七月。(《合集》23146)

(61)癸酉卜,行贞:翌甲戌卜丙母妣甲岁,卣牛。(《合集》22775)

(62)己巳卜,行贞:翌庚午岁,其延于羌甲奭妣庚。(《合集》23326)

(63)己亥卜,喜贞:翌庚子妣庚岁,其弘宰。(《合集》23368)

(64)丙午卜,行贞:翌丁未父丁橐岁牛。(《合集》23207)

受祭对象有先公、先王、先妣与父。先公有上甲、示壬,先王有中丁、祖乙、祖辛、祖丁、南庚、小乙,先妣有外丙之配妣甲、羌甲之配妣庚、妣庚,父有父丁。包括了"翌日"祭卜辞中的所有对象。

"翌日"祭卜辞中同见天干日与受祭对象日干名的有26条卜辞,占卜天干日在受祭对象日干名前一天的占88.5%。

2.王宾卜辞

此类中占卜天干日与受祭对象日干名在同一天的有42例,辞例如:

(65)丁酉卜,□贞:王宾父丁岁二宰 眔报丁岁……(《合集》

22701）

（66）甲寅卜，□贞：王宾大甲岁三〔宰〕。亡尤。（《合集》22783）

（67）〔庚午〕卜，行贞：王宾大庚岁二牛。亡尤。在⋯⋯（《合补》7034乙）

（68）戊午卜，[img]贞：王宾大戊[img]岁三宰。亡尤。（《合集》22847）

（69）乙亥卜，涿贞：王宾祖乙岁〔宰〕。亡□。（《合集》22900）

（70）辛卯卜，大贞：王宾祖辛岁。亡尤。（《合集》40959）

（71）丁亥卜，洋贞：王宾祖丁岁。亡尤。十月。（《合集》23033）

（72）乙卯卜，行贞：王宾毓祖乙岁宰。亡尤。在九月。（《合集》23144）

（73）己〔巳卜〕，〔行〕贞：〔王宾〕雍己〔岁〕〔二牛〕。亡〔尤〕。〔才二月〕。（《合补》7034甲）

（74）甲辰卜，旅贞：王宾羌甲岁宰。亡尤。（《合集》23020）

（75）丙申卜，即贞：王宾姚丙岁，叙。亡尤。二月。（《合集》23336）

（76）戊戌卜，旅贞：王宾姚戊岁宰。亡尤。（《合集》23339）

（77）〔戊〕□卜，尹〔贞：王〕宾大丁奭〔姚戊〕岁宰。亡尤。三月。（《合集》23309）①

（78）庚〔午〕卜，旅贞：王宾姚庚岁。亡尤。在九月。（《合集》23352）

（79）庚午卜，旅贞：王宾姚庚岁眔兄庚。亡尤。（《合集》22560）

（80）庚戌卜，行贞：王宾小乙奭姚庚岁宰，叙。亡尤。②

（81）壬子卜，行贞：王宾祖辛奭姚壬岁。亡尤。才九月。③

（82）丁酉卜，行贞：王宾父丁岁宰。亡尤。（《合集》23181）

（83）己巳卜，行贞：王宾母己岁一牛，叙。（《合集》23406）

（84）辛卯卜，行贞：王宾母辛岁宰。亡尤。（《合集》40970）

（85）己丑卜，行贞：王宾兄己岁叙。亡尤。（《合补》7028）

---

①该辞在"大丁奭"后有残，完整的卜辞中位于"大丁奭"之后的都是"姚戊"。如《合集》27513、36196（丙）、36198、36203、36205、36206，《合集释文》补出"姚戊"是正确的。
②陈梦家：《殷虚卜辞综述》，北京：中华书局，1988年，第381页。
③商承祚：《商氏影本》，转引自陈梦家《殷虚卜辞综述》，北京：中华书局，1988年，第381页。

受祭对象包括先公、先王、先妣、父、母、兄。先公有报丁,先王有直系先王大甲、大庚、大戊、祖乙、祖辛、祖丁、小乙,旁系先王有雍己、羌甲,先妣有妣丙、妣戊、大丁之配妣戊、妣庚、小乙之配妣庚、祖辛之配妣壬,父有武丁,母有母己、母辛,兄有兄己、兄庚,兄庚如例(79)。王宾卜辞的这一类除岁祭大丁卜辞的前辞残缺、阳甲的占卜日在乙亥日外,包括了所有其他受祭对象。

占卜天干日在受祭对象日干名前一天的仅见一例:

(86)丙戌卜,行贞:王宾父丁夕岁。亡尤。(《合集》22899)

受祭对象是武丁。

王宾卜辞中同见天干日与受祭对象日干名的有53条卜辞,占卜天干日与受祭对象日干名在同一天的占79.2%,占卜天干日在受祭对象日干名前一天的占1.9%,二者共占81.1%。

3.其他卜辞

此类占卜天干日与受祭对象日干名在同一天的有19例,辞例如:

(87)乙未卜,喜贞:唐岁其……又嘼……(《合集》22753)

(88)丁巳卜,行贞:小丁岁眔矢岁酚。(《合集》23053)

(89)[乙]未卜,旅贞:祖乙岁,其又羌,在六[月]。(《合集》22573)

(90)辛丑卜,旅贞:祖辛岁,宙奴牛。用……(《合集》22985)

(91)丁未卜,行贞:小丁岁宰。(《合集》23055)

(92)甲申卜,即贞:羌甲岁一牛。(《合集》23021)

(93)戊戌卜,旅贞:祖戊岁,宙羊。(《合集》22852)

(94)[庚]□卜,尹贞:妣庚岁一牛。(《合集》23366)

(95)丁未卜,王曰贞:父丁黹岁,其弘三宰。兹用。(《怀特》1016)

(96)戊戌卜,□贞:父戊岁,宙小宰,在四[月]。(《合集》23299)

(97)辛亥卜,喜贞:母辛岁,其叔。(《合集》23422)

(98)庚寅卜,行贞:兄庚岁先日。(《合集》23487)

(99)壬申卜,即贞:兄壬岁,宙蘩。(《合集》23520)

受祭对象包括先王、先妣、父、母、兄。先王有祖戊如例(93),祖戊无法判断是哪位。还有直系先王大乙、大丁、祖乙、祖辛、祖丁,旁系先王羌甲,先妣有妣庚,父有父丁、父戊,母有母辛,兄有兄庚、兄壬。除兄己外,包括了这一类其余所有的受祭对象。

占卜天干日在受祭对象日干名前一天的有 4 例。辞例如:

(100)丙申卜,旅贞:父丁岁□伐。(《合集》22612)

受祭对象仅见武丁。

其他类卜辞中同见天干日与受祭对象日干名的有 29 条卜辞,占卜天干日与受祭对象日干名在同一天的占 65.5%,前一天的占 13.8%,二者共占 79.3%。

把二期三类卜辞中占卜天干日与受祭对象日干名的关系归纳成表 20。

类别 \ 占比	天干日与受祭对象日干名同一天	天干日在受祭对象日干名前一天	总计
"翌日"祭	—	88.5%	88.5%
王宾	79.2%	1.9%	81.1%
其他	65.5%	13.8%	79.3%

由表 20 可见,二期三类岁祭卜辞中,规律性卜辞的总占比差别不大,都占 80% 左右。"翌日"祭卜辞中规律性卜辞都是占卜天干日在受祭对象日干名前一天的,王宾卜辞与其他类卜辞中大多数是占卜天干日与受祭对象日干名在同一天的。两类中少数占卜天干日在受祭对象日干名前一天的都仅见于武丁的岁祭。

祖甲时期受祭的对象有高祖季,先公上甲、报丁、示壬、示癸,先王大乙、大丁、大甲、大庚、大戊、小甲、中丁、雍己、祖乙、祖辛、羌甲、祖丁、南庚、阳甲、小乙、祖戊,先妣妣丙、妣戊、妣庚、妣辛、大丁奭妣戊、祖辛奭妣壬、羌甲奭妣庚、外丙母妣甲、小乙奭妣庚,父有父丁、父戊,母有母己、母辛,兄有兄己、兄庚、兄壬,还有血子、中子、蔑。高祖季、血子、中子、蔑没有庙号无法判断。除先王阳甲、先妣妣辛之外都出现在规律性岁祭中。祖甲时期岁祭规格最高的是祖乙及祖乙至父丁的近世直系先王,女性祖先除祖乙之配妣庚外地位不及男性。阳甲与妣辛没有出现在规律性岁祭中,与祖甲时期的岁祭制度相符合。同时出现于占卜天干日与受祭对象日干名在同一天与在前一天两类中的受祭对象有祖乙、祖辛、祖丁、小乙、妣庚,父丁,除妣庚无法确认是哪位先公或先王之配外,都是二期重要的岁祭对象。先公报丁,示癸,先王大乙、大甲、大庚、大戊、小甲、雍己、羌甲,先妣妣丙、妣戊、大丁之配妣戊、小乙之配妣庚、祖辛之配妣壬,父戊,母己、母辛,兄己、兄庚、兄壬只出现在同一天的类型中;而先公上甲、示壬,先王中丁、南庚,先妣外丙之配妣甲、羌甲之配妣庚都只出现在前一天的类型中。换言之,除重要的岁祭对象同时出现在同一天或前一天的类型中外,其余对象则互补地分布在两类中,只是这两类划分的标准还有待进一步研究。

(二)附记月名

祖庚卜辞只有4例,未见附记月名的。祖甲卜辞中附记月名的遍见于"翌日"祭卜辞、王宾卜辞与其他类卜辞中。

1. "翌日"祭卜辞类附记月名的共有5例:

(101)[癸]亥卜,[旅贞:]翌甲子其又 𠂤 岁上甲,其又羌,二月。(《合集》22571)

(102)辛亥卜,喜贞:翌壬子示壬岁。[亡尤]。十月。(《合集》22708)

(103)甲戌卜,旅贞:翌乙亥毓祖乙岁□牛,七月。(《合集》23146)

(104)丙寅卜,行贞:翌丁卯父丁橐岁宰,在三月,在雇卜。(《合集》24348)

(105)□□卜,旅[贞:翌]丁未父丁橐岁,其牡,在十一月。(《合集》40975)

受祭对象有先公上甲、示壬,祖甲的祖父小乙与父武丁。其中例(104)、(105)都是在暮时岁祭父丁的,记月形式为"在某月",其余的记月形式为"某月"。

2. 王宾卜辞中附记月名的共有19例,辞例如:

(106)甲子卜,行贞:王宾岁。亡尤。在正月。(《合集》22722)

(107)辛酉卜,尹贞:王宾岁。亡尤。在四月。在昌非卜。(《合集》24266)

(108)戊午卜,行贞:王宾岁。亡尤。在十三月。(《合集》24247)

（109）庚寅卜，行贞：王宾岁。亡尤。在十二月。（《合集》25583）

（110）甲寅卜，尹贞：王宾岁一牛。亡尤。在三月。（《合集》25267）

（111）己未卜，行贞：王宾岁二牛。亡尤。在十二月。在亦卜。（《合集》24247）

以上附记月名的卜辞只占卜王在岁祭作傧接仪式及用多少牲时无尤，没有受祭对象，记月形式均为"在某月"。

（112）□□卜，行贞：王宾大戊岁二牛。亡尤。在二月。（《合集》24305）

（113）丁卯卜，行贞：王宾祖丁岁眔父丁岁二宰。亡尤。在二月。（《合集》24305）

（114）乙亥卜，行贞：王宾小乙岁宰。亡尤。在二月。（《合集》23115）

（115）乙卯卜，行贞：王宾毓祖乙岁宰。亡尤。在九月。（《合集》23144）

（116）己［巳卜］，［行］贞：［王宾］雍己［岁］［二牛］。亡［尤］。［在二月］。（《合补》7034甲）

（117）丁亥卜，洋贞：王宾祖丁岁。亡尤。十月。（《合集》23033）

（118）丁酉卜，旅贞：王宾父丁岁十牛。亡尤。在……［月］。（《合集》23190）

（119）丁丑卜，旅贞：王宾父丁岁三宰。［亡］尤。在……［月］。（《合集》23191）

（120）庚辰卜，行贞：王宾父丁岁。亡尤。在十二月。（《合集》23186）

（121）丙申卜，即贞：王宾妣丙岁，叔。亡尤。二月。（《合集》23336）（图7-1）

（122）庚［午］卜，旅贞：王宾妣庚岁。亡尤。在九月。（《合集》23352）

图7-1　岁祭妣丙
（《合集》23336）

（123）［戊］□卜，尹［贞：王］宾大丁奭［妣戊］岁宰。亡尤。三月。（《合集》23309）（图7-2）

（124）壬子卜，行贞：王宾祖辛爽妣壬岁。亡尤。在九月。①

　　以上附记月名的卜辞中受祭的对象有先王、先妣、父。先王中直系先王有大戊、祖丁、小乙，旁系先王有雍己。在岁祭先王的这些卜辞中，例（112）—（116），记月名的形式都是"在某月"，例（117）记月名的形式是"某月"，其不同在于前者都有用牲记录，后者没有。在岁祭父丁的卜辞中，例（118）、（119）有用牲记录，例（120）无用牲记录，但记月的形式都是"在某月"。先妣有妣丙、妣庚，大丁之配妣戊、祖辛之配妣壬，岁祭妣丙、大丁爽妣戊的卜辞，记月名的形式是"某月"，而岁祭妣庚、祖辛爽妣壬的卜辞，记月名的

图7-2　岁祭妣戊
（《合集》23309）

形式是"在某月"，看不出其中的不同。不过例（121）的拓片在"二"字上漫漶不清，例（123）的拓片在"三月"上有残断，所以有无"在"字还很难断定。

　　3. 其他类卜辞中附记月名的共有6例：

　　（125）[乙]未卜，旅贞：祖乙岁，其又羌，在六[月]。（《合集》22573）

　　（126）庚申卜，旅贞：先妣庚宗岁钦，在十二月。（《合集》23372）

　　（127）戊戌卜，□贞：父戊岁，宙小宰，在四[月]。（《合集》23299）

　　（128）丙申卜，行贞：父丁岁夕牛，在五月。（《合集》23217）

　　（129）戊申卜，即贞：其延丁岁，六月。（《合集》23069）

　　以上附记月名的卜辞中受祭对象有先王祖乙，先妣妣庚，还有父戊与父丁。除例（129）外，其余辞例中记月的形式都是"在某月"，例（129）只就要不要延续父丁岁祭而问，与其余辞例的内容不同，应是记月形式不同的原因。

　　（130）庚辰卜，大贞：来丁亥寇帝出枫岁羌三十，卯十牛，十二月。（《合集》22548）

　　例（130）是年终在宗庙举行的岁祭，岁祭用三十个羌俘，对剖十头牛，可见祭祀之隆重。记月形式是"某月"。

①商承祚：《商氏影本》，转引自陈梦家《殷虚卜辞综述》，北京：中华书局，1988年，第381页。

比较二期三类卜辞中附记月名时的受祭对象可见,除父丁遍见于三类之中,小乙遍见于"翌日"祭卜辞与王宾卜辞中,妣庚遍见于王宾卜辞与其他类卜辞中外,"翌日"祭卜辞只在岁祭先公时附记月名,而不见岁祭小乙之外先王时附记月名的;王宾卜辞只在岁祭祖乙之外先王时附记月名,未见岁祭先公时附记月名的;其他类卜辞中仅见岁祭先王祖乙时附记月名的,三者之间形成一种互补关系。可见,附记月名也不是随机的,而是一种人为的规定。

还有三条无法分类的卜辞:

(131)……壬饮人岁……酸**𣪊**,十一月。(《合集》23566)

(132)……父丁岁五宰、羌十[人]。亡尤。在□[月]。(《合集》22555)

(133)……上甲岁三牛……大乙岁三牛……[亡]尤。在十月。(《合集》22641)

以上三例的前辞都已残去,从仅有的信息看,例(131)是用人牲岁祭的,例(132)是用十个羌俘岁祭父丁的,例(133)是合祭上甲、大乙等的,都是重要的岁祭场合附记月名。

前文讨论二期岁祭卜辞时有前辞残缺的卜辞,利用以上规律有助于判断其残缺。如例(105)是一条翌日丁未岁祭父丁的卜辞,前辞的干支日应是"丙午",是于丙午日占卜的。例(112)是一条王宾卜辞,是岁祭大戊的,前辞的天干应是"戊",是于天干为戊的某一天占卜的。再如:

(134)□□[卜],□贞:王宾报乙岁一牛。亡尤。(《合集》22690)

(135)□□[卜],□[贞:王宾]父丁岁宰眔大丁[**𣪊**]岁五宰。亡尤。(《合集》22770)

两条都是王宾卜辞,例(134)岁祭报乙,前辞应是在天干为"乙"的某一天占卜,例(135)岁祭父丁与大丁,前辞应是在天干为"丁"的某一天占卜。以上推断的可能性在80%左右。

三、三期岁祭之时间

(一)廪辛卜辞

廪辛时期岁祭卜辞占卜天干日有在与受祭对象日干名同一天的,也有

在前一天的。在同一天的有1例:

> (136)乙卯卜,何贞:出屮岁于唐。王亡壱。[十]二月。(《合集》27153)

例(136)是岁祭大乙的,称大乙为"唐"。

占卜天干日在受祭对象日干名前一天的有5例:

> (137)甲辰卜,□贞:岁其□于大乙。(《合集》27148)
> (138)癸巳卜,昜贞:翌日祖甲岁,其牢。(《合集》27336)
> (139)丙午卜,何贞:翌丁未其又屮岁毓祖丁。(《合集》27321)
> (140)庚戌卜,何贞:姬辛岁,其驭挈。(《合集》26975)
> (141)己亥卜,何贞:翌庚子屮岁,其延于父庚。(《合集》27424)

受祭对象有先王大乙、祖甲,祖甲指武丁之父,小乙之兄阳甲。还有毓祖丁,指廪辛的祖父武丁。先姬有姬辛,姬辛是武丁之配,廪辛的祖母。父有祖庚。除阳甲外,都是商王朝历史上最重要的先王以及廪辛最亲近的祖先,说明阳甲之于廪辛与其他三位同等重要。

廪辛卜辞中同见占卜天干日与受祭对象日干名的有6例,都是规律性卜辞。占卜天干日与受祭对象日干名在同一天的只有大乙,大乙也于占卜天干日在受祭对象日干名前一天的类型中出现,只是前者称唐,后者称大乙。占卜天干日与受祭对象日干名同一天的占16.7%,占卜天干日在受祭对象日干名前一天的占83.3%。

廪辛卜辞中附记月名的仅见于例(136)岁祭大乙的卜辞,在年终的十二月。记月形式为"某月"。

(二)康丁卜辞

康丁时期岁祭卜辞占卜天干日有在与受祭对象日干名同一天的,也有在前一天的。在同一天的共有15例,辞例如:

> (142)己酉卜,雍己岁一牢。兹[用]。(《屯南》2165)
> (143)甲寅卜,阳甲岁,重牡。(《屯南》3109)①
> (144)壬寅卜,王宾姬壬岁祝。(《合集》27387)
> (145)甲午卜,父甲夕岁,重……王受又。(《屯南》4510)

---

①拓片漫漶不清,据《摹释总集》的释文。

（146）己卯卜，王宾父己岁祭。王受又。（《屯南》95）

（147）戊子卜，父戊岁，重牛。（《合集》27485）

（148）己亥卜，母己岁，重牡。（《英藏》2406）

（149）壬辰卜，母壬岁，重小宰。（《屯南》1011）

（150）己未卜，其又岁于兄己一牛。（《合集》27615）

（151）辛卯卜，重今日其夕又岁兄辛。王受又。大吉。（《屯南》2996）

受祭对象有先王、先妣、父、母、兄。先王有雍己、阳甲，都是旁系先王。先妣有妣壬，父有父甲、父己、父戊，母有母己、母壬，兄有兄己、兄辛。

占卜天干日在受祭对象日干名前一天的共有 44 例，辞例如：

（152）癸丑卜，上甲岁，伊宾。吉。（《合集》27057）

（153）辛亥卜，示壬岁一牢。（《屯南》1505）

（154）丙戌卜，二祖丁岁一牢。（《屯南》2364）

（155）甲寅贞：其聂秉于祖乙。

弜𠬝岁。（《合集》27189）

（156）庚子卜，祖辛岁……吉。不用。（《屯南》139）

（157）丙□［卜］，王宾小丁岁［饮］。（《合集》27328）

（158）甲辰卜，毓祖乙岁牢。（《屯南》1014）

（159）丙申卜，祖丁暮岁二……（《屯南》20）

（160）乙亥卜，王先饮卜丙岁适申。兹用。（《合集》27164）

（161）癸卯卜，羌甲岁一牛。（《英藏》2463）

（162）庚戌卜，其又岁于二祖辛，重牡。（《合集》27340）

（163）戊□卜，其又岁于妣己，重翌日□。（《合集》27516）

（164）己丑卜，妣庚岁二牢。（《屯南》1011）

（165）庚申卜，妣辛舌岁牢。（《屯南》2315）

（166）辛未卜，其又岁于妣壬一羊。（《合集》27164）

（167）壬午卜，其又岁于妣癸，重小宰。（《合集》27572）

（168）癸亥卜，父甲夕岁二牢。吉。（《合集》27453）

（169）戊子卜，其又岁于中己，重羊。（《合集》27392）

（170）丁酉卜，其又岁于父戊……（《合集》27486）

（171）己丑卜，兄庚岁二牢。（《合集》27621）

（172）庚子[卜]，又岁兄辛□。兹（用）。（《合集》27623）

受祭对象包括先公、先王、先妣、父、兄。先公有上甲、示壬。先王中直系先王有大丁、祖乙、祖辛、祖丁、小乙、武丁，旁系先王有外丙、羌甲、小辛。先妣有妣己、妣庚、妣辛、妣壬、妣癸。父有祖甲、孝己、父戊。兄有兄庚、兄辛。

此类还有3例占卜天干日在岁祭对象日干名前两天的，如：

（173）癸丑卜，其又**岁大乙伐，卯二[牢]。（《合集》26999）

（174）乙卯卜，其又岁于帝丁一牢。（《合集》27372）

（175）甲申卜，妣丙岁一小宰。王受又。吉。（《屯南》4563）

所祭对象有大乙、康丁、妣丙。三者安排在受祭对象日干名的前两天，是否有特定的意义，因辞例太少，需留待以后研究。

康丁卜辞中同见占卜天干日与受祭对象日干名的共有69例，占卜天干日在受祭对象日干名前一天的占63.8%，同一天的占21.7%，二者共占85.5%。康丁卜辞中受祭的对象包括祖先神之先公上甲、示壬，先王大乙、大丁、外丙、雍己、祖乙、祖辛、祖丁、羌甲、阳甲、小辛、小乙、武丁，先妣妣丙、妣己、妣庚、妣辛、妣壬、妣癸，父有父甲、父戊、父己，母有母乙、母戊、母己、母壬，兄有兄己、兄庚、兄辛、康丁，还有外族神伊尹，自然神之亳土、帝五臣。外族神伊尹、自然神之亳土、帝五臣没有庙号，无法判断。其他祖先神除妣丙、母乙、母戊、康丁外，都出现在规律性的岁祭中，而妣丙、康丁出现在占卜天干日在岁祭对象日干名前三天的卜辞中。在占卜天干日与受祭对象日干名同一天和前一天两类中同时出现的是妣壬、父甲、父己、父戊、兄辛。在康丁时期的岁祭用牲中，妣壬、兄辛只用一只羊，父戊也只用一头牛和一只羊，祭祀规格都不高。可见，以上五位同时出现在两类占卜日的岁祭卜辞中并不是因为他们是岁祭的重要对象。与此现象相呼应的是这五位也同时出现在岁祭有伴祭与无伴祭的两类中。这五位之外的其他祖先则互补地出现于两类占卜日的岁祭卜辞中。

康丁岁祭卜辞中，除命辞有残缺无法判断的以外，没有发现有附记月名的。

把三期岁祭卜辞中占卜天干日与受祭对象日干名的关系归纳成

表21。

类别＼占比	天干日与岁祭对象日干名同一天	天干日在岁祭对象日干名前一天	总计
廪辛	16.7%	83.3%	100%
康丁	21.7%	63.8%	85.5%

由表21可见，廪辛卜辞与康丁卜辞中，都以占卜天干日在受祭对象日干名前一天的占多数，廪辛卜辞全部是有规律的卜辞，康丁卜辞中有规律的卜辞占85.5%。

三期岁祭卜辞中有前辞残缺的，可以利用以上规律补出其残缺的字。

（176）□[辰]卜，其又岁于父戊。（《合集》27484）

（177）□亥卜，妣庚岁夘牛。（《合集》27532）

（178）□申卜，母戊岁，叀牡。（《合集》27584）

（179）□子卜，父戊岁，叀羊。（《合集》27487）

以上几例都是康丁卜辞，例（176）的受祭对象是父戊，占卜天干日可能是在戊日的前一天"丁"日或同一天"戊"日。地支名是"辰"，《干支表》中没有"丁辰"的日名，所以例（176）的前辞"辰"之前残去的更可能是"戊"字。例（177）的受祭对象是"妣庚"，占卜天干日可能是在庚日的前一天"己"日或同一天"庚"日。地支名是"亥"，《干支表》中没有"庚亥"的日名，所以例（177）的前辞"亥"之前残去的更可能是"己"字。例（178）的受祭对象是"母戊"，占卜天干日可能是在戊日的前一天"丁"日或同一天"戊"日。地支名是"申"，《干支表》中没有"丁申"的日名，所以例（178）的前辞"申"之前残去的更可能是"戊"字。例（179）的受祭对象是"父戊"，占卜天干日可能是在戊日的前一天"丁"日或同一天"戊"日。地支名是"子"，《干支表》中没有"丁子"的日名，所以例（179）的前辞"子"之前残去的更可能是"戊"字。以上推断的可能性在80%左右。

四、四期岁祭之时间

四期岁祭卜辞主要见于"干支贞"[①]与"干支卜"两类。以下作分类

①"干支贞"类无伴祭小类辞例很少，特与有伴祭小类一起考察。

讨论。

（一）"干支贞"类

此类岁祭卜辞中,占卜天干日有在受祭对象日干名同一天的,也有在前一天的。其中在同一天的仅见5例,辞例如:

（180）甲子贞:今日又𠬝岁于大甲牛一。兹用。在邻。（《屯南》1111）

（181）乙亥贞:又𠬝岁于祖乙大牢一牛。（《合集》32509）

（182）庚午贞:又岁于南……（《合集》32411）

（183）丁丑贞:今日又岁□父丁。（《屯南》441）

受祭对象有直系先王大甲、祖乙,旁系先王南庚,还有父丁。

占卜天干日在受祭对象日干名前一天的共有33例,辞例如:

（184）癸亥贞:甲子酚𠬝岁于上甲五牛。兹用。（《合集》32360）

（185）甲寅贞:乙卯又岁于大乙。兹用。（《合集》32409）

（186）丙辰贞:酚岁于大丁。亡［尤］。（《合集》32463）

（187）癸卯贞:酚𠬝岁于大甲甲辰五牢。兹用。（《屯南》2953）

（188）丁丑贞:［其］又𠬝岁于大戊三牢。兹用。（《合集》34165）

（189）丙午贞:酚𠬝岁于中丁三牢、祖丁三牢。（《合集》32816）

（190）甲午贞:弜又岁祖乙。（《合集》32522）

（191）庚寅贞:又𠬝岁于祖辛。（《屯南》996）

（192）甲辰贞:岁于小乙。（《合集》32617）

（193）辛卯贞:酚𠬝岁妣壬、癸。（《合集》32751）

（194）丙子贞:丁丑又父丁,伐三十羌,岁三牢。兹用。（《合集》32054）

受祭对象包括先公、先王、先妣、父。先公只有上甲,先王有直系先王大乙、大丁、大甲、大戊、中丁、祖乙、祖辛、小乙、武丁,武丁如例（189）,先妣有妣壬、妣癸,父有武乙之父康丁。

"干支贞"类岁祭卜辞中同见占卜天干日与受祭对象日干名的共有77例,占卜天干日在受祭对象日干名前一天的占42.9%,在同一天的占6.5%,二者共占49.4%。此类受祭对象包括祖先神之先公上甲、示壬,先王大乙、大丁、大甲、大戊、中丁、祖乙、祖辛、南庚、小乙、武丁,先妣妣壬、妣癸,父有父丁,还有帚兮、外族神之伊尹、自然神之出入日。帚兮、伊尹、出入日无法判断庙号,其他祖先除先公示壬外都出现在规律性的岁祭中。同时出现于占卜天干日在受祭对象日干名前一天与同一天两类中的有先王大甲、祖乙与父丁。此类岁祭中祖乙、父丁是重要的岁祭对象,而大甲的岁祭规格在有伴祭类、无伴祭类中都处于中等偏下,能与之相呼应的是三位同时都出现在有伴祭类与无伴祭类的岁祭卜辞中。除以上三位之外,其他的受祭对象则互补地出现于占卜天干日在受祭对象日干名前一天和同一天两类中。

"干支贞"类岁祭卜辞中未见有附记月名的。

(二)"干支卜"类有伴祭小类

此类岁祭卜辞中,占卜天干日有在受祭对象日干名前一天的,也有在同一天的。在受祭对象日干名前一天的共有 37 例,辞例如:

(195)丙辰卜,丁巳又岁于大丁。不雨。(《合集》33308)

(196)丁巳卜,其又岁于大戊二牢。(《合集》32455)

(197)丙辰卜,丁巳又岁中丁二十牢又五,易日。兹用。允易日。(《合补》10659)

(198)甲午卜,其又岁于高祖乙。(《合集》32453)

(199)庚戌[卜,]辛亥又岁祖辛二十牢又五,易日。兹用。允易日。(《合补》10659)

(200)丙戌卜,其又岁于小丁。(《合集》32639)

(201)甲辰卜,其又岁于毓祖乙。(《合集》32454)

(202)癸丑,甲寅又岁戋甲三牢、羌甲十牢又七,不易日。允易日。兹用。(《合补》10659)

(203)己巳卜,其又岁于南庚一牛。兹用。(《合集》32608)

(204)己丑卜,其又岁于妣庚牢。兹用。

庚寅卜,其又岁于妣辛三牢,兹用。(《屯南》2668)

(205)丙寅卜,其又岁于父丁。(《合集》32668)

受祭对象有先王、先妣、父。先王有直系先王大丁、大戊、中丁、祖乙、祖辛、祖丁、小乙,旁系先王有戋甲、羌甲、南庚,先妣有妣庚、妣辛,父有父丁。

占卜天干日与受祭对象日干名在同一天的共有17例,辞例如:

（206）甲辰卜,又伐十五,岁小宰上甲。用。(《合集》32198)

（207）乙酉卜,又岁于祖乙。不雨。(《屯南》4286)

（208）甲辰卜,𠚤伐祖甲岁二牢。用。(《合集》32198)

（209）己未卜,其又岁于雍己。兹用。十宰。(《屯南》3794)

（210）甲辰卜,其又岁于羌[甲]一牢。(《合集》32587)

（211）辛亥卜,其又岁于三祖辛。(《合集》32658)

（212）乙未卜,又𠚤岁于父乙三牛。兹用。(《合集》34240)

受祭对象包括先公、先王与父。先公有上甲,先王有直系先王祖乙、祖甲,旁系先王雍己、羌甲,父有廪辛(三祖辛)、武乙。

此类岁祭卜辞中占卜天干日与受祭对象日干名同现的共有55条。占卜天干日在受祭对象日干名前一天的占67.3%,同一天的占30.9%,二者共占98.2%。这一类受祭对象包括先公上甲,先王大乙、大丁、大甲、大戊、雍己、中丁、戋甲、祖乙、祖辛、羌甲、祖丁(小丁)、南庚、小乙、祖甲,妣有妣庚、妣辛,父有廪辛、康丁、武乙,外族神有伊尹。伊尹无法判断庙号,其他除大乙、大甲外都出现在规律性的卜辞中。同时出现于占卜天干日在受祭对象日干名前一天和同一天的有先王祖乙、羌甲,两位在此类岁祭中的受祭地位都不是最高的。这两位之外的其他受祭对象则互补地出现于占卜天干日在岁祭对象日干名前一天与同一天的两类中。

这一类岁祭卜辞附记月名的仅见一例:

（213）……又𠚤岁在小宗自上甲,一月。

丁丑卜,勺在小宗又𠚤岁……乙。(《合集》34046)

例(213)是一例于一月进行合祭的卜辞。

(三)“干支卜”类无伴祭小类

此类岁祭卜辞中,占卜天干日有在受祭对象日干名前一天的,也有在同一天的。在受祭对象日干名前一天的共有4例,辞例如:

（214）丙辰卜,二牢延岁于中丁。(《屯南》631)

（215）癸卯卜,羌甲岁一牛。(《合集》32454)

（216）癸巳卜，阳甲岁，重牡。（《合集》32611）

受祭对象只见先王，有直系先王中丁，旁系先王羌甲、阳甲。

占卜天干日与受祭对象日干名在同一天的有1例：

（217）丁巳[卜]，中丁[岁]，重[牡]。（《合集》32495）

受祭对象是直系先王中丁。

此类岁祭卜辞中占卜天干日与受祭对象日干名同现的共有13条，占卜天干日在受祭对象日干名前一天的占30.8%，同一天的占7.7%，二者共占38.5%。这一类受祭对象包括先公上甲，先王大甲、大庚、中丁、祖乙、羌甲、小丁（祖丁）、阳甲、小乙，先姚姚己，父武乙，外族神伊尹。伊尹无法确定庙号，其他除中丁、羌甲、阳甲外都没有出现在规律性的卜辞中。同时出现于占卜天干日在受祭对象日干名前一天和同一天的有先王中丁，中丁在此类岁祭中的受祭规格次于祖乙、伊尹。

把四期岁祭卜辞中占卜天干日与受祭对象日干名关系归纳成表22。

类别＼占比		天干日与受祭对象日干名在同一天	天干日在受祭对象日干名前一天	总计
"干支贞"类		6.5%	42.9%	49.4%
"干支卜"类	有伴祭类	30.9%	67.3%	98.2%
	无伴祭类	7.7%	30.8%	38.5%

由表22可见，四期岁祭卜辞中占卜天干日与受祭对象日干名关系呈现两种特点。一种体现于"干支卜"类有伴祭小类中。这一小类卜辞既有武乙时期的也有文丁时期的，占卜天干日在受祭对象日干名前一天的占多数，其规律性卜辞占98.2%。另一种体现于"干支贞"类与"干支卜"类无伴祭小类，这两类中的规律性卜辞都只占不到一半。与之相伴的现象是，"干支贞"类不见岁祭武乙称父乙的，"干支卜"类无伴祭小类不见岁祭康丁称父丁的。而"干支卜"类有伴祭小类既有岁祭父乙的，也有岁祭父丁的。可见，"干支卜"类有伴祭小类规律性卜辞的占比高反映的是武乙、文丁两个时期的。

前文讨论四期岁祭卜辞时有前辞残缺的卜辞，利用上述规律可有助于判断其残缺之字，辞例如：

（218）□未卜，又岁祖乙。（《合集》32628）

（219）□未卜，□岁大乙伐二十、十牢。（《屯南》2200）

　　以上两例的受祭对象分别是"祖乙"、"大乙"，占卜天干日可能是在乙日的前一天"甲"日或同一天"乙"日。地支名都是"未"，《干支表》中没有"甲未"的日名，两例的前辞"未"之前残去的可能是"乙"字。两例都是四期"干支卜"类有伴祭类卜辞，所以这种可能性极高。

　　把一至四期岁祭卜辞中占卜天干日与受祭对象日干名关系归纳成表23。

类别	占比	天干日与受祭对象日干名在同一天	天干日在受祭对象日干名前一天	总计
一期	宾组	37.5%	18.8%	56.3%
	午组	19.2%	23.1%	42.3%
	自组	—	20%	20%
	花东组	51.7%	16.9%	68.6%
二期	"翌日"祭	—	88.5%	88.5%
	王宾	79.2%	1.9%	81.1%
	其他	65.5%	13.8%	79.3%
三期	廪辛	16.7%	83.3%	100%
	康丁	21.7%	63.8%	85.5%
四期	"干支贞"类	6.5%	42.9%	49.4%
	"干支卜"类 有伴祭类	30.9%	67.3%	98.2%
	"干支卜"类 无伴祭类	7.7%	30.8%	38.5%

　　由表23可见，岁祭的规律性从一期的较低到二、三期变得较高。到了四期，在"干支贞"类卜辞和"干支卜"类无伴祭小类中又降低到了50%以下。岁祭规律性再次降低，从数字表面看，与一期的规律性相似，但深度比较会发现二者还是有明显的不同。如一期宾组武丁之父小乙未出现在规律性的岁祭中，而四期"干支贞"类武乙之父康丁不仅是规律性岁祭的对象，而且同时出现在占卜日在岁祭对象日干名前一天和同一天的两类岁祭卜辞中。

　　出现在规律性岁祭中的对象大都互补地分布在占卜天干日与受祭对

象日干名相同和提前一天的两类中。一期宾组与岁祭直接相关的信息在受祭对象日干名相同的天干日占卜，非直接相关信息前一天占卜。午组安排重要受祭对象的占卜于天干日与受祭对象日干名相同的一天，午组不重要的岁祭对象的占卜安排在前一天。在花东组岁祭中，互补地存在于两类中的对象之间没有岁祭规格的明显差异，而共存于两类的对象是花东组的重要受祭对象。二期同一期花东组岁祭一样，重要的受祭对象也同时出现在同一天和前一天的类型中。从三期的康丁卜辞开始到四期同时出现在同一天和提前一天两类中的不全是受祭规格高的受祭对象，但都是同时出现在岁祭有伴祭与无伴祭两类中的受祭对象。

总之，岁祭占卜天干日与受祭对象日干名之间的关系以占卜天干日在受祭对象日干名前一天和同一天的为主，是岁祭规律性的主要体现者。虽然出现在规律性岁祭中的受祭对象在一至四期有变化，但受祭对象互补地出现在前一天和同一天的现象是始终不变的。可见，这种现象不是随机的，是一种人为的规定，是构成岁祭制度的一部分。只是一期午组以后两类划分的依据尚待进一步研究。

岁祭卜辞中附记月名的辞例主要见于二期之前，三期的廩辛卜辞仅见两例于年终十二月岁祭大乙的卜辞，四期的"干支卜"有伴祭小类仅见一例于岁首一月在宗庙举行的大合祭卜辞。三期的康丁卜辞与四期的"干支贞"类卜辞中未见附记月名的卜辞。附记月名的卜辞常常记录重要的岁祭，二期祖甲时期的"翌日"祭卜辞、王宾卜辞、其他卜辞三类附记月名的卜辞中，除父丁遍见于三类中外，其他受祭对象互补地分布在三类中。因此，岁祭卜辞辞尾附记月名与否也不是任意的，也同样体现了岁祭的规定性，属于岁祭制度的一部分。

第二节 岁祭之地点

岁祭卜辞记载的地名中从未有标记商都的，说明于商都进行的岁祭都省略标记地名。标记地名的岁祭卜辞明显少于不标记地名的，说明岁祭大多数于商都举行，商都之外举行的岁祭只占少数。以下以商都与商都之外两类分别作讨论。

一、于商都举行的岁祭

商都的"整个宗庙群大致由三部分组成,即先王(先妣、母)诸宗及附属祭所,高祖、先公诸宗(即右宗,位于先王之宗西),独立于诸宗庙外的建筑(庭、大室)"。[①] 岁祭也应是在上述宗庙内举行的,辞例如:

(1)□酉卜,中宗祖乙岁……(《合集》27240)(三期)

(2)癸亥卜,宗咸又羌三十,岁十牢。(《合集》32052)(四期)

例(1)岁祭"中宗祖乙","所以称'中宗',是说'在某一群宗庙中,其位置居中'。祖乙冠以'中宗',本意当是为了将其与同日名的其他先祖相区分"。[②] 前文已论例(2)的"宗咸"应即"宗成",也即"成宗"。用十牢岁祭,并以侑祭三十个羌俘相伴,这些活动都是在大乙宗举行的。有一条三期卜辞如:"……其又丬岁于大乙,其宗彭。"(《合集》27097)辞残,从仅存信息可见,在为大乙举行这次隆重的岁祭时,要在大乙的宗庙行酒祭。还有一条四期卜辞如:"……告上甲三牛,岁于父丁即宗。"(《合集》32334)辞残,但可见是武乙于康丁的宗庙岁祭的。以上在自己宗庙岁祭的祖乙、大乙、康丁都是直系先王。

(3)庚申卜,旅贞:先妣庚宗岁攸,在十二月。(《合集》23372)(二期)

卜问于十二月的庚申日,先在妣庚宗岁祭,以攸的方式用牲。"卜辞所见女性先人有宗者仅小乙配妣庚、武丁配妣辛与文丁配妣癸。"[③]这是一条二期卜辞,应是指小乙之配妣庚。还有一例:

(4)庚辰卜,大贞:来丁亥寇寎出枞岁羌三十,卯十牛,十二月。(《合集》22548)

典籍记载,古代的宗庙有"前庙后寝"之制,"商代宗庙亦然"。[④] 例

①朱凤瀚:《殷墟卜辞所见商王室宗庙制度》,《历史研究》,1990年第6期。转引自宋镇豪、段志洪主编《甲骨文献集成》第21册,成都:四川大学出版社,2001年,第69页。

②朱凤瀚:《殷墟卜辞所见商王室宗庙制度》,《历史研究》,1990年第6期。转引自宋镇豪、段志洪主编《甲骨文献集成》第21册,成都:四川大学出版社,2001年,第68页。

③朱凤瀚:《殷墟卜辞所见商王室宗庙制度》,《历史研究》,1990年第6期。转引自宋镇豪、段志洪主编《甲骨文献集成》第21册,成都:四川大学出版社,2001年,第70页。

④朱凤瀚:《殷墟卜辞所见商王室宗庙制度》,《历史研究》,1990年第6期。转引自宋镇豪、段志洪主编《甲骨文献集成》第21册,成都:四川大学出版社,2001年,第68页。

（4）的岁祭就是在宗庙后的寝内举行的。

　　"先王宗庙的第二种是专为合祭神主所设的宗庙,即胡厚宣先生所言合祭之庙。这类宗庙在卜辞中称作'大宗'、'小宗'。"①岁祭中的合祭一至四期都有,辞例如:

　　（5）□□卜,宾［贞:］□甲申……［屮］彳岁［自上甲］至于多毓……酚,十三月。(《合集》14856)②(一期)

　　（6）乙酉卜,行贞:王宾岁自祖乙至于父丁。亡尤。(《合补》7028)(二期)

　　（7）王其又大乙、大丁、大甲,叀彳岁公。(《合集》27149)(三期)

　　（8）［癸］亥贞:翌乙丑其又彳岁于大乙至于大甲。(《屯南》2420)(四期)

　　（9）□戌卜,又岁于伊二十示又三。兹用。(《合集》34123)(四期)

　　例（5）是一期卜辞,合祭范围自上甲至于多毓,"卜辞中作为祭祀对象的'毓',指世次居后的,也就是跟时王的血缘关系比较密切的某些先王"。③合祭举行于闰年的十三月。例（6）是二期的卜辞,合祭自祖乙至武丁的先王。例（7）是三期的卜辞,合祭大乙、大丁与大甲。三期不见大范围的合祭。例（8）、（9）是四期的卜辞,分别合祭大乙至大甲的先王,包括伊尹在内"二十示又三"的祖先。以上这些或大或小范围的合祭应该都是在为合祭神主所设的宗庙里进行的,只是大多数卜辞中没有明确记载是在"大宗"还是"小宗"内举行的岁祭。偶尔也有记载的,辞例如:

　　（10）己丑卜,在小宗又彳岁自大乙。

　　　　□亥卜,［在］大宗又彳伐三羌、十小宰自上甲。(《合集》34047)(四期)

　　（11）……又彳岁在小宗自上甲,一月。

───────────────

①朱凤瀚:《殷墟卜辞所见商王室宗庙制度》,《历史研究》,1990 年第 6 期。转引自宋镇豪、段志洪主编《甲骨文献集成》第 21 册,成都:四川大学出版社,2001 年,第 68 页。

②卜辞"至于"上残缺,此处根据第一期卜辞"多毓"前多是"自上甲"补。参见《合集》10111、14852、14853、14854。

③裘锡圭:《论殷墟卜辞"多毓"之"毓"》,《中国商文化国际学术讨论会论文集》,中国大百科全书出版社,1998 年。转引自宋镇豪、段志洪主编《甲骨文献集成》第 21 册,成都:四川大学出版社,2001 年,第 160 页。

丁丑卜，勺在小宗又⺼岁……乙。(《合集》34046)(四期)

例(10)于小宗合祭自大乙始的先王，于大宗合祭自上甲始的先公、先王。两条卜辞比较，小宗的合祭范围似乎小于大宗，但小宗也有合祭自上甲始的先公、先王的，如例(11)。可见，大、小宗之别与合祭范围无关。

岁祭除在各种宗庙中进行外，还有在"升"中进行的。辞例如：

(12)己亥卜，行贞：父丁🐾岁宰、牡。(《合集》23214)(二期)

(13)癸亥卜，其又夕岁于父甲🐾。王受又又。(《合集》30359)(三期)

"甲骨文🐾即必字，亦作祕。甲骨文以必或祕为祀神之室。"①在《摹释总集》中隶定作"升"。例(12)是一条二期祖甲卜辞，于升中岁祭祖甲之父武丁。例(13)是三期康丁卜辞，于升中岁祭康丁之父祖甲。有一条三期卜辞如："……大乙🐾岁……"(《合集》30960)"🐾"是"🐾"的异体字，辞残，但可见是岁于大乙🐾中。"诸先人之升与宗相距并不远……神主平时藏于宗中，升中或不存神主，受祭时迁宗内神主于升中，故此种迁主受祭之所亦曰升。"②因辞例太少，于宗庙和于升中举行的岁祭有何区别还有待进一步研究。

二、于商都之外举行的岁祭

一期岁祭卜辞标记有地名的辞例如：

(14)丙午卜，贞：🐾尊岁羌十，卯囗宰，于羍。用。八月。(《合集》340)

这是一条宾组卜辞，其中的"羍"为地名，③岁祭是由🐾在羍地主持的。一期有地名记录的岁祭卜辞更多见于花东组，常见的地名有麗、甘、🐾、劼、鄠、虵、永、吕、🐾，辞例如：

(15)乙亥，岁祖乙小羍，子祝，才麗。

①于省吾：《甲骨文字释林》，北京：商务印书馆，2010年，第40页。
②朱凤瀚：《殷墟卜辞所见商王室宗庙制度》，《历史研究》，1990年第6期。转引自宋镇豪、段志洪主编《甲骨文献集成》第21册，成都：四川大学出版社，2001年，第68页。
③于省吾主编：《甲骨文字诂林》，北京：中华书局，1999年，第1940页。

甲申,岁祖[甲]小宰,䢅豈一,子祝,才麗。(《花东》354)

（16）庚辰,岁妣庚小宰,子祝,才麗。

甲申,岁祖甲小宰,䢅豈一,子祝,才麗。

乙酉,岁祖乙小宰、叕,䢅豈一,龟祝,才麗。(《花东》291)

这两版卜辞中的岁祭都在麗地举行。麗离商都很近,"是祭祀场所"。[①] 在此处岁祭祖乙、祖甲和妣庚,祖甲指羌甲,妣庚是祖乙或羌甲之配,四位都是花东组岁祭的主要对象,而且每次岁祭都有祝祷仪式。岁祭都用小宰作祭牲。

（17）丙戌,岁祖甲羊一,岁祖乙羖一,才甘,子祝。

丙戌,岁祖甲羖,岁祖乙羊一,才甘,子祝。(《花东》428+561)

这版卜辞的岁祭在甘地。麗距离甘地很近。[②] 可见,甘地距离商都也不远。岁祭祖甲、祖乙,用羊作祭牲,不如在麗地岁祭时用宰的规格高。

（18）甲子,岁祖甲羝,子祝,才𦨶。(《花东》330)

（19）丙申卜,子往𦨶,岁妣庚羊一,才𦨶。(《花东》173)

（20）丁未,岁妣丁彘一,才𦨶。(《花东》217)

例（18）—（20）的岁祭在𦨶地,𦨶可能在淇县、辉县一带。麗地大概在𦨶之北,离殷都更近些。[③] 则𦨶地离商都更远一些。岁祭祖甲、妣丁用彘,岁祭妣庚用羊,这些用牲规格都没有在麗地岁祭的规格高。例（18）的岁祭还有子行祝祷仪式,《花东》10 有"乙未卜,子宿才𦨶","子"曾在𦨶地住宿,那里可能有"子"的馆舍。[④] 可见,花东组岁祭主人子经常光临此地。

（21）丙子,岁祖甲一牢,岁祖乙一牢,岁妣庚一牢,才斝,来自𡄹。(《花东》480)

①魏慈德:《殷墟花园庄东地甲骨卜辞的地名及词语研究》,《中国历史文物》,2005 年第 6 期。
②魏慈德:《殷墟花园庄东地甲骨卜辞的地名及词语研究》,《中国历史文物》,2005 年第 6 期。
③刘一曼:《花园庄东地 H3 祭祀卜辞研究》,中国社会科学院考古研究所夏商周考古研究室:《三代考古》(二),北京:科学出版社,2006 年,第 444 页。
④刘一曼:《花园庄东地 H3 祭祀卜辞研究》,中国社会科学院考古研究所夏商周考古研究室:《三代考古》(二),北京:科学出版社,2006 年,第 444 页。

例(21)岁祭在劀地举行。祖甲、祖乙、妣庚都是花东组岁祭的主要对象,用一牢作祭牲。这是一次规格比麗地的还要高的岁祭。祭牲来自斝地,说明劀地距斝地不远。

(22)[辛][卜,]岁祖□牝,登自丁[糤],才斝,祖甲[延]。(《花东》363)

此例的岁祭在斝地。与此文例类似的卜辞还有:"乙卯,岁祖乙白豭一,㞢自西祭,祖甲延。"(《花东》4)可知例(22)"岁"后残缺的先王名也应是祖乙。在斝地用牝羊岁祭祖乙与祖甲,其规格与在甘地的岁祭相近。烝祭所用的黍来自丁地,也说明丁地与斝地相距不远。

(23)甲寅,岁祖甲牝,岁祖乙宰、白豕,岁妣庚宰,祖甲汎蚁卯。(《花东》115)

在蚁地岁祭祖甲用一头牝牛,岁祭妣庚用一宰,岁祭祖乙用一宰和一头白色的豕,殷人尚白,可见这是用牲规格很高的一次岁祭。

(24)庚戌卜,辛亥岁妣庚麃、牝一。妣庚永。用。(《花东》132)

(25)甲戌,岁祖甲牢、幽麃,祖甲永子。用。(《花东》149)

以上两例的岁祭都在永地,岁祭妣庚用一麃又一牝牛,岁祭祖甲用一牢又一幽麃,用牲既讲究牝牡,又讲究毛色,也都是规格很高的岁祭。

(26)乙夕卜,岁十牛妣庚,馭鬯五。用。才吕。(《花东》276)

(27)乙夕卜,岁十牛妣庚,于吕。用。(《花东》401)

(28)戊卜,岁十豕[妣庚],才吕。(《花东》284)

例(26)—(28)的岁祭都在吕地举行,岁祭的都是妣庚。《花东》37有同版的两条卜辞:"丁酉,岁祖甲牝一,馭鬯一。才麗。己亥卜,才吕,子其射,若。不用。"丁酉日在麗地,第三天的己亥日就到了吕地,可见,"吕与麗地相距不远"。① 花东组岁祭的用牲数量大多在三以下,而在吕地的岁祭用十牛或十豕。例(26)用五卣鬯亦花东组岁祭用鬯最多的一次。可见,在吕地为妣庚举行的岁祭是很隆重的。

①刘一曼:《花园庄东地H3祭祀卜辞研究》,中国社会科学院考古研究所夏商周考古研究室:《三代考古》(二),北京:科学出版社,2006年,第443页。

（29）甲子卜，岁妣甲牡一，酚三小宰，又屮，才𫟼。（《花东》455）

例（29）的岁祭在𫟼地。"妣甲为祖辛之配。"①岁祭用一只牡羊，还有用酚的方法处理三小宰，规格比在甘地的那次高。

在上述每一地岁祭留下的卜辞都较少，只能作有限的比较。在首都以外岁祭的祖先有祖甲、祖乙、妣庚、妣甲、妣丁，频率最高的还是祖甲、祖乙、妣庚，是花东组岁祭的重要对象。

二期卜辞中也有记录于商都之外岁祭的，辞例如：

（30）丙寅卜，行贞：翌丁卯父丁㝜岁宰，在三月，在雇卜。（《合集》24348）

（31）己亥卜，行贞：王宾父丁岁宰。亡尤。在渲卜。（《合集》24343）

（32）乙未，又岁于祖乙牡三十宰，隹旧岁。（《合集》22884）

（33）……王……乙丑其又𢆶岁于祖乙白牡，王在𠂤卜。（《合集》22904）

（34）己未卜，行贞：王宾岁二牛。亡尤。在十二月。在亦卜。（《合集》24247）

（35）甲寅卜，行贞：王宾岁三牛。亡尤。才𠂤袋。兹用。（《合补》7243）

（36）辛酉卜，尹贞：王宾岁。亡尤。在四月。在𠂤非卜。
　　　辛酉卜，尹贞：王宾岁。亡尤。在𠂤殷卜。（《合集》24266）

（37）丁未卜，行贞：王宾岁。亡尤。在𠂤寋。（《合集》24272）

这些商都之外的岁祭，受祭对象仅见武丁与祖乙。例（30）、（31）为祖甲时期的岁祭，例（30）在雇地岁祭父丁用一宰，与"翌日"祭卜辞中不加地名的岁祭规格相同。例（31）在渲地占卜岁祭父丁用一宰，低于王宾卜辞中不加地名的岁祭规格，因为后者可以用到三宰。总之，在商都之外岁祭父丁的规格不比在商都的高。例（32）、（33）依据前辞无法确定是祖庚时期还是祖甲时期的岁祭，但无论如何，例（32）在旧地岁祭祖乙用一牡、三十宰，例（33）在𠂤地以一头白色的牡牛岁祭都是远高于二期在商都岁祭祖

①刘一曼：《花园庄东地 H3 祭祀卜辞研究》，中国社会科学院考古研究所夏商周考古研究室：《三代考古》（二），北京：科学出版社，2006 年，第 430 页。

乙的规格的。殷人尚白,而且此处是二期岁祭中唯一一次用白色祭牲的,可见岁祭之特别。例(34)—(37)都没有具体的受祭对象,只是为商王在岁祭时行侯接仪式不会有祸患而卜问,除例(34)外都是军队驻扎地。

　　三期未见在商都之外岁祭的卜辞,有一条四期卜辞:

　　　　(38)甲子贞:今日又𣂪岁于大甲牛一。兹用。在邻。(《屯南》1111)

　　这是一条武乙时期的卜辞,在邻地用一头牛侑祭、𣂪祭、岁祭大甲,低于四期在首都同类岁祭的规格,是一次极其普通的岁祭。

　　总之,在商都之外举行的岁祭多见于花东组卜辞与二期的祖甲卜辞中,三期以后所见甚少。

第三节　岁祭之伴祭

　　岁祭有时会有其他祭祀与之相伴,本节将分析这些伴祭并进一步比较多期共有伴祭的演变规律。

一、各期岁祭之伴祭

(一)一期岁祭之伴祭
与一期各组卜辞中的岁祭相伴的祭祀彼此有差异,下面分别作讨论。

1. 宾组岁祭之伴祭
宾组岁祭卜辞中有相伴祭名的辞例如:

　　　　(1)庚子卜,争贞:𠭯其酌于祖辛,圉㞢𣂪岁上甲。(《合集》1654)

　　㞢祭、𣂪祭是常见的与岁祭相伴的祭名,"圉"在卜辞中"或为祭名或为地名"。[①] 宾组岁祭卜辞中很少有地名,即使有地名,地名前多会加"于"、"在(才)"等介词。个别没有介词的如:"庚戌卜,辛亥岁妣庚鹰、牝……妣庚永。用。"(《花东》132)地名多出现在辞尾。例(1)中"圉"之前没有介词,且在"㞢"、"𣂪"之前,也应视为与"㞢"、"𣂪"并列的,与岁祭相伴的祭名。

---

①李孝定:《甲骨文字集释》,台北:台湾"中央研究院"历史语言研究所,1970年,第4028页。

（2）壬子卜，宾贞：其酌 𠂤 岁�丁，九月。（《合集》15695 正）

酌祭也是常与岁祭相伴的祭名。"𤔔"在"𤔔其有𡆥"、"𤔔其有疾"、"𤔔受年"等语境中"并为人名"，在"大甲𤔔宗用"、"𤔔宾于上甲"等语境中"并当为祭名"。① 例（2）中"𤔔"所在的语境显然不是用作人名的。"𤔔"应是祭名，同"酌"祭、"𠂤"祭一起与岁祭相伴。

（3）乙丑卜，宾贞：唐 𠂤 岁不我𩰎。亡来艰。（《合集》1306）

"𩰎"在卜辞中为祭名。② 例（3）中的"唐 𠂤 岁"与"不我𩰎"应是各自独立的语言单位，命辞应断句为"唐 𠂤 岁，不我𩰎"。"𠂤 岁"与"𩰎"是前后相续的祭祀，意即在 𠂤 祭、岁祭大乙时不用为我行𩰎祭，不会有灾祸到来。虽然是否定句，但可见𩰎祭与岁祭是可以相伴出现的。

（4）癸酉卜，宾贞：陟岁于唐。（《合集》1292）

"陟"为祭名。③ 从字形看，"陟"从"阜"从两只向上走的"止"，应是登到高处去的一种祭祀类型。

（5）庚辰卜，贞：衣 𠂤 岁乍醴，自祖乙至于丁，十二月。（《合集》377）

"卜辞的'衣'即殷祭。"④相当于文献中的合祭。"醴"为祭名。⑤ 例（5）于十二月的庚辰日占卜贞问，在合祭自祖乙至祖丁的祖先时，在 𠂤 祭、岁祭的同时行醴祭。醴祭、𠂤 祭同与岁祭相伴。

（6）庚辰卜，□[贞：]来丁亥□祝岁羌三十，卯十[牛]，十二月。（《合集》319）

"祝"字在卜辞"或称'祝岳'，或称'祝河'，有可能为'祝'字之异构"。⑥ "祝"在花东组岁祭卜辞中多见，如"戊寅卜，岁祖甲小宰，祖乙小

①于省吾主编：《甲骨文字诂林》，北京：中华书局，1999 年，第 2622 页。
②中国社会科学院考古研究所编：《小屯南地甲骨》（下册·第一分册），北京：中华书局，1983 年，第 996 页。
③于省吾主编：《甲骨文字诂林》，北京：中华书局，1999 年，第 1255 页。
④陈梦家：《殷虚卜辞综述》，北京：中华书局，1988 年，第 397 页。
⑤于省吾主编：《甲骨文字诂林》，北京：中华书局，1999 年，第 3228 页。
⑥于省吾主编：《甲骨文字诂林》，北京：中华书局，1999 年，第 189 页。

牢,登自西祭,子祝"(《花东》214);"乙酉,岁祖乙小牢,𤔲,孜豳一,龟祝,才麗"(《花东》291);等等。"祝"前面常加祝告人,后无宾语,是岁祭时的一种仪式。"枫岳"、"枫河"中的"枫"有自然神"岳"、"河"作宾语,应是祭名。所以"祝"、"枫"二字即使文字构形有相似性,在卜辞中记录的语义也迥然有别。例(6)的"枫"在"屮"与"岁"之间,应是同侑祭一起与岁祭相伴的祭名。

　　(7)丙午卜,贞:𡕥尊岁羌十,卯□牢,于章。用。八月。(《合集》340)

　　(8)丙[申]卜,贞:𡕥尊岁羌三十,卯三牢,𥁃一牛,于宗。用。六月。(《合集》320)

以上两例中的"尊"为祭名。[1] 与岁祭相伴场合的共同特征是于丙日以大量的羌俘作祭牲,并以对剖的方式用牢。

以上是与宾组岁祭相伴的祭名,出现较多的是屮祭、𠂤祭与酌祭。

2. 午组岁祭之伴祭

午组岁祭卜辞中有相伴祭名的辞例如:

　　(9)壬申卜,屮岁于祖癸羊一。(《屯南》2771)

　　(10)戊子卜,屮𠂤岁于父戊𠬞。用。今戊。(《合集》22046)

以上两例中岁祭都有侑祭相伴,这是午组岁祭的常见形式。例(10)是午组岁祭中唯一一次有侑祭、𠂤祭同时相伴的岁祭。

　　(11)甲戌贞:妣乙𠧪又岁。

　　　　甲戌贞:又妣己岁𠧪勺。

　　　　甲戌贞:𠧪妣癸又岁。(《合集》22206甲)

　　　　甲[戌贞:]𠧪[又]岁母戊。(《合集》22206乙)

"𠧪"在此用为祭名,[2]同侑祭一起与岁祭相伴。"屮"与"又"都是假借字表示侑祭之"侑"。同是午组卜辞,在例(10)中作"屮",在例(11)中作"又"。宾组的侑祭都作"屮",后期的侑祭多作"又"。可见,午组卜辞时

---

①常玉芝:《商代宗教祭祀》,北京:中国社会科学出版社,2010年,第426页。
②于省吾主编:《甲骨文字诂林》,北京:中华书局,1999年,第2571页。

期是表示侑祭的“又”逐渐代替“㞢”的最初阶段。

以上是与午组岁祭相伴的祭名，出现最多的是侑祭。

3. 𠂤组岁祭之伴祭

𠂤组岁祭卜辞中有相伴祭名的辞例如：

(12)辛未卜，㞢岁……(《合集》21145)

(13)又岁牛。(《合集》21195)

(14)甲午卜，又[illegible]岁大乙乎。(《合集》19815)

(15)壬未卜，扶：一牛㞢阳甲[illegible]岁。(《合集》19908)

(16)亩之日兄用咸叔，岁祖乙二牢、匁牛、白豭，叔鬯三小宰。(《合集》19849)

例(12)、(13)岁祭有侑祭与之相伴，例(14)、(15)中的岁祭同时有侑祭与[illegible]祭相伴。例(16)的“叔”为祭名，“乃后世三月上巳祓祭之起源”。[1]这一例岁祭祖乙时用叔祭鬯与三小宰作伴祭。

𠂤组岁祭卜辞较少，与岁祭相伴较多的是侑祭。

4. 花东组岁祭之伴祭

花东组岁祭卜辞中有相伴祭名的辞例如：

(17)戊寅卜，岁祖甲小宰，祖乙小宰，登自西祭，子祝。(《花东》214)

“登”在卜辞中为祭名，“相当于典籍中之‘冬祭曰烝’之烝”。[2]“祭”为祭名，[3]是周祭的一种。例(17)的岁祭有登祭、“祭”祭相伴。

(18)甲子卜，二鬯祼祖甲[于]岁鬯三。(《花东》318)

“祼”字“郭沫若释‘裸’，其义近是，于形则难征，只能存疑”。[4]此例中的“岁鬯三”与“二鬯祼”是并列的语义，“于”用作连词“与”，“祼”是与“岁”相伴的祭名。

(19)癸丑卜，岁食牝于祖甲。用。(《花东》37)

---

①于省吾：《甲骨文字释林》，北京：商务印书馆，2010年，第26页。

②于省吾主编：《甲骨文字诂林》，北京：中华书局，1999年，第966页。

③中国社会科学院考古研究所编：《小屯南地甲骨》(下册·第一分册)，北京：中华书局，1983年，第843页。

④于省吾主编：《甲骨文字诂林》，北京：中华书局，1999年，第1078页。

"食犹祭也。"① 卜辞中有食祭的辞例不多见,而且只见于一期,辞例如:

(20)庚辰卜,钔食母庚一宰。

钔食母庚三宰。

[钔]食母[庚]三宰。

[钔]食母[庚]三宰。(《合补》319)(一期)

(21)□□卜,宾[贞]:告……食……牛。(《合集》5625)(一期)

例(20)是由《合集》2558、13349、15147 缀合而成的一版卜辞,四条卜辞的食祭都以宰作牺牲,与钔祭相伴。与岁祭相伴的食祭仅见例(19),是以食祭一头牝牛与岁祭相伴。例(21)辞有残缺,有可能是以牛为祭品进行食祭。

(22)甲申,宙大岁又于祖甲。不用。(《花东》228)

(23)甲子卜,岁妣甲牝一,曶三小宰,又帯,才䍊。(《花东》455)

例(22)中的岁祭有侑祭相伴。例(23)的"帯"字在卜辞为祭名。同侑祭一起与岁祭相伴。

(24)癸巳卜,翌甲岁祖甲牝一,扠皀一,于日出。用。(《花东》426)

此例中岁祭有扠祭相伴。"扠"字为"祭"之异体。② 这是从文字分析的角度作出的判断,但是在卜辞中二者出现的语境有明显的区别。"祭"所在的卜辞如:

(25)乙亥卜,尹贞:王宾大乙祭。亡尤。(《合集》22630)(二期)

(26)甲午,宙上甲莆示癸祭。亡囚。(《合集》22644)(二期)

(27)丙子卜,行贞:翌丁丑祭于大丁。亡壱。(《合集》22767)(二期)

(28)□□卜,即贞:父丁岁,其先祭。(《合集》23229)(二期)

(29)壬子卜,即贞:祭,其酚奏,其在父丁,七月。(《合集》23256)
(二期)

---

① 饶宗颐:《殷代贞卜人物通考》,香港:香港大学出版社,1959 年,第 829 页。转引自宋镇豪、段志洪主编《甲骨文献集成》第 16 册,成都:四川大学出版社,2001 年,第 445 页。
② 于省吾主编:《甲骨文字诂林》,北京:中华书局,1999 年,第 901 页。

（30）癸酉卜，尹贞：旬亡囚。甲戌彭祭于上甲，在……［月］。（《合集》24280）（二期）

（31）［辛］□［卜，］□［贞：王宾］祖辛祭歆牛。亡尤。（《合集》23000）（二期）

（32）祭大乙，其召祖乙二牢。（《合集》27129）（三期）

卜辞中"祭"后或无内容，或有祭祀对象，偶有祭祀用品。有用牛的如例（31），用牢的如例（32），但不见用鬯的。

"权"所在的卜辞如：

（33）乙亥，岁祖乙牢、幽麀、白豭，权鬯二。（《花东》237）

（34）甲寅，岁祖甲白牡，权鬯一，又皀。（《花东》149）

（35）甲申，岁祖甲小宰，权鬯一，子祝，才麗。

　　　　乙酉，岁祖乙小宰、豭，权鬯一，龟祝，才麗。（《花东》291）

（36）甲申，岁祖（甲）小宰，权鬯一，子祝，才麗。（《花东》354）

（37）壬寅卜，王宾妣壬岁权。（《合集》27387）（三期）

（38）又岁大甲三十牢，易日。兹用。不易日。权雨。（《合补》10659）（四期）

（39）甲寅，岁祖甲白豭一，权鬯一，皀自西祭。（《花东》4）

"权"后无祭祀对象。例（33）—（36）为一期花东组卜辞，"权"后有祭品鬯。例（37）为三期卜辞，"权"后没有内容。例（38）为四期卜辞，"权"后是目的宾语"雨"。相较可见，"权"与"祭"在卜辞中的语境迥别，应是二者分别记录两个不同的语义内容所致。例（39）中同时有"权"与"祭"，尤其能说明这一点。"权"应是用鬯祭祀时的一个特有祭名。

（40）乙亥，岁祖乙二牢、夕牛、白豭，权鬯一，子祝。（《花东》142）

例（40）的岁祭有夕祭、权祭相伴。

（41）甲午，岁妣甲牝一，又皀。（《花东》261）

"又皀"指又（侑）祭与皀祭。① 例（41）的岁祭有侑祭与皀祭相伴。花

① 刘一曼：《花园庄东地 H3 祭祀卜辞研究》，中国社会科学院考古研究所夏商周考古研究室：《三代考古》（二），北京：科学出版社，2006 年，第 434 页。

东组岁祭有很多类似的辞例,如:

(42)乙巳,岁祖乙白彘,又鬯。(《花东》296)

(43)乙亥,岁祖乙䍐牡一,又𠣪一,叀子祝。用。又鬯。(《花东》
481)

(44)乙巳,岁祖乙白彘一,又鬯祖乙永。(《花东》29)

(45)乙亥,岁祖乙䍐牡一,又𠣪,[又]鬯,子祝。(《花东》252)

(46)乙巳,岁祖乙白[彘],又鬯。(《花东》21)

(47)……[岁]祖乙小宰,叚,又鬯。(《花东》25)

(48)甲寅,岁祖甲白牝,叔𠂤一,又鬯。(《花东》149)

(49)乙未,岁妣庚牝一,又鬯。(《花东》261)

(50)辛未,岁妣庚宰,又鬯。用。

辛未,岁妣庚小宰告,又戈𠂤,子祝,鬯祭。(《花东》265)

(51)丁未,岁妣庚牝一,鬯。(《花东》296)

(52)癸亥,岁子癸𠣪一,鬯自丁糵。(《花东》48)

在有侑祭、鬯祭相伴岁祭的场合,祭祀最多的是祖乙。例(42)—(46)
都是选择与祖乙名相同的乙日占卜,都是有侑祭、鬯祭相伴的对祖乙的岁
祭。例(47)的前辞残缺,也应该是于天干为“乙”的某一天占卜的。例
(48)岁祭祖甲、例(41)岁祭妣甲,也都于甲日占卜。例(49)—(51)岁祭
妣庚,但没有一例在庚日占卜。岁祭子癸在癸日占卜。例(51)、(52)的岁
祭只有鬯祭相伴,没有侑祭。由例(52)可见,这种岁祭场合的祭品有谷
物。例(50)与岁祭相伴的还有告祭。

(53)庚辰,岁妣庚[牢]、牝,彡吾。(《花东》427)

“彡”字“当释肜,在卜辞为祭名”。[1] 是周祭五种祭祀之一,在例(53)
中与岁祭相伴。

(54)丙卜,其将妣庚示,岁振。(《花东》496)

例(54)的“将”为祭名。[2] 将祭与岁祭相伴。

①于省吾主编:《甲骨文字诂林》,北京:中华书局,1999年,第3382页。
②中国社会科学院考古研究所编:《小屯南地甲骨》(下册·第一分册),北京:中华书局,1983年,
第869页。

以上是与花东组岁祭相伴的祭名,出现较多的是𧘂祭、侑祭与㞢祭。

把一期四组岁祭卜辞中出现的伴祭名归纳成表24。

类别 伴祭名	宾组	午组	𠂤组	花东组
所有伴祭名	𡙇、㞢、𧘂、酌、𣌢、𣵀、陟、醭、杋、尊	㞢(又)、𧘂、𠂤	㞢（又）、𧘂、叙	登、祭、禩、食、又、韦、𧘂、𧘂、㞢、彡、将、告
常用伴祭名	㞢、𧘂、酌	㞢(又)	㞢(又)	又、𧘂、㞢

由表24可见,出现伴祭较多的是宾组与花东组岁祭卜辞,午组岁祭卜辞虽然较多,但伴祭仅有三种,而且𠂤祭只见于同一版的卜辞中。各组常用的伴祭名彼此有别,但侑祭是一期各组都常用的伴祭名。

(二)二期岁祭之伴祭

1. 祖庚时期岁祭之伴祭

祖庚岁祭卜辞中有相伴祭名的辞例如:

　　(55)〔甲申卜,出贞:〕〔翌〕□□〔子吕其〕㞢于妣辛𡇯岁,其至凡……(《合集》23395)

"𡇯"在卜辞为祭名。[1] 卜辞中的岁祭有侑祭、𡇯祭相伴。

2. 祖甲时期岁祭之伴祭

祖甲岁祭卜辞中有相伴祭名的辞例如:

　　(56)己亥卜,喜贞:翌庚子妣庚岁,其弘宰。(《合集》23368)

　　(57)丁未卜,王曰贞:父丁禀岁,其弘三宰。兹用。(《怀特》1016)

"弘"为祭名,[2]以上弘祭与岁祭相伴的场合都以宰作祭品。

　　(58)壬申卜,行贞:王宾岁二牛,叙。亡尤。(《合集》25096)

①于省吾主编:《甲骨文字诂林》,北京:中华书局,1999年,第2056页。

②于省吾主编:《甲骨文字诂林》,北京:中华书局,1999年,第2612页。

这是一条叙祭与岁祭相伴的辞例,二期叙祭与岁祭相伴的辞例共有35条,辞例如:

(59)辛亥卜,[尹]贞:王宾[祖]辛岁[,叙。亡尤。](《合集》22903)

(60)丙申卜,即贞:王宾妣丙岁,叙。亡尤。二月。(《合集》23336)

(61)乙巳卜,尹贞:王宾妣庚岁,叙。亡尤。(《合集》23350)

(62)庚戌卜,[行]贞:王宾□□奭妣庚岁宰,叙。亡尤。(《合集》23327)

(63)庚申卜,王贞:妣庚岁[,叙]。亡尤。(《合集》40991)

(64)[庚]子卜,旅贞:妣庚岁,王其叙,在□[月]。(《合集》23361)

(65)庚戌卜,旅贞:妣庚岁,王其叙,在一月。(《合集》23357)

(66)甲申卜,[即]贞:妣岁,王其叙,十一月。(《合集》25162)

(67)戊午卜,行贞:王宾父丁岁二牛,叙。亡[尤]。(《合集》23188)

(68)丙□卜,□贞:王宾父丁岁三宰,叙。亡尤。(《合集》23198)

(69)丙戌卜,行贞:王宾父丁夕岁,叙。亡[尤]。(《合集》23189)

(70)己巳卜,行贞:王宾母己岁一牛,叙。(《合集》23406)

(71)辛亥卜,喜贞:母辛岁,其叙。(《合集》23422)

(72)己丑卜,行贞:王宾兄己岁,叙□牛。亡尤。(《合集》23354)

(73)己亥卜,涿贞:王宾兄己岁宰,叙。无尤。(《天理》327)

在以上有叙祭相伴的岁祭场合再无其他伴祭出现。受祭的先王只有祖辛,岁祭先妣有羌甲奭妣庚①,如例(62),妣丙、妣庚、妣,还有父丁、母己、母辛,兄己。卜辞后附记月名的都是岁祭先妣的。在岁祭先妣时,有时王祖甲亲自贞问的,如例(63),还有亲自叙祭的,如例(64)—(66)。王行叙祭时还会有专门的占卜,辞例如:

①"奭"前补释出"羌甲"的论述已见本书第二章,第96页。

(74)□子卜，𠂤[贞:]岁，王其叔，在五月。(《合集》25170)

(75)□□卜，行贞：庚灵岁，王其叔。(《合集》23217)

(76)戊戌[卜，]尹贞：宙岁，王其叔。(《合集》25173)

岁祭时商王祖甲亲自叔祭的对象只有先妣，所以例(75)的庚灵应指妣庚之升。

(77)□□卜，旅[贞:]翌乙鲁祖乙，其菁𠂤岁一宰、羌十人。(《合集》22556)

"菁"为祭名，例(77)的岁祭分别有㕻祭、菁祭、𠂤祭相伴。

(78)庚辰卜，大贞：来丁亥寇帝业枛岁羌三十，卯十牛，十二月。(《合集》22548)

这是年终的一种隆重的岁祭类型。岁祭并有寇祭、侑祭、枛祭相伴。

(79)[辛]亥卜，即贞：翌壬子酻示壬岁。亡壱。(《合集》22709)

(80)□□卜，即贞：父丁岁，其先祭。(《合集》23229)

以上两例的岁祭分别有酒祭、"祭"祭相伴。

祖甲时期与岁祭相伴的祭名出现较多的是叔祭、𠂤祭、侑祭与酻祭。

把二期祖庚、祖甲岁祭卜辞中出现的伴祭名归纳成表25。

类别 伴祭名	祖庚卜辞	祖甲卜辞
所有伴祭名	业、𠲿	弘、叔、㕻、菁、𠂤、寇、业、枛、酻、祭
常用伴祭名	业	叔、𠂤、业、酻

由表25可见，出现伴祭名较多的是祖甲卜辞，应与祖甲卜辞本身较多有关。侑祭是二期祖庚、祖甲时期都常用的伴祭名。

(三)三期岁祭之伴祭

1.廪辛时期岁祭之伴祭

廪辛时期岁祭卜辞中有相伴祭名的辞例如：

(81)己亥卜，何贞：翌庚子𠂤岁，其延于父庚。(《合集》27424)

(82)乙卯卜，何贞：业𠂤岁于唐。王亡壱。[十]二月。(《合集》

27153）

（83）丙午卜，何贞：翌丁未其又❋岁毓祖丁。（《合集》27321）

（84）□□卜，状[贞：]酚上甲又岁。王受又。（《合集》27054）

例（81）的岁祭有❋祭相伴，岁祭祖庚。例（82）、（83）的岁祭有侑祭、❋祭相伴，分别岁祭大乙与毓祖丁。值得注意的是，同样有侑祭、❋祭相伴的岁祭场合，岁祭大乙时相伴的侑祭作"屮"，而且卜辞后附记月名；岁祭武丁时相伴的侑祭作"又"，卜辞后没有附记月名。换言之，"屮"被"又"取代之后，"屮"并没有彻底消失，后代还用作区别岁祭等级的手段与"又"相对应。这一点或许可以启发我们思考四期卜辞又重新写为大字与一期特征相同的原因。例（84）岁祭上甲，岁祭有侑祭、酒祭相伴，侑祭作"又"。岁祭祖庚、武丁两位近祖时，占卜天干日在岁祭对象日干名的前一天，岁祭大乙时，占卜天干日在岁祭对象日干名的同一天，只可惜例（84）前辞残，无法知晓其占卜天干日名。可见，廪辛在岁祭其父祖庚、祖父武丁两位近祖和远祖大乙、先公上甲时，分别以不同的伴祭以及同一伴祭的不同写法、占卜于不同的天干日及卜辞是否附记月名等形式区分出了彼此的不同。

2. 康丁时期岁祭之伴祭

康丁岁祭卜辞中有相伴祭名的辞例如：

（85）壬寅卜，王宾妣壬岁犾。（《合集》27387）

这条卜辞中与岁祭相伴的是犾祭，是康丁卜辞中仅见的一条犾祭与岁祭相伴的辞例。

（86）贞：王宾父己岁𥄲。（《合集》27400）

（87）己卯卜，王宾父己岁祭。王受又。（《屯南》95）

（88）辛酉卜，父甲酚又夕岁。王受[又]。吉。（《合集》27452）

例（86）的"𥄲"字"乃祭之异体"。[①] 例（87）的"祭"字作"🈁"，与"𥄲"字的区别在于前者从两只手，后者从一只手。甲骨文中类似的异体字例还有如：

---

① 于省吾主编：《甲骨文字诂林》，北京：中华书局，1999 年，第 901 页。

𝄐、𝄐；𝄐、𝄐；𝄐 𝄐。①

　　两条卜辞的前辞不同,命辞内容与语序全同,都是在岁祭父己时有"祭"祭相伴。例(88)的岁祭有侑祭、𝄐祭相伴。"祭"祭、𝄐祭分别是周祭五种祭祀之一,岁祭孝己只有"祭"祭相伴,岁祭祖甲同时有侑祭与𝄐祭相伴,也可见不同的伴祭分别不同的岁祭规格。

　　(89)己丑卜,兄庚𝄐岁牢。(《屯南》1011)

　　(90)己卯卜,兄庚𝄐岁,叀羊。(《合集》27620)

　　"𝄐"在卜辞中有用为祭祀之所的,有用为祭名的。用为祭祀之所的辞例如:

　　(91)阔𝄐于祖丁𝄐。(《合集》27313)(三期)

　　(92)乙未卜,其叙虎于父甲𝄐。(《合集》27339)(三期)

　　(93)……其牢于𝄐,其射。(《合集》30601)②(三期)

　　"𝄐"之前有介词"于",而且位置在命辞之后。例(89)、(90)中的"𝄐"前没有介词,也不在辞尾,不是表祭祀之所的,应是与岁祭相伴的祭名。在有𝄐祭相伴的岁祭场合,占卜天干日在岁祭对象日干名前一天。

　　(94)贞:其弘岁宰五十。(《合集》31318)

　　例(94)的岁祭有弘祭相伴。

　　(95)甲戌卜,其执伊又岁。(《合集》27306)

　　(96)卜:𝄐岁其至于大乙。吉。(《合集》27101)

　　(97)王其又大乙、大丁、大甲,叀𝄐岁公。(《合集》27149)

　　例(95)的岁祭有侑祭相伴。康丁卜辞中有大量的侑祭与岁祭相伴的辞例,也有𝄐祭与岁祭相伴的,如例(96),还有侑祭、𝄐祭同时与岁祭相伴的,如例(97)。

　　把三期禀辛、康丁岁祭卜辞中出现的伴祭名归纳成表26。

---

①李宗焜:《甲骨文字编》,北京:中华书局,2012 年,第 327—340 页。
②于省吾主编:《甲骨文字诂林》,北京:中华书局,1999 年,第 2716—2717 页。

伴祭名＼类别	廪辛卜辞	康丁卜辞
所有伴祭名	𠂤、又(出)、酚	杘、祭、𤔔、𩁹、弘、又、𠂤
常用伴祭名	𠂤、又(出)	又、𠂤

由表 26 可见,出现伴祭名较多的是康丁卜辞,应与其卜辞本身较多有关。两类常用的伴祭都是侑祭与𠂤祭。

三期还有一例岁祭卜辞:"于祖丁岁又正。王受又。"(《屯南》613)看不到前辞,无法判断是廪辛卜辞还是康丁卜辞。"正"是祭名,[①]同侑祭一起与岁祭相伴。

(四)四期岁祭之伴祭

为与前面的讨论一致,四期分"干支贞"、"干支卜"两类分别观察岁祭中的伴祭现象。

1."干支贞"类岁祭之伴祭

"干支贞"类岁祭卜辞中有相伴祭名的辞例如:

(98)辛亥贞:壬子又多公岁。

　　　　　　　　弜又于大岁𣂪。(《合集》33692)

(99)丙戌贞:延牢𩁹岁弘二牢。(《合集》34381)

例(98)有两条卜辞,第一条的岁祭有侑祭相伴,第二条承第一条省略了前辞,其中的"𣂪"为祭名,[②]同侑祭一起与岁祭相伴。例(99)的"牢"为祭名,[③]是牢祭、𩁹祭、弘祭同与岁祭相伴。

(100)丁丑贞:来甲申先于大甲𠂤岁……兹用。(《合集》41476)

(101)丁未贞:𠂤岁,重祭菁。(《合集》34616)

(102)乙亥贞:又𠂤岁自上甲,汎菁上甲彡。(《屯南》488)

(103)癸未贞:甲申酚出入日岁三牛。兹用。(《屯南》890)

例(100)的岁祭有𠂤相伴,例(101)与岁祭相伴的除𠂤祭外还有"祭"祭、菁祭,例(102)与岁祭相伴的有侑祭、𠂤祭、菁祭、彡祭,"祭"祭、彡祭都

——————————

①于省吾主编:《甲骨文字诂林》,北京:中华书局,1999 年,第 809 页。

②于省吾主编:《甲骨文字诂林》,北京:中华书局,1999 年,第 1921 页。

③姚孝遂、肖丁:《小屯南地甲骨考释》,北京:中华书局,1985 年,第 10 页。

是周祭祀典。例(103)的岁祭有酒祭相伴。也有酒祭、🜚祭与岁祭相伴的，辞例如：

> (104)癸卯贞：酚🜚岁于大甲甲辰五牢。兹用。(《屯南》2953)

> (105)辛卯贞：酚🜚岁妣壬、癸。(《合集》32751)

> (106)甲午贞：又🜚伐自祖乙羌五岁三牢。(《屯南》1091)

例(106)则是侑祭、🜚祭、伐祭同时与岁祭相伴的。还有酒祭、🜚祭、伐祭同时与岁祭相伴的，辞例如：

> (107)甲午贞：酚🜚伐乙未于大乙羌五，岁五牢。
>
> 　　丙申贞：酚🜚伐大丁羌五，岁五……(《屯南》739)

2. "干支卜"类岁祭之伴祭

"干支卜"类岁祭卜辞中有相伴祭名的辞例如：

> (108)丙午卜，父丁肜夕岁一牢。(《合集》32448)

与三期一样，有肜祭与岁祭相伴的场合，占卜天干日也在岁祭对象日干名的前一天。

> (109)庚戌[卜，]辛亥又岁祖辛二十牢又五，易日。兹用。允易日。
>
> 　　　　　　　　又岁大甲三十牢，易日。兹用。不易日。祝
>
> 雨。(《合补》10659)

例(109)有侑祭、祝祭与岁祭相伴。

> (110)甲辰卜，🜚伐祖甲岁二牢。用。
>
> 　　　　　　岁十小宰。
>
> 　　　　又伐十五，岁小宰上甲。用。(《合集》32198)

> (111)甲辰卜，其又🜚岁于毓祖乙。(《合集》32454)

例(110)有三条卜辞，第三条卜辞中的"伐"后有"十五"。可见，此处的"伐"应该是指人牲名。第一条"🜚伐"的结构同第三条的"又伐十五"，"伐"后的"一"省略。与岁祭相伴的有🜚祭、侑祭。还有侑祭、🜚祭同时与岁祭相伴的，如例(111)。

> (112)丙午卜，中丁岁竝酚。(《合集》32498)

（113）丙子卜，酻🜨岁伐十五、十牢、夂大丁。（《屯南》4318）

例（112）有酒祭与岁祭相伴，例（113）则是酒祭、🜨祭同时与岁祭相伴。把四期"干支贞""干支卜"两类卜辞中出现的伴祭名归纳成表27。

伴祭名 ＼ 类别	"干支贞"类卜辞	"干支卜"类卜辞
所有伴祭名	又、🜨、弘、㝊、𧈒、🜨、祭、蒿、彡、酻、伐	𧈒、又、伇、🜨、酻
常用伴祭名	又、🜨、酻	又、🜨

由表27可见，两类出现的伴祭名互有不同。除伇祭外，"干支卜"类中出现的伴祭名都出现在"干支贞"类。"干支卜"类常用伴祭名是侑祭与🜨祭，"干支贞"类常用的伴祭名除侑祭与🜨祭外还有酒祭。

把一至四期出现的伴祭名归纳成表28。

伴祭名 ＼ 类别	一期				二期		三期		四期	
	宾组	午组	𠂤组	花东组	祖庚	祖甲	廪辛	康丁	干支贞	干支卜
所有伴祭名	罝、屮、🜨、酻、祈、禦、阤、醸、枫、尊	屮（又）、🜨、中	屮（又）、🜨、叔	登、祭、禦、食、又、帚、伇、𠃌、彡、将、告	屮、聞	弘、叔、𧈒、蒿、🜨、寇、屮、枫、酻、祭	🜨、又（屮）、酻	伇、祭、𧈒、𧈒、弘、屮、又、🜨	又、🜨、弘、㝊、𧈒、🜨、祭、蒿、彡、酻、伐	𧈒、又、伇、🜨、酻
常用伴祭名	屮、🜨、酻	屮（又）	屮（又）	又、伇、𠃌	屮	叔、🜨、屮、酻	🜨、又（屮）	又、🜨	又、🜨、酻	又、🜨

在没有伴祭的岁祭卜辞中很少能看到岁祭的目的，因为岁祭是一种与

周祭相近的常规性的祭祀活动,[①]一年四季周而复始地进行着,并非为某种目的而设。有特定目的的祭祀会安排在岁祭时一起举行,就是表28中所见岁祭的各种伴祭。"各期卜辞不画一,占卜何事全看殷王的心愿。"[②]各期岁祭的伴祭互有不同,也印证了这一论断。

二、多期共见伴祭之演变特征

为叙述方便,分为同时见于一至四期与仅见于其中某几期的伴祭两类。

(一)同见于一至四期的伴祭

同见于一至四期岁祭卜辞中的伴祭有侑祭、彳祭与"祭"祭,这三种伴祭或单独或两个同时甚至三个同时与岁祭相伴。

1.侑祭

侑祭同见于一至四期中,是最常见的伴祭。侑祭有时同彳祭、酒祭一起与岁祭相伴,其特征放后文集中讨论。在仅有侑祭相伴[③]的岁祭场合,不同期的岁祭对象呈现出不同的特点。一期宾组、𠂤组卜辞因辞残无法确定侑祭伴祭时的岁祭对象,午组岁祭对象有先王祖癸,如例(9),有先妣妣乙、妣己、妣癸和母戊如例(11)。花东组的岁祭对象有先王祖甲如例(22)、祖乙如例(42)、先妣妣甲如例(41)、妣庚如例(49)。

二期祖庚卜辞有侑祭伴祭时的岁祭对象是妣辛,如例(55)。祖甲卜辞中的岁祭对象有祖乙与父丁,辞例如:

(114)[乙]未卜,旅贞:祖乙岁,其又羌,在六[月]。(《合集》22573)

(115)丙申卜,即贞:父丁岁又㞢。(《合集》23227)

三期仅有侑祭相伴的岁祭见于康丁卜辞中,岁祭对象有父甲如例(88)、伊尹如例(95)。

四期仅有侑祭相伴的岁祭见于"干支卜"类中,岁祭对象有上甲,如例

---

①详细论证见本书附录。

②张政烺:《妇好略说》,《考古》,1983年第6期。转引自宋镇豪、段志洪主编《甲骨文献集成》第20册,成都:四川大学出版社,2001年,第473页。

③这里指没有彳祭、酒祭同时相伴,后仿此。

（110）；大甲、祖辛，如例（109），还有大戊，辞例如：

（116）丁巳卜，其又岁于大戊二牢。（《合集》32455）

把各期、组仅有侑祭伴祭时的岁祭对象归纳成表29。

类别	一期		二期		三期	四期
	午组	花东组	祖庚	祖甲	康丁	"干支卜"类
岁祭对象	祖癸妣乙、妣己、妣癸、母戊	羌甲、祖乙、妣庚、妣甲	妣辛	祖乙武丁	祖甲伊尹	上甲、大甲、大戊、祖辛

比较可见，在只有侑祭与岁祭相伴的场合，二期祖庚之前有岁祭女性祖先的，祖甲之后则不见有女性祖先。祖甲与康丁时期有岁祭直系父辈的，四期"干支卜"类没有岁祭直系父辈的，各期在这种场合安排祭祀的对象类型有明显的差异。就这种场合的用牲而言，一期宾组与二期用人牲如例（6）、（78），三期、四期无用人牲的，差异也明显。

2. 𢀠祭

𢀠祭在一期各组，二期祖甲，三期廪辛、康丁，四期的两类岁祭卜辞中都有，而且是一期宾组，二期祖甲，三、四期所在岁祭中的常用伴祭。在仅有𢀠祭与岁祭相伴的场合，一期宾组岁祭对象是大乙，如例（3），还见祖乙至祖丁的合祭，如例（5）。花东组岁祭对象是祖乙，如例（40）。只有侑祭与岁祭相伴的一期卜辞还有岁祭女性祖先的；在只有𢀠祭与岁祭相伴时，祭祀对象只限于大乙、祖乙及年终的合祭。

二期仅有𢀠祭与岁祭相伴的场合只见于祖甲时期，岁祭对象有大丁、大戊、祖乙、父丁，辞例如：

（117）□□卜，尹贞：［王］宾父丁岁宰眔大丁𢀠［岁］宰。亡尤。（《合集》22769）

（118）戊午卜，𢀠贞：王宾大戊𢀠岁三宰。亡尤。（《合集》22847）

（119）□□卜，旅［贞：］翌乙酓祖乙，其𦎫𢀠岁一宰，羌十人。（《合集》22556）

比仅有侑祭与岁祭相伴的场合祭祀对象多了远世先王大丁、大戊。

三期廪辛时期仅有𢀠祭与岁祭相伴时的岁祭对象是父庚，如例（81）。康丁时期岁祭对象是大乙，如例（96），仅有侑祭与岁祭相伴的场合岁祭对象没有大乙,只有祖甲与外族神伊尹,是这一时期两种场合的不同之处。

四期仅有彡祭与岁祭相伴的场合仅见于"干支贞"类中,岁祭对象是大甲,如例(100)。大甲是直系先王,但不是"干支贞"类的主要岁祭对象。

把各期、组只有彡祭伴祭时的岁祭对象归纳成表30。

类别	一期		二期	三期		四期
	宾组	花东组	祖甲	廪辛	康丁	"干支贞"类
岁祭对象	大乙	祖乙	大丁、大戊、祖乙、武丁	祖庚	大乙	大甲

比较可见,在仅有彡祭与岁祭相伴的场合,岁祭对象最多的是祖甲时期。一期宾组岁祭远祖大乙,而花东组岁祭近祖祖乙,二期祖甲时期既有远祖大丁、大戊,也有近祖祖乙,三期康丁时期与四期"干支贞"类则只有远祖。直系父辈只在二期祖甲与三期廪辛时期岁祭。各期在这种场合安排祭祀对象的类型互有不同。

3."祭"祭

"祭"祭在一期花东组、二期祖甲、三期康丁、四期"干支贞"类的岁祭中都有伴祭。辞例如:

(120)戊寅卜,岁祖甲小宰,祖乙小宰,登自西祭,子祝。(《花东》214)

(121)甲寅,岁祖甲白豤一,伐爯一,皀自西祭。(《花东》4)

(122)辛未,岁妣庚小宰,告又伐爯,子祝,皀祭。(《花东》265)

(123)□□卜,即贞:父丁岁,其先祭。(《合集》23229)(二期)

(124)己卯卜,王宾父己岁祭。王受又。(《屯南》95)(三期)

(125)丁未贞:彡岁,重祭䰫。(《合集》34616)(四期)

例(120)—(122)是花东组的岁祭,有"祭"祭相伴的场合都还有烝祭、皀祭,这是与二至四期的不同之处。岁祭祖乙、祖甲、妣庚三位花东组最重要的岁祭对象,"祭"祭在岁祭之后进行。例(123)是二期岁祭,有"祭"祭相伴的场合岁祭祖甲之父武丁,是二期最重要的岁祭对象之一。"祭"祭在岁祭之前进行。例(124)是三期的岁祭,岁祭康丁之父孝己。岁祭与"祭"祭同时进行,而且有康丁亲自行傧接仪式,但是孝己在三期不是最重要的岁祭对象。例(125)是四期"干支贞"类的岁祭,有 𢓊 祭相伴,进一步确定以"祭"祭、蒂祭相伴,但未指明具体岁祭对象。可见,各期在"祭"祭与岁祭相伴场合安排的岁祭对象类型、岁祭与"祭"祭的前后顺序等都不相同。

一至四期的岁祭卜辞中还有侑祭、𢓊 祭同时与岁祭相伴的场合。一期宾组这种场合岁祭的对象有先公上甲,如例(1),还有直系先王大乙、祖乙、祖丁,旁系先王外丙、南庚,还有母庚,辞例如:

(126)□卯,屮 𢓊 岁成。(《合集》1343)

(127)乙未,屮 𢓊 岁祖乙。(《合集》1575)

(128)[壬]戌卜,王屮 𢓊 岁祖丁。(《合集》1849)

(129)[丙]戌,屮 𢓊 岁卜丙。(《英藏》1196)

(130)庚寅,屮 𢓊 岁南庚。(《合集》2009)

(131)庚寅,屮 𢓊 岁母庚。(《英藏》112 反)

午祖岁祭的是父戊,如例(10)。父戊是午组特有的岁祭对象,亦午组少数用人牲的岁祭对象之一。自组有岁祭大乙的,如例(14),还有岁祭旁系先王阳甲的,如例(15)。

二期卜辞有侑祭、𢓊 祭与岁祭同时相伴的场合仅见于祖甲时期,岁祭对象有先公上甲,直系先王祖乙、祖辛、小乙,辞例如:

(132)癸亥卜,旅贞:翌甲子又 𢓊 岁上甲,其又羌九。(《合集》22558)

(133)……王……乙丑其又 𢓊 岁于祖乙白牡,王在 𝄁 卜。(《合集》22904)

(134)庚子卜,行日贞:翌辛丑其又 𢓊 岁于祖辛。(《合集》23002)

(135)□□[卜],□[贞:]……[又] 𢓊 岁毓祖乙,又羌。(《合集》22574)

三期廪辛时期卜辞在侑祭、𢓊 祭与岁祭同时相伴的场合,岁祭对象有大乙,如例(82);武丁,如例(83)。康丁时期在这种场合岁祭的对象有合祭大乙、大丁、大甲的,如例(97)。

四期"干支贞"类在这种场合的岁祭对象有先公上甲,直系先王大乙、

大甲、大戊、中丁、祖乙、祖辛、小乙与武丁、康丁、伊尹,辞例如:

（136）□巳贞:甲午又彡岁于上甲五牢。（《合集》32322）

（137）□戌贞:又彡岁……小乙……乙亥蓑大乙。（《合集》32442）

（138）甲子贞:今日又彡岁于大甲牛一。兹用。在邻。（《屯南》1111）

（139）丁丑贞:[其]又彡岁于大戊三牢。兹用。（《合集》34165）

（140）丙寅:又彡岁于中丁。兹用。（《屯南》856）

（141）乙亥贞:又彡岁于祖乙大牢、一牛。（《合集》32509）

（142）庚寅贞:又彡岁于祖辛。（《屯南》996）

（143）癸丑贞:又彡岁于[祖丁]。兹用。（《合集》32596）

（144）癸卯贞:王又彡岁于父丁三牢。（《合集》32669）

（145）丙寅贞:又彡岁于伊尹二牢。（《合集》33273）

　　"干支卜"类卜辞中这种场合的岁祭对象有上甲、祖乙、祖丁、小乙、父乙,辞例如:

（146）辛亥卜,甲子又彡岁于上甲三牛。（《合集》32324）

（147）乙丑卜,又彡岁于祖乙五牢。（《合集》32510）

（148）□戌卜,其又彡岁于小丁。（《合集》32639）

（149）甲辰卜,其又彡岁于毓祖乙。（《合集》32454）

（150）乙未卜,又彡岁于父乙三牛。兹用。（《合集》34240）

　　把各期、组类侑祭、彡祭与岁祭同时相伴场合的岁祭对象归纳成表31。

类别	一期			二期	三期		四期	
	宾组	午组	𠂤组	祖甲	廪辛	康丁	"干支贞"类	"干支卜"类
岁祭对象	上甲、大乙、祖乙、祖丁、外丙、南庚、母庚	父戊	大乙、阳甲	上甲、祖乙、祖辛、小乙	大乙、武丁	大乙、大丁、大甲	上甲、大乙、大甲、大戊、中丁、祖乙、祖辛、小乙、武丁、康丁、伊尹	上甲、祖乙、祖丁、小乙、武乙

　　相较而言,一期宾组与四期"干支贞"类的岁祭对象明显多于一期午组、𠂤组,二、三期。一期岁祭对象既有直系先王,也有旁系先王和女性祖先,而二期以后仅有直系先王,没有旁系先王与女性祖先。值得注意的是,四期的"干支贞"类岁祭外族神伊尹,是其他期、组没有的。二期与四期

"干支卜"类在这种场合除岁祭先公上甲外,直系先王只有祖乙以下的近祖,但二期没有岁祭父辈的。岁祭父辈祖先的只有一期的午组与四期,但午组仅岁祭父戊,没有岁祭先公上甲与直系先王的。三期与四期"干支贞"类都有远祖,但三期没有岁祭先公上甲的。

总之,侑祭、彡祭与岁祭同时相伴的场合虽然同见于一至四期中,但各期祭主在相同场合安排的岁祭对象类别具有明显的不同。

图7-3　枫祭与岁祭相伴
（《合集》319）

（二）仅见于某几期的伴祭

1. 一、二期共见的枫祭与叔祭

在一期宾组、二期祖甲时期的岁祭卜辞中都有与枫祭相伴的,分见于以下两条卜辞中:

（151）庚辰卜,□［贞:］来丁亥□常出枫岁羌三十,卯十［牛］,十二月。（《合集》319）（图7-3）（一期）

（152）庚辰卜,大贞:来丁亥寇常出枫岁羌三十,卯十牛,十二月。（《合集》22548）（图7-4）（二期）

图7-4　枫祭与岁祭相伴
（《合集》22548）

例（151）的命辞有残缺,除残缺部分外与例（152）的内容全同。例（151）"常"前一字的残字与例（152）相应位置的字分别作"　"与"　",二字都从"宀",或是同一个字。两例中枫祭与岁祭相伴的场合一样,都还有侑祭相伴,岁祭规格都用三十个羌俘、都对剖十头牛,岁祭时间都在十二月的庚辰日,说明二期完全继承了一期枫祭与岁祭相伴的制度。

在一期𠂤组、二期祖甲时期的岁祭卜辞中都有叔祭与岁祭相伴的,辞例如:

（153）宙之日兄用咸叔,岁祖乙二牢、殳牛、白豜,叔嚣三小宰。（《合集》19849）（𠂤组）

（154）壬申卜,行贞:王宾岁二牛,叔。亡尤。（《合集》25096）（二期）

自组叙祭用祭品一卣鬯、三小宰,二期叙祭未见祭品信息。有一条二期卜辞如:

图 7-5　叙祭与岁祭相伴
(《合集》23354)

（155）己丑卜,行贞:王宾兄己岁,叙□牛。亡尤。（《合集》23354）（图 7-5）

《摹释总集》的释文为:"己丑卜,行贞:王宾兄己岁叙亡尤。二牛。"细审拓片,卜辞左行,最左一列"尤"字下有两字,最后一字是"牛","牛"上一字漫漶不清。《摹释总集》释为"二",《合集释文》缺字。无论如何,两字确在辞尾。二期岁祭有叙祭相伴的卜辞还有如:

（156）己亥卜,涿贞:王宾兄己岁宰,叙。无尤。（《天理》327）

（157）庚戌卜,[行]贞:王宾□□奭妣庚岁宰,叙。亡尤。（《合集》23327）

（158）戊午卜,行贞:王宾父丁岁二牛,叙。亡[尤]。（《合集》23188）

（159）丙□卜,□贞:王宾父丁岁三宰,叙。亡尤。（《合集》23198）

（160）己巳卜,行贞:王宾母己岁一牛,叙。（《合集》23406）

辞例都一样,岁祭后有用牲记录,叙祭后都无用牲记录。可见,例（155）辞尾的"□牛"本应是在"岁"之后,因漏刻放在辞尾与右面"叙"字齐平的位置。例（155）与例（154）的语序相同,叙祭之后也无祭品记录。可见,一期自组与二期祖甲时期的岁祭在这种场合祭祀制度的不同。

2. 一、三、四期共见的权祭

权祭在一期花东组、三期康丁时期、四期"干支卜"类卜辞中都有与岁祭相伴的,辞例如:

（161）甲寅,岁祖甲白牝,权鬯一,又皀。（《花东》149）

（162）甲申,岁祖(甲)小宰,权鬯一,子祝,才麓。（《花东》354）

（163）壬寅卜,王宾妣壬岁权。（《合集》27387）（三期）

（164）又岁大甲三十牢,易日。兹用。不易日。权雨。（《合补》

10659)（四期）

花东组有祝祭相伴的岁祭场合最多，都以⾢为祭品，常有祭主子行祝祷仪式，如例（162）。三期这样的场合康丁行侯接仪式，如例（163）。例（164）是四期卜辞，用三十牢侑祭、岁祭大甲，以求天晴。占辞有两个推测：一是天晴了；二是没有天晴，需要祝雨，"祝雨"显然是为止雨而行祝祭。在侑祭与岁祭相伴的场合又有祝祭相伴以求止雨，但没有祝祷或侯接仪式。可见，不同期在这种场合的岁祭制度也不相同。

3. 一、四期共见的乡祭

乡祭在一期花东组、四期"干支贞"类卜辞中都有与岁祭相伴的，辞例如：

（165）庚辰，岁妣庚[牢]、牝，乡舌。（《花东》427）

（166）乙亥贞：又丩岁自上甲、汎𬓼上甲乡。（《屯南》488）

花东组乡祭与岁祭相伴的场合岁祭妣庚，妣庚是花东组岁祭的主要对象之一，岁祭规格仅次于祖乙、羌甲，但岁祭频率最高，而且有一小类专祭妣庚。四期"干支贞"类是在侑祭、丩祭自上甲始的大合祭时伴有乡祭。可见，同是乡祭与岁祭相伴的场合，在花东组与四期"干支贞"类中的使用有别。

一、四期还有酒祭、丩祭与岁祭同时相伴的场合。一期宾组这种场合岁祭的对象有祖丁，如例（2），还有岁祭于闰年最后一个月的大合祭，辞例如：

（167）贞：丩岁酚，十三月。（《英藏》2109）

（168）贞：丩岁酚，十三月。（《合集》14354）

（169）贞：丩岁日酚，十三月。（《合集》14822）

四期"干支贞"类岁祭的对象有先公上甲，先王大乙、大甲、祖乙、中丁与武丁，先妣妣壬与妣癸，外族神伊尹。辞例如：

（170）癸亥贞：甲子酚丩岁于上甲五牛。兹用。（《合集》32360）

（171）癸酉[贞]：翌乙亥酚丩岁于大乙三牛。（《合集》32422）

（172）丙申贞：丁酉酚丩岁于大……五牢。兹用。

大甲。

　　　　祖乙。(《合集》32480)

　　(173)丙午贞:酚┩岁于中丁三牢、祖丁三牢。(《合集》32816)

　　(174)辛卯贞:酚┩岁妣壬、癸。(《合集》32751)

　　(175)丁巳贞:酚┩岁于伊……(《合集》34163)

　　"干支卜"类岁祭的对象有先王大乙、大丁,如例(107)。把各自的岁祭对象归纳成表32。

类别	一期	四期	
		干支贞	干支卜
岁祭对象	祖丁	上甲,大乙、大甲、祖乙、中丁、武丁、妣壬、妣癸,伊尹	大乙、大丁

　　比较可见,一期只祭近祖,四期还祭远祖;一期有合祭于十三月的卜辞,四期没有;四期岁祭先王多于一期,而且岁祭先公、先妣、外族神,也是一期没有的。

　　4.二、三、四期共见的弘祭

　　弘祭在二期祖甲时期、三期康丁时期、四期"干支贞"类卜辞中都有与岁祭相伴的,辞例如:

　　(176)己亥卜,喜贞:翌庚子妣庚岁,其弘宰。(《合集》23368)(二期)

　　(177)丁未卜,王曰贞:父丁橐岁,其弘三宰。兹用。(《怀特》1016)(二期)

　　(178)贞:其弘岁宰五十。(《合集》31318)(三期)

　　(179)弘自祖乙岁三牛。兹用。(《合集》32531)(四期)

　　二期有弘祭与岁祭相伴的场合用宰数量在三以内,岁祭对象有先妣与祖甲之父武丁。三期同样的场合岁祭用五十宰,没有具体岁祭对象。四期用牛,用于自祖乙始之近祖的合祭。可见,不同期安排这种岁祭场合的制度不同。

　　5.二、三期共见的刍祭

　　刍祭在二期祖甲时期、三期康丁时期卜辞中都有与岁祭相伴的,辞例如:

　　(180)□□卜,旅[贞:]翌乙刍祖乙,其菁┩岁一宰、羌十人。(《合集》22556)(二期)

（181）辛酉卜，父甲酓又夕岁。王受［又］。吉。（《合集》27452）
（三期）

二期是菁祭、彳祭与岁祭相伴的场合同时有酓祭相伴，岁祭祖乙用十个羌俘，是一种规格很高的岁祭。三期是侑祭与岁祭相伴的场合同时有酓祭相伴，岁祭康丁之父祖甲，没有用牲记录。可见，同是在酓祭与岁祭相伴的场合，二期与三期的岁祭制度也不相同。

6. 二、四期共见的彭祭①

二期祖甲与四期的卜辞中有彭祭单独与岁祭相伴的。二期祖甲时期这种场合的岁祭对象有先公示壬，如例（79），还有先王大丁、祖丁、小乙、中子，辞例如：

（182）丁巳卜，行贞：小丁岁眔矢②岁彭。（《合集》23053）

（183）癸丑卜，行贞：翌甲寅毓祖乙岁，朝彭。兹用。（《合集》23148）

（184）辛丑卜，大贞：中子岁，其延彭。（《合集》23545）

四期这种场合的岁祭对象有出入日，如例（103），还有上甲、大丁、中丁与祖乙，辞例如：

（185）癸巳贞：甲午彭上甲岁三牛。［兹用］。（《合集》32363）

（186）丙辰贞：彭岁于大丁。亡［壱］。（《合集》32463）

（187）丙午卜，中丁岁立彭。（《合集》32498）

（188）先祖乙岁彭。（《合集》32532）

把以上只有彭祭伴祭的岁祭对象归纳成表33。

类别	二期	四期
岁祭对象	示壬、大丁、祖丁、小乙、中子	出入日、上甲、大丁、中丁、祖乙

比较可见，在仅有彭祭与岁祭相伴的场合，二期岁祭的先公是示壬，四期岁祭的是上甲；二期有祭祀中子的，四期没有；四期有祭祀自然神之出入日的，二期没有。二期与四期在这样的场合安排岁祭的对象类别有明显的

①一期宾组与三期廪辛卜辞也有彭祭与岁祭相伴的，但没有单独与岁祭相伴的，故另置此处讨论。
②"矢"当为大丁，论见本书第二章第二节第一"干支卜＋某贞"类"其他类"下。

差别。

朱凤瀚先生认为:"酌祭往往是其他祭仪进行之前,先要举行的一个必要的仪式,一种先导。"①在酒祭与岁祭相伴的大多数场合是支持这一论断的,辞例如:

(189)戊寅卜,即贞:宙𢓊岁先酌。(《合集》25204,二期)

(190)先庚岁酌。

先祖乙岁酌。(《合集》32532,四期)

(191)癸亥[卜],贞:妣岁,宙今蔑酌。(《合集》25157,二期)

(192)癸丑卜,行贞:翌甲寅毓祖乙岁,朝酌。兹用。(《合集》23148,二期)

(193)贞:妣庚岁,宙橐酌先日。(《合集》23326,二期)

例(189)、(190)的酒祭在岁祭之前进行,例(191)、(192)在岁祭日的早晨举行酒祭,例(193)在岁祭日前一天的暮时举行酒祭,都可以看作岁祭的先导。但也有辞例如:

(194)辛丑卜,大贞:中子岁,其延酌。(《合集》23545,二期)

(195)⋯⋯岁延酌,叀㚜牛。王受又。(《合集》30727,三期)

(196)父甲岁,叀翌日辛酌。(《合集》27440,三期)

这些卜辞中的酒祭在岁祭之后进行,应是与岁祭并列的两种祭祀。因此,更确切地说,在与岁祭相伴的场合,酒祭往往是岁祭的先导,也有与岁祭先后进行的,是相继举行的两个祭祀过程。

7. 三、四期共见的𧆨祭

𧆨祭在三期康丁时期、四期的两类卜辞中都有与岁祭相伴的,辞例如:

(197)己丑卜,兄庚𧆨岁牢。(《屯南》1011)(三期)

(198)丙午卜,父丁𧆨夕岁一牢。(《合集》32448)(四期)

(199)丙戌贞:延衆𧆨岁弘二牢。(《合集》34381)(四期)

𧆨祭与岁祭相伴的场合,三期岁祭廪辛、康丁之兄兄庚,四期"干支卜"类岁祭武乙之父康丁。四期"干支贞"类又有奉祭、弘祭相伴,三者互有不

---

①朱凤瀚:《论酒祭》,《古文字研究》第24辑,北京:中华书局,2002年,第92页。

同,而用牢岁祭是其共同特征。不过三期也有用羊的,如:

(200)己卯卜,兄庚🔲岁,叀羊。(《合集》27620)

综上所述,除枫祭与岁祭相伴的场合在一、二期延续外,其他有相同伴祭的岁祭场合在不同期岁祭的对象类型、岁祭用品、相伴的其他祭祀互有不同。换言之,虽然各期祭主选择了同样的岁祭场合,但彼此有不同的制度。

结　语

　　本书对收集到的 1363 例岁祭卜辞从文例、岁祭对象、岁祭用品规格以及岁祭的时间、地点、伴祭等方面作了分期、分类研究。研究发现,岁祭是商王及王室贵族对祖先神之先公、先王、先妣、高祖、父、母、帚、兄、子及外族神、自然神的一种常祀。岁祭有较严谨的制度,体现在以下几个方面。

一、记录岁祭的卜辞文例有明显的规定性

　　不同的前辞类型单独或主要使用于某一期、类,同时使用于多期的"干支卜+某贞"类与"干支卜"类在不同期有不同的命辞特征,包括辞首用语、伴祭的有无、虚词"于"、"其"的有无、语序等。不同期、同期不同类的卜辞因这些特征而互相区别,并与特定的岁祭制度相表里,成为标记相应岁祭制度的形式特征。陈梦家认为:"字体文例如一切制度是逐渐向前演化的,不能机械的武断的用朝代来分割。"① 在更长的时期内观察是这样的,就岁祭卜辞的文例而言却是与不同时期的岁祭制度紧密相连的,是对语言中已有文例的一种选择,人为的规定性很明显。

二、岁祭对象及其受祭规格有明显的规定性

　　1.同一时期的岁祭见于多个不同的小类,每一小类都有特定的岁祭对象。如一期岁祭先公、祖乙以上的直系先王只在宾组、𠂤组中进行,而午组与花东组不祭。二期的高祖季、先公上甲只在祖甲时期岁祭,而示壬、示癸只在祖庚时期岁祭。三期廪辛时期除上甲、大乙、武丁三位外不见对其他先公、先王的岁祭,而对外族神、自然神的岁祭只见于康丁时期。廪辛时期只祭祖庚,不祭祖甲,而康丁时期只祭祖甲,不祭祖庚。四期没有对母、兄、子的岁祭。

　　2.同一小类中不同岁祭对象之间的受祭规格存在等级区别,而同一受

---

① 陈梦家:《殷虚卜辞综述》,北京:中华书局,1988 年,第 155 页。

祭对象在不同类、不同期的岁祭中享受的祭祀规格也有明显的不同,体现出不同祭主设计各种岁祭类型时的特定意志。如每一期都有各自岁祭尊崇的祖先,一期是先公上甲与大乙,二期是祖乙,三期是大乙,四期是大乙、祖乙与父丁,彼此不同。再如祖丁在一期宾组岁祭频率是最高的,二期岁祭规格与祖庚、祖甲之父武丁同,但在三期甚至低于旁系先王阳甲,在四期"干支贞"类没有岁祭祖丁的。

三、岁祭以与祭主关系密切的对象为主

1. 以先王为岁祭的主体。其中大乙、祖乙的岁祭尤受重视,而中兴之主祖乙是最主要的岁祭对象;同时受重视的还有时王的直系父辈、祖辈。自然神始终不是主要的岁祭对象,对天象🜂的岁祭规格甚至高于同类中的人祖,体现出岁祭制度"重效应而轻做作"的特点。

2. 重祭外姓大臣伊尹。伊尹的岁祭见于三、四期,在三期康丁时期有伴祭类岁祭中,伊尹是唯一与大乙一样享用一伐作祭牲的,在时王的眼中,其地位与商的开国君主相匹敌。在四期"干支卜"类无伴祭小类的岁祭中,伊尹与祖乙一样同享三牢作祭牲,这是同类中最高规格的岁祭,即其地位与中兴之主祖乙相当。

3. 岁祭中有一些异常的重祭现象。在一般的岁祭中,直系先王的岁祭规格较旁系先王高,但有些旁系先王的规格可以高于直系先王,如四期岁祭南庚的规格高于同类中的小乙;再如,中丁与大戊因篡夺王位,在一般的祭祀中不受重视,但在四期岁祭中受祭规格也高于同类中的小乙。这些异常之处应有特殊的原因,体现出岁祭制度不拘泥于常规的特点。

四、岁祭占卜的时间以及岁祭卜辞后附记的月名均有规定性

1. 规律性岁祭的占卜天干日与受祭对象日干名或相同或提前一天,除少数重点或特殊受祭对象外,出现在两种规律性岁祭中的受祭对象呈互补分布。

2. 附记月名的岁祭卜辞主要见于二期之前,常常记录重要的岁祭。二期祖甲时期除父丁外,其他岁祭对象互补地分布在"翌日"祭、王宾、其他这三类附记月名的卜辞中。

五、岁祭选择何种伴祭,同一伴祭场合如何安排有明显的规定性

各期岁祭的伴祭互有不同。多期共见的同一伴祭场合,不同期有不同的岁祭对象类型、岁祭用品等。

六、岁祭制度随着时间的推移逐步走向成熟

一期的岁祭制度发展不平衡,宾组卜辞很少有单个受祭对象的岁祭用品记录。自组卜辞虽分四类,但每类卜辞都极少。午组和花东组属武丁晚期,每位受祭对象的岁祭规格才逐渐明晰起来。岁祭制度在一期的各组卜辞中是由简向繁发展起来的。二期以后岁祭制度日臻完善。二期卜辞在"干支卜+某贞"类内部又分出三个小类,三期的康丁卜辞、四期的"干支贞"、"干支卜"两类也各自分出有伴祭与无伴祭两个小类,每一小类所呈现的岁祭制度各不相同。

岁祭制度在逐渐走向细致与完善的同时又表现出趋于简化的一面。如四期卜辞单独祭祀的对象变少了,合祭的则明显增多。到了五期大部分岁祭卜辞既无祭品信息,也无祖妣信息,完全是一种极其简约的例行祭祀。

又,就各类受祭对象而言,在一至四期的发展过程中,先公、先妣受重祭的位置逐渐让位于先王,对大乙以后的男性祖先的重视程度渐次提升。表现在:一期受祭对象中占比最高的是先妣,其次是直系先王、旁系先王。二期直系先王与先妣的占比相同,其次是旁系先王。三期占比最高的是直系先王,其次是先妣,然后是旁系先王。四期占比最高的是直系先王,其次是旁系先王,然后才是先妣。先妣由一期的占比最高到二期与直系先王相同,三期低于直系先王,再到四期低于旁系先王,依次降低。与此相应,一期以后岁祭先妣的规格也逐渐下降,二、三期还分别有高规格岁祭祖乙之配、小乙之配的特例,到了四期对先妣的祭祀规格已普遍不高,而旁系先王的岁祭规格却逐渐提高,已超过先公、先妣而仅次于直系先王了。

再,从岁祭卜辞的角度看,四期卜辞与一、二期卜辞有明显的区别。无论从卜辞文例还是卜辞内容,包括受祭对象、岁祭规格、岁祭时间、岁祭地点、岁祭之伴祭等,都找不到把四期历组卜辞提前到一期或二期的证据。

附录 论商代纪年用"岁"的甲骨文证据[①]
——与周祭纪年用"祀"比较

摘 要:探讨汉语纪年用"岁"的来源是追寻中华民族古代文明史的一部分。时代最早的甲骨卜辞中蕴藏着远古时期关于"岁"的文化信息,陈梦家在20世纪50年代考察岁祭祖妣的卜辞时就发现,岁祭近于周祭而较早。今天,对周祭卜辞的研究已相当深入。把岁祭卜辞与周祭卜辞的各种特征作全面深入的比较后证明,陈氏的结论依然成立。比较周祭与岁祭可见,两种祭祀的共同特征是以年为单位循环往复地进行。周祭因这个特征在汉语系统中留下了"祀"这个词纪年;岁祭同样也因这个特征在汉语系统中留下了"岁"这个词纪年。"岁"与"祀"两个词互补地存在于甲骨卜辞中,早期的"岁"被后出的"祀"取代。随着商王朝的灭亡,周祭制度也成为历史。在西周青铜器铭文中,"祀"又逐渐让位于"年"而消逝,但后代的汉语系统重新选择了"岁",并与"年"共同用于纪年。

关键词:纪年之岁 岁祭 周祭 卜辞

一、关于纪年用"岁"来源的两种观点

(一) 禾之收割说

最早依据甲骨文材料探索"岁"字起源的是台湾学者劳榦,他在《古文字试释》一文中称:"年字指禾之成熟,岁字指禾之收割,二者固同时之事也。"[②]意即"岁"和"年"一样,都与禾之成熟、收割有关。禾之成熟、收割为一年一度之事,"岁"因此引申出纪年义。劳榦此说基于"中央研究院"历史语言研究所在安阳发掘到的石镰刀,这种石镰刀的形状如◠,把它装上柄以后成♯,与岁字甲骨文"♯"的外形相近。劳榦认为,甲骨文"岁"字上的两点正与石镰刀上的两孔相对应。

[①]该文在常玉芝先生的指导下完成,谨致谢忱! 收入本书时,略有改动。
[②]劳榦:《古文字试释》,《"中央研究院"历史语言研究所集刊》第40本(上册),1968年。转引自宋镇豪、段志洪主编《甲骨文献集成》第12册,成都:四川大学出版社,2001年,第453页。

对劳氏之说,于省吾在验证出土的商器斧钺后提出异议:"其近于纳柲处有二孔,所以缚绳,去斧刃较远。且既已纳柲,无以见孔。"于省吾先生进一步解释:"钺字上下二点,即表示斧刃上下尾端回曲中之透空处。"①其实,劳榦在撰写上文时业已看到于省吾先生的这一观点,但他认为:"于氏之说,诚然有据,但此项铜斧,仅有一枚,且为周初器而非商器,究竟属于不十分洽当之孤证,不能解释甲骨文中非常普遍之岁字也。"②

这个推论显然难以令人置信。一者,即使于省吾先生据以论证的铜斧如劳榦所言属周初的器物,也不能说明铜斧作为一种工具就产生于此时。再者,当时考古发现的商代器物中仅有一把铜斧,但不等于以后不会再发现这类铜斧。例如,由北京大学历史考古教研室编著的《商周考古》一书中就称:"(商伐)用于斩杀的有斧钺……适于砍伐。安阳殷墟、山东益都和湖北盘龙城等地都出过大钺。"③湖北盘龙城属商代前期遗址,安阳殷墟与山东益都属商代后期遗址。可见,商代有铜斧并非孤证。劳说也脱离了甲骨文语言的实际。文字所记录的词义是否存在,应以当时的语言材料来检验。卜辞中无"岁禾"之类的记录,"岁"指禾之收割的意义也无法得到直接印证。换言之,纪年之"岁"源于禾之收割之说目前还难以得到确认。"岁"字像铜斧之形的说法最早是由唐兰提出的,他认为:"岁当读为刿,割也,谓割牲以祭也。"④意即"岁"之本义指斧钺,作名词用。引申为动词义指割,与后代的"刿"相当。在卜辞中用来指割牲以祭,作祭祀动词用。卜辞中有大量的岁牲、岁羌等记录,很好地证明了这一观点。因此,"岁"指斧钺成为今天大多数学者的共识。⑤

(二)岁星说

郭沫若在"岁"指斧钺观点的基础上引申出纪年用"岁"源于岁星之说。他认为,"《周官·小宗伯》郑注……苍帝即木星,名之曰'灵威仰'正

①于省吾:《甲骨文字释林》,北京:商务印书馆,2010年,第68页。
②劳榦:《古文字试释》,《"中央研究院"历史语言研究所集刊》第40本(上册),1968年。转引自宋镇豪、段志洪主编《甲骨文献集成》第12册,成都:四川大学出版社,2001年,第453页。
③北京大学历史系考古教研室商周组编著:《商周考古》,北京:文物出版社,1979年,第80页。
④唐兰:《天壤阁甲骨文存并考释》,北京:辅仁大学出版社,1939年,第31页。转引自宋镇豪、段志洪主编《甲骨文献集成》第2册,成都:四川大学出版社,2001年,第480页。
⑤如吴其昌也拿"岁"字形与殷墟发掘遗物、传世古戉字及金文戉字相比,进一步申论:"岁者,殷代祭名之一也,其原始之本义乃斧钺之象形也。"

言其威灵之赫赫可畏……岁星之运行约十有二岁而周天,古人即于黄道附近设十二标准点以观察之,由子至亥之十二辰是也。岁从一辰而成岁,故岁星之岁孳乳为年岁之岁。"①意即岁的本义是指斧钺,由斧钺义喻指如斧钺般威风凛凛的岁星,又因岁星运行一辰正好一年的特点而引申出年岁义。劳榦对郭沫若的观点提出异议,认为:"苍帝灵威仰在汉时为纬书五方帝之一,但五方帝非即五星,与岁星无干。"②常玉芝也认为:"殷历是以太阴纪月、太阳纪年的阴阳合历。它还不是由推步方法得出的制定历,而是随时依据天象调整的星象历。殷商时期还处在观象授时的历史阶段。因此,殷历还不是精确的历法。"③杜小钰在《上古称年用词考辨》一文中称:"'大岁'出现的已相当晚,而年岁之称的'岁'则早在武丁时期的卜辞中屡见。岁称年因岁星故的说法尚不足证。"④则明确否定了郭沫若的观点。因此,纪年用"岁"源于岁星之说难以成立。可见,迄今为止,"岁"缘何纪年仍未有令人满意的解释。

在商末甲骨文和一些青铜器铭文中,有"隹王几祀"或"王几祀"的记载,董作宾先生最早结合商代的礼制即周祭制度,论述商人称年为"祀"的原因是,商末周祭的一个周期相当于一个太阳年的缘故。1987年出版的常玉芝《商代周祭制度》一书说:"商代末期以五种祀典对先王先妣轮番祭祀一周需要三十六旬或三十七旬的时间,与一个太阳年的日数相近,因此是可以借'祀'以名'年'的。"⑤意即纪年之"祀"源于周祭,因周祭之祀所需时间是一年而引申纪年。商代还有以"岁"纪年的,早在20世纪50年代,陈梦家基于对岁祭祖妣卜辞的研究曾作出推断:"祖甲时代尚行一种岁祭,此种岁祭在武丁时代即已存在……岁祭亦有合于周祭祀谱的排列的。"⑥遗憾的是,"与周祭卜辞形式相近的岁祭至今尚很少有学者作深入

①郭沫若:《甲骨文字研究·释岁》,《郭沫若全集·考古编》第一卷,北京:科学出版社,1982年,第146—147页。
②劳榦:《古文字试释》,《"中央研究院"历史语言研究所集刊》第40本(上册),1968年。转引自宋镇豪、段志洪主编《甲骨文献集成》第12册,成都:四川大学出版社,2001年,第452页。
③常玉芝:《殷商历法研究》,长春:吉林文史出版社,1998年,第426页。
④杜小钰:《上古称年用词考辨》,《中华文化论坛》,2011年第5期。作者在文中并没有为此给出新的论证,只是在综述前人研究的基础上做了一种选择,以此说明纪年之岁的语源依旧缺乏说服力。
⑤常玉芝:《商代周祭制度》,北京:线装书局,2009年,第190页。
⑥陈梦家:《殷虚卜辞综述》,北京:中华书局,1988年,第381—382页。

研究"。① 岁祭诚与周祭相近,以"岁"纪年是否也源于岁祭呢? 有鉴于此,本文拟以岁祭卜辞与周祭卜辞作一全面比较,进一步研究岁祭的性质,以继续探讨纪年用"岁"的来源。

二、岁祭与周祭辞例对比

周祭是"对自上甲以来的先公、先王和自示壬之配妣庚以来的先妣轮番和周而复始地进行的一种祭祀"。② 常玉芝指出:"要明了周祭,需要弄清以下几个主要问题:一是周祭卜辞的类型和特征,以此弄清周祭的卜问次序和祭祀的程式;二是先王先妣的祭祀次序和受祭数目。"③据常玉芝先生总结,商代祖甲时的周祭类型有合祭卜辞、卜旬卜辞、"翌日"祭祀的卜辞、王宾卜辞四类。检查岁祭卜辞的类型,有合祭卜辞、"翌日"祭祀的卜辞和王宾卜辞三类。与祖甲周祭卜辞类型相比,仅少了附记甲名祖先祭祀的卜旬卜辞。

(一)合祭卜辞

"合祭卜辞是在某一种祀典开始举行之时,于祭上甲(周祭先王始自上甲)的前一日癸日卜问以该种祀典祭祀自上甲始的诸位祖先是否顺利。"④

黄组周祭合祭卜辞:

　　(1)癸未王卜,贞:酒彡日自上甲至于多毓,衣。亡壱。自戌。在四月,隹王二祀。(《合集》37836)

周祭有五种祀典,"彡"是其中之一,另外还有"翌、祭、壹、劦"四种。"多毓"指上甲以后的诸位祖先,"衣"为祭名,"王国维谓衣祀疑即殷祀,为合祭之名,可从"。⑤ 殷祭是一种把众多先王集合在一起的共同祭祀,所以把这类卜辞称作合祭卜辞。祭祀的对象在合祭卜辞中有集中的呈现。例(1)是在卜问:于商王二年四月,在戌地用彡祭的方法合祭自上甲及其后的各位祖先,祭祀会不会顺利? 祭祀对象包括自上甲以后的各位祖先。

①朱凤瀚:《近百年来的殷墟甲骨文研究》,《历史研究》,1997年第1期。
②常玉芝:《商代宗教祭祀》,北京:中国社会科学出版社,2010年,第427页。
③常玉芝:《商代宗教祭祀》,北京:中国社会科学出版社,2010年,第429页。
④常玉芝:《商代周祭制度》(增订本),北京:线装书局,2009年,第10页。
⑤徐中舒:《甲骨文字典》,成都:四川辞书出版社,1989年,第933页。

出组周祭合祭卜辞:

(2)癸酉卜,洋贞:翌甲戌乞酚魯自上甲,衣,[至]于多毓。[亡
壱]。七月。(《合集》22650)

(3)庚戌卜,王贞:翌辛亥乞酚彡劦自上甲,衣,至于多毓。亡壱。
在十一月。(《合集》22646)

(4)辛亥卜,涿贞:王宾翌劦自上甲,衣,至于毓。亡尤。(《合集》
22621)

把以上卜辞与例(1)的黄组周祭合祭卜辞比较,相同的是合祭范围。
不同点有:一是黄组的"衣"在"多毓"之后,"这种卜辞往往都附记年、
月"。[1] 出组的"衣"在"上甲"之后,辞后有附记月的,如例(2)、(3),但都不附
记年。二是出组周祭合祭卜辞不一定都是在癸日,还有在庚日、辛日的,如例
(3)(4)。

岁祭合祭卜辞:

(5)□□卜,宾[贞:]□甲申……[业]𢆶
岁[自上甲]至于多毓……酚,十三月。(《合
集》14856)(图附-1)

(6)□寅卜,大[贞:]□岁自上甲……卯
三宰。(《合集》22639)

例(5)是一期的宾组卜辞。"业为武丁时卜辞

图附-1　合祭卜辞
(《合集》14856)

中最常见之祭名……推之或当为侑之借字。"[2]"𢆶"也指祭名。[3] 侑祭、𢆶
祭常与岁祭相伴,且多见于合祭的场合,类似的辞例还有如:

(7)[癸]亥贞:翌乙丑其又𢆶岁于大乙至于大甲。(《屯南》2420)

(8)……又𢆶岁在小宗自上甲,一月。(《合集》34046)

(9)己丑卜,在小宗又𢆶岁自大乙。(《合集》34047)

---

①常玉芝:《商代周祭制度》(增订本),北京:线装书局,2009 年,第 20 页。

②胡厚宣:《厦门大学所藏甲骨文字释文》,《甲骨学商史论丛初集》(下),台北:台湾大通书局,
1972 年,第 703 页。转引自宋镇豪、段志洪主编《甲骨文献集成》第 21 册,成都:四川大学出版
社,2001 年,第 371 页。

③中国社会科学院考古研究所编:《小屯南地甲骨》(下册·第一分册),北京:中华书局,1983 年,
第 835 页。

（10）己未贞：叀元示又𠂤岁。（《合集》34088）

"又"，用作侑，祭名。① 武丁卜辞多作"屮"，后期多作"又"。把例（5）与周祭合祭卜辞比较可见，①合祭范围相同；②辞后有附记月的，但没有附记年的。这一点与出组周祭合祭卜辞同，而与黄组周祭合祭卜辞有别。

例（6）是一条出组卜辞，卜人"大"当属于祖庚晚期与祖甲早期。② 辞残过甚，前辞的干支日只有地支"寅"，应是在甲寅日，至少不在癸日，因为与"癸"配对的地支无"寅"。岁祭不在癸日也与出组的周祭合祭卜辞同，而与黄组的周祭合祭卜辞有别。

（二）"翌日"祭卜辞

这一类卜辞都含"翌"字，所以称为"'翌日'祭卜辞"，以别于周祭中五祭之一的"翌"祭卜辞，"翌日"祭卜辞是卜问第二日的祭祀是否顺利的。周祭"翌日"祭卜辞仅见于出组卜辞，只适用于先王，没有祭先妣的，辞例如：

（11）丙子卜，□贞：翌丁丑翌于大丁。亡壱。在三月。

　　　［癸］未卜，行［贞：］翌甲申翌于大甲。亡壱。在□［月］。（《合集》22764）

（12）甲辰［卜，］大贞：翌乙巳祭于小乙。亡壱。在九月。（《合集》23128）

以上卜辞的特点是，辞末附记月，形式为"在某月"。祭日的天干日与王名一致。

岁祭"翌日"祭卜辞如：

（13）庚午［卜］，旅贞：翌辛未祖辛岁𠬝……（《合集》22994）

（14）甲戌卜，旅贞：翌乙亥毓祖乙岁□牛，七月。（《合集》23146）

（15）癸丑卜，行贞：翌甲寅毓祖乙岁二宰。（《合集》23148）

（16）癸酉卜，行贞：翌甲戌卜丙母妣甲岁，宙牛。（《合集》22775）

（17）己亥卜，喜贞：翌庚子妣庚岁，其弘宰。（《合集》23368）

这些都是出组卜辞。例（13）命辞有残，例（14）的辞尾附记月，形式为

①徐中舒：《甲骨文字典》，成都：四川辞书出版社，1989年，第280页。
②陈梦家：《殷虚卜辞综述》，北京：中华书局，1988年，第192页。

"某月"。例(13)、(14)祭日的天干日与王名一致,与出组周祭"翌日"祭卜辞同,但也有不同的,如例(15),于甲寅日岁祭毓祖乙,祭日的天干日与王名不一致,辞尾无附记的月名。例(16)、(17)岁祭先妣,祭日的天干日与妣名都一致,辞尾都未附记月名;不同的是,例(16)的先妣名前加所配之先王名,例(17)无。

(三) 王宾卜辞

周祭王宾卜辞适用于先王、先妣,如:

黄组周祭先王的:

(18)戊辰卜,贞:王宾大戊祭。亡尤。(《合集》35599)

出组周祭先王的:

(19)丁卯卜,尹贞:王宾大丁酓。亡尤。在九月。(《合集》22763)

黄组周祭先妣的:

(20)庚申卜,贞:王宾示壬奭妣庚壹。亡尤。
　　　甲子卜,贞:王宾示癸奭妣甲壹。亡尤。(《合集》36184)

出组周祭先妣的:

(21)壬寅卜,行贞:王宾大庚奭妣壬酓。亡尤。(《合集》23314)

以上王宾卜辞表现出的特点有以下三点。①"周祭先王时,祭日的天干日必与王名一致;周祭先妣时,祭日的天干日必与妣名一致。"①②"周祭先妣的卜辞妣名前都要冠上所配之王名。"②③出组周祭先王卜辞的辞尾附记月名。

岁祭王宾卜辞主要见于出组,也适用于先王、先妣,如:

(22)丁亥卜,洋贞:王宾祖丁岁。亡尤。十月。(《合集》23033)

(23)乙亥卜,行贞:王宾小乙岁窜。亡尤。在二月。(《合集》23115)

(24)乙亥卜,旅贞:王宾阳甲岁。亡尤。(《合集》23089)

---

①常玉芝:《商代周祭制度》(增订本),北京:线装书局,2009 年,第 20 页。
②常玉芝:《商代周祭制度》(增订本),北京:线装书局,2009 年,第 20 页。

（25）□□卜,行贞:王宾大戊岁二牛。亡尤。在二月。(《合集》24305）

（26）[戊]□卜,尹[贞:王]宾大丁奭[妣戊]岁宰。亡尤。三月。(《合集》23309）

（27）庚[午]卜,旅贞:王宾妣庚岁。亡尤。在九月。(《合集》23352）

（28）乙未卜,行贞:王宾妣庚岁宰。亡尤。(《合集》23354）

与周祭王宾卜辞比较可见,①岁祭先王时,祭日的天干日有与王名一致的,如例(22)、(23)。也有不一致的,如例(24)。一致的辞末附记月名,形式为"某月",如例(22);或"在某月",如例(23)、(25)。不一致的辞末不附记月名,如例(24)。但不论一致或不一致,命辞中有祭牲信息时,则都附记月,而且形式都是"在某月",如例(23)、(25)。②岁祭先妣时,祭日的天干日有与妣名一致的,如例(26)、(27),也有不一致的,如例(28)。一致的辞末都附记月名,不一致的不附记月名。妣名前有加所配之先王名的,如例(26),也有不加的,如例(27)、(28)。加所配先王名时,辞末附记月名的形式是"某月",不加所配之先王名时,辞末附记月名形式是"在某月"。可见,辞末附记月名及其形式是区别不同王宾岁祭卜辞的重要手段,而岁祭先王卜辞附记月名本身则与出组周祭卜辞同。

出组周祭王宾卜辞还有如下的类型,如:

（29）[丁]巳卜,旅贞:王宾中丁㞷。不雨。(《合集》22866）

该辞卜问:王在㞷祭仲丁时以傧接仪式助成,会不会下雨?"辞后不是问'亡尤','亡祸'或'亡害',而是问会不会下雨,像这样不严谨的文例在黄组中是没有的。"①换言之,这类卜辞是周祭王宾卜辞中早期的特征。岁祭王宾卜辞中也有这样的辞例,如:

（30）□酉卜,逐贞:王宾岁。不菁大雨。(《合集》24879）

（31）辛卯卜,即贞:王宾岁。不雨。(《合集》25148）

与出组周祭卜辞同。

综上可见,岁祭卜辞每种类型的特征都有与同型的出组周祭卜辞相同

---

①常玉芝:《商代周祭制度》(增订本),北京:线装书局,2009 年,第23 页。

的一面,表现在:①岁祭合祭卜辞中,卜辞后有附记月,但没有附记年;卜辞中"衣"的位置在"自上甲"后;前辞的干支不在癸日等。②岁祭王宾卜辞中,祭日的天干日有与王名、妣名一致的,有早期不严谨的文例,岁祭先王卜辞后附记月名,岁祭先妣名前加所配之先王名。③岁祭"翌日"祭卜辞中,祭日的天干日与王名一致。岁祭卜辞与出组周祭卜辞同,与黄组周祭卜辞不同,印证了陈梦家先生岁祭出现很早的说法。

不同的卜辞类型与祭祀的不同程序相对应,"当某种祀典即将开始举行之前,于癸日卜问以此种祀典祭上甲及以后诸王是否顺利,其记录就是第一种类型的卜辞,即合祭卜辞……而当举行某王的祭祀时,还要在正式举行的前一日,即在先王日干名的前一日,卜问第二日的祭祀是否顺利,其记录就是第三种类型的卜辞,即卜问翌日(次日)祭祀的卜辞。最后于祭祀的当天进行卜问,其记录就是第四种类型的卜辞,即王宾卜辞"。① 岁祭也有以上祭祀程序。

三、受祭次序:同以先王即位的先后为序

常玉芝考察周祭卜辞后排出了周祭的祀序,得出结论:"先王的祭祀次序是以其即位世次为准进行安排的。"②下面分析岁祭的祭祀次序,并与周祭祀序作比较。

(32)乙酉卜,行贞:王宾岁自祖乙至于父丁。亡尤。

己丑卜,行贞:王宾兄己岁叔。亡尤。(《合补》7028)

这是一版出组卜辞,其中的父丁指武丁。于乙酉日岁祭自祖乙至父丁的祖先,于其后的第四天己丑日岁祭兄己(即祖己)。第一条卜辞是合祭卜辞,合祭的最后一位是武丁。在"先王先妣祭祀次序表"(以下简称"次序表")中,武丁与祖己在同一句的丁日与己日相继被祭祀。③ 比较可见,例(32)所记的岁祭次序与周祭一致。岁祭中也有祭祀次序是近于周祭而不严格的,如:

(33)丁卯卜,行贞:王宾祖丁岁眔父丁岁二宰。亡尤。在二月。

---

①常玉芝:《商代周祭制度》(增订本),北京:线装书局,2009 年,第 25 页。
②常玉芝:《商代周祭制度》(增订本),北京:线装书局,2009 年,第 70 页。
③常玉芝:《商代宗教祭祀》,北京:中国社会科学出版社,2010 年,第 436 页。

（《合集》24305）

这是一条二期卜辞。丁卯日合祭祖丁与武丁。在"次序表"中，武丁在祖丁的后两旬被祭祀。[①] 比较可知，例（33）把不同旬祭祀的祖丁与武丁放在同一天祭祀。

此外，岁祭卜辞还记载了由近及远的祭祀，如：

> （34）辛亥卜，[尹]贞：王宾[祖]辛岁[叔。亡尤。]
>
> 　　乙卯卜，尹贞：王宾祖乙𠦪岁。亡尤。（《合集》22903）

这是一版二期卜辞，于辛亥日岁祭祖辛、乙卯日岁祭祖乙，乙卯日在辛亥日的下一旬。在"次序表"中，祖乙与祖辛在同一旬中相继被祭祀，祖乙在前，祖辛在后。[②] 比较可见，例（34）的祖辛与祖乙在前后两旬相继被祭，而且是由近及远地进行的。

还有一版卜辞：

> （35）庚戌[卜]，辛亥又岁祖辛二十牢又五，易日。兹用。允易日。
>
> 　　　甲寅又岁戋甲三牢，羌甲十牢又七，易日。兹用。
>
> 　　丙辰卜，丁巳又岁中丁二十牢又五，易日。兹用。允易日。
>
> 　　己未卜，庚申又岁南[庚]十牢又三，易日。兹[用]。（《合补》10659）

第一条卜辞于辛亥日岁祭祖辛；第二条卜辞于下一旬的甲寅日岁祭戋甲与羌甲；第三条卜辞于甲寅日三天后的丁巳日岁祭中丁；第四条卜辞于丁巳日三天后的庚申日岁祭南庚。在"次序表"中，祖辛与戋甲同旬被祭，又在祭羌甲的前一旬；中丁在祖辛的前一旬被祭祀，南庚在祖辛的下一旬被祭祀。[③] 比较可见，例（35）中既有先祖辛后戋甲、后中丁的由近及远的次序，也有先祖辛后羌甲、后南庚的由远及近的次序；而且在甲寅这天的岁祭，由戋甲看是由近及远，由羌甲看是由远及近，两种不同的方向杂糅于同版卜辞之中。《合补》10659 是一版由《合集》32501（拓本）与《宁》1·9（摹本）缀合的卜骨，如果这个缀合成立，那么它反映了岁祭次序还有极其杂乱

---

①常玉芝：《商代宗教祭祀》，北京：中国社会科学出版社，2010 年，第 436 页。

②常玉芝：《商代宗教祭祀》，北京：中国社会科学出版社，2010 年，第 436 页。

③常玉芝：《商代宗教祭祀》，北京：中国社会科学出版社，2010 年，第 436 页。

无章的一面;但这种辞例仅此一见。观此缀合版,可见摹本与拓本上的字体不类,而且互残之字也对接不上,故该缀合版不能成立。

连劭名《商代岁祭考》:"'祖乙岁',指祖乙岁祭之日。'祖乙巳',当读为'祖乙乙巳',应是祖乙的法定祭日。"①据此,连劭名先生认为商代祭典中可能有岁祭的祀谱;但是根据上面例(34)岁祭次序的分析看,即使当时已有祀谱,其约束力也较小。大量的岁祭卜辞表现出先后次序与周祭相同,但相隔旬数不同,甚至把不同旬的先王放在同一旬祭祀,而且既有由远及近的次序,也偶有由近及远的次序。

把岁祭先王的先后次序与周祭比较,虽然绝对次序还有不同,但大致不违,都是按即位先后进行祭祀的。岁祭的次序规则还没有严格至旬有定制的程度,可能正是岁祭中没有卜旬卜辞的原因,这反映出岁祭较周祭早的信息。

四、纪年用岁源于岁祭

周祭的五种祀典一个接一个,排满了一年中的每个月。"岁祭是一年中的常祀。"②也覆盖了一年十二个月(或闰年十三个月)中的每个月。前文所举的例(8)、(23)、(11)、(14)、(19)、(22)、(5)岁祭卜辞中分别记有一月、二月、三月、七月、九月、十月与十三月,记有一年中其他月份的岁祭卜辞如:

(36)戊戌卜,□贞:父戊岁,宙小宰,在四[月]。(《合集》23299)

(37)丙申卜,行贞:父丁岁夕牛,在五月。(《合集》23217)

(38)贞:翌乙亥屮彳岁于唐三十羌,卯三十牛,六月。(《合集》313)

(39)丙午卜,贞:羍尊岁羌十,卯□宰,于章。用。八月。(《合集》340)

(40)甲申卜,[即]贞:妣岁,王其叔,十一月。(《合集》25162)

(41)庚辰卜,贞:衣彳岁乍醿,自祖乙至于丁,十二月。(《合集》377)

总之,岁祭与周祭有共同的祭祀对象、相同的祭祀程序与祭祀次序,又都以年为时间特征。周祭因完成五种祭祀,即祭祀一周的时间正好为一个

---

①连劭名:《商代岁祭考》,《考古学报》,2007 年第 2 期。
②连劭名:《商代岁祭考》,《考古学报》,2007 年第 2 期。

太阳年而引申出"年"的义项,岁祭也可以因为是一种贯穿一整年并年复
一年地举行的常祀而引申出"年"的义项。不同之处在于,岁祭直接取祭
名"岁"记录其引申出的纪年义,而周祭由五种祀典组成,因此以商王举行
周祭的动词"祀"记录其引申出的纪年义。常玉芝在《殷商历法研究》一书
中认为,"商人称年为'岁'主要盛行于早期卜辞的时代,到晚期的黄组卜
辞时代虽然仍有称'岁'的,但绝大多数已用'祀'称年了"。① 但随着商王
朝的灭亡,周祭制度也被废弃。在西周铜器铭文中,早期多数用"祀"纪年,
到中晚期虽然仍有少量用"祀"纪年的,但多数已用"年"纪年,"祀"逐渐被
"年"取代。后代的语言系统中选择了"年"与"岁"纪年,形成了"年"、"岁"
并用的局面。总之,以"岁"纪年与"祀"纪年的来源类似,应源于岁祭。

　　徐中舒主编的《甲骨文字典》在"岁"字条下列两个义项:一指历法名
词,收获一季为一年;二指祭名。② 如果本文的结论成立,岁祭以年为单
位,因此而引申出纪年义,那么,《甲骨文字典》所列的第一个义项应是第
二个义项的引申义,二者的顺序位置应该互换。由上文也可见,岁星应该
得名于其一岁运行一个星次的特点,而不是相反。中国古文字中的某些象
形字和会意字往往形象地反映了古代社会活动的实际情况,通过表意汉字
(特别是古汉字)的构形可以"进一步了解、发掘某些民族文化、心理、习俗
的深层内涵"。③ 由"岁"的甲骨文字形及其所记录的卜辞可见殷商时期与
"岁"有关的社会活动。当然,现有甲骨文材料仅是商王朝的档案,毕竟不
能反映商代语言的全貌,我们的论证是否可靠还有待更多其他新材料的验
证。另外,卜辞中"年"与"岁"、"祀"同时并用纪年,常玉芝先生认为,"祀"
与"岁"在使用上呈现出不同时期的互补性,那么,"年"与"岁"、"祀"的关系
又如何呢? 西周时期不见用"岁"纪年,那是什么时候又是什么原因开始重
新用"岁"的呢? 也同样需要考证。限于篇幅,只能留待另文讨论。

(原载《甲骨文与殷商史》(新十二辑),

上海:上海古籍出版社,2022 年)

①常玉芝:《殷商历法研究》,长春:吉林文史出版社,1998 年,第 351—352 页。
②徐中舒:《甲骨文字典》,成都:四川辞书出版社,1989 年,第 143—144 页。
③邹晓丽:《从文化学的角度看汉字构形的史料性》,《北京师范大学学报》(人文社会科学版),
　2000 年第 2 期。

主要参考文献

一、材料类

许进雄编:《怀特氏等所藏甲骨文集》,多伦多:加拿大皇家安大略博物馆,
　　1979 年。

中国社会科学院考古研究所编:《小屯南地甲骨》,北京:中华书局,
　　1980 年。

郭沫若主编,胡厚宣总编辑:《甲骨文合集》,北京:中华书局,1978—
　　1982 年。

[日]松丸道雄编:《东京大学东洋文化研究所藏甲骨文字》,东京:东京大
　　学东洋文化研究所,1983 年。

李学勤等编:《英国所藏甲骨集》,北京:中华书局,1985 年。

[日]天理大学天理教道友社编:《天理大学附属天理参考馆藏品:甲骨文
　　字》,天理:天理大学天理教道友社,1987 年。

胡厚宣编:《苏德美日所见甲骨集》,成都:四川辞书出版社,1988 年。

彭邦炯等编:《甲骨文合集补编》,北京:语文出版社,1999 年。

中国社会科学院考古研究所编:《殷墟花园庄东地甲骨》,昆明:云南人民
　　出版社,2003 年。

二、工具书类

姚孝遂主编:《殷墟甲骨刻辞摹释总集》,北京:中华书局,1982 年。

姚孝遂主编:《殷墟甲骨刻辞类纂》,北京:中华书局,1989 年。

徐中舒主编:《甲骨文字典》,成都:四川辞书出版社,1989 年。

胡厚宣主编:《甲骨文合集释文》,北京:中国社会科学出版社,1999 年。

胡厚宣主编:《甲骨文合集材料来源表》,北京:中国社会科学出版社,
　　1999 年。

宋镇豪主编:《甲骨文献集成》,成都:四川大学出版社,2001 年。

曹锦炎、沈建华编著:《甲骨文校释总集》,上海:上海辞书出版社,2006 年。

赵诚:《甲骨文简明词典》,北京:中华书局,2009 年。

刘钊主编:《新甲骨文编》,福州:福建人民出版社,2009 年。

李宗焜:《甲骨文字编》,北京:中华书局,2012 年。

三、著作类

唐兰:《天壤阁甲骨文存并考释》,北京:辅仁大学出版社,1939 年。

[汉]司马迁:《史记》,北京:中华书局,1959 年。

陈梦家:《殷虚卜辞综述》,北京:中华书局,1959 年。

饶宗颐:《殷代贞卜人物通考》,香港:香港大学出版社,1959 年。

郭沫若:《殷契粹编》,《考古学专刊》(甲种第十二号),北京:科学出版社,
　　1965 年。

李孝定:《甲骨文字集释》,台北:台北史语所专刊之五十,1970 年。

[日]岛邦男:《殷墟卜辞综类》(增订版),东京:汲古书院,1971 年。

胡厚宣:《甲骨学商史论丛》(初集),台北:台湾大通书局,1972 年。

[日]岛邦男:《殷墟卜辞研究》,温天河、李寿林译,台北:鼎文书局,
　　1975 年。

于省吾:《甲骨文字释林》,北京:中华书局,1979 年。

北京大学历史系考古教研室商周组编著:《商周考古》,北京:文物出版社,
　　1979 年。

郭沫若:《甲骨文字研究》,《郭沫若全集·考古编》,北京:科学出版社,
　　1982 年。

郭沫若:《卜辞通纂》,《考古学专刊》(甲种第九号),北京:科学出版社,
　　1983 年。

王国维:《观堂集林》,《王国维遗书》,上海:上海古籍书店,1983 年。

[清]郝懿行:《山海经笺疏》,成都:巴蜀书社,1985 年。

姚孝遂、肖丁:《小屯南地甲骨考释》,北京:中华书局,1985 年。

沈培:《殷墟甲骨卜辞语序研究》,台北:文津出版社,1992 年。

高明:《中国古文字学通论》,北京:北京大学出版社,1996 年。

常玉芝:《殷商历法研究》,长春:吉林文史出版社,1998 年。

于省吾:《甲骨文字诂林》,北京:中华书局,1999 年。

刘桓:《甲骨集史》,北京:中华书局,2008 年。

于省吾:《于省吾著作集:双剑誃殷契骈枝　双剑誃殷契骈枝续编　双剑誃殷契骈枝三编》,北京:中华书局,2009 年。

常玉芝:《商代周祭制度》(增订本),北京:线装书局,2009 年。

常玉芝:《商代宗教祭祀》,北京:中国社会科学出版社,2010 年。

宋镇豪:《夏商风俗》,上海:上海文艺出版社,2018 年。

[清]吴乘权:《纲鉴易知录》,北京:团结出版社,2018 年。

罗振玉:《殷虚书契考释》,北京:朝华出版社,2018 年。

常玉芝:《殷墟甲骨断代标准评议》,北京:中国社会科学出版社,2020 年。

四、论文类

胡厚宣:《释丝用丝御》,《中央研究院历史语言研究所集刊》第 8 本第 4 分,1939 年。

胡厚宣:《卜辞杂例》,《中央研究院历史语言研究所集刊》第 8 本第 3 分,1939 年。

严一萍:《释四祖丁》,《大陆杂志》第 18 卷 8 期,1959 年。

金祥恒:《释赤与幽》,《中国文字》第 8 册,1962 年。

金祥恒:《释𤕨》,《中国文字》第 30 册,1968 年。

劳榦:《古文字试释》,《"中央研究院"历史语言研究所集刊》第 40 本(上册),1968 年。

胡厚宣:《卜辞下乙说》,《甲骨学商史论丛》(初集),台北:台湾大通书局,1972 年。

胡厚宣:《殷代封建制度考·诸妇之封》,《甲骨学商史论丛》(初集),台北:台湾大通书局,1972 年。

胡厚宣:《殷代年岁称谓考》,《甲骨学商史论丛》(初集),台北:台湾大通书局,1972 年。

肖楠:《略论"午组卜辞"》,《考古》,1979 年第 6 期。

[日]岛邦男:《禘祀》,赵诚译,张政烺、陈应年校,《古文字研究》第 1 辑,北京:中华书局,1979 年。

张政烺:《释"它示"——论卜辞中没有蚕神》,《古文字研究》第 1 辑,北京:

中华书局,1979 年。

张亚初:《甲骨文金文零释》,《古文字研究》第 6 辑,北京:中华书局,
　　1981 年。

[日]前川捷三:《关于午组卜辞的考察》,范毓周译,《古文字研究》第 8 辑,
　　北京:中华书局,1983 年。

陈炜湛:《甲骨文同义词研究》,《古文字学论集初编》,香港:香港中文大学
　　中国文化研究所出版,1984 年。

姚孝遂:《牢宰考辨》,《古文字研究》第 9 辑,北京:中华书局,1984 年。

周国正:《卜辞两种祭祀动词的语法特征及有关句子的语法分析》,《古文
　　字学论集初编》,香港:香港中文大学中国文化研究所出版,1984 年。

刘一曼:《重论午组卜辞》,《甲骨文与殷商史》新 2 辑,上海:上海古籍出版
　　社,1986 年。

林沄:《无名组卜辞中父丁称谓研究》,《古文字研究》第 13 辑,北京:中华
　　书局,1986 年。

蔡哲茂:《殷卜辞"伊尹𥭴示"考——兼论它示》,《"中央研究院"历史语言
　　研究所集刊》第 58 本第 4 分,1987 年。

[日]伊藤道治:《论第二期卜辞中所见的𥝢岁之祭祀》,《中原文物》,1990
　　年第 3 期。

曹定云:《论"上甲廿示"及其相关问题——兼论卜辞中的"元示"与"二
　　示"》,《文物》,1990 年第 5 期。

朱凤瀚:《殷墟卜辞所见商王室宗庙制度》,《历史研究》,1990 年第 6 期。

常玉芝:《论商代王位继承制》,《中国史研究》,1992 年第 4 期。

朱凤瀚:《近百年来的殷墟甲骨文研究》,《历史研究》,1997 年第 1 期。

裘锡圭:《论殷墟卜辞"多毓"之"毓"》,《中国商文化国际学术讨论会论文
　　集》,北京:中国大百科全书出版社,1998 年。

宋镇豪:《中国上古酒的酿制与品种》,《农业考古》,1998 年第 3 期。

连劭名:《殷墟卜辞所见商代祭祀中的"尸"和"祝"》,《徐中舒先生百年诞
　　辰纪念文集》,成都:巴蜀书社,1998 年。

刘一曼、曹定云:《殷墟花园庄东地甲骨卜辞选释与初步研究》,《考古学
　　报》,1999 年第 3 期。

朱凤瀚:《论商周女性祭祀》,《中国社会历史评论》第 1 卷,天津:天津古籍

出版社,1999 年。

邹晓丽:《从文化学的角度看汉字构形的史料性》,《北京师范大学学报》(人文社会科学版),2000 年第 2 期。

朱凤瀚:《论酒祭》,《古文字研究》第 24 辑,北京:中华书局,2002 年。

李立新:《甲骨文中所见祭名研究》,中国社会科学院研究生院博士学位论文,2003 年。

刘一曼、曹定云:《殷墟花东 H3 卜辞中的马——兼论商代马匹的使用》,《殷都学刊》,2004 年第 1 期。

李学勤:《论清华所藏的一版历组岁祭卜辞》,《出土文献研究》,2005 年第 7 辑。

魏慈德:《殷墟花园庄东地甲骨卜辞的地名及词语研究》,《中国历史文物》,2005 年第 6 期。

刘一曼:《花园庄东地 H3 祭祀卜辞研究》,《三代考古》(二),北京:科学出版社,2006 年。

刘一曼、曹定云:《再论殷墟花东 H3 卜辞中占卜主体"子"》,《考古学研究》(六),北京:科学出版社,2006 年。

魏慈德:《花东甲骨卜辞的祭祀现象》,《南方文物》,2007 年第 2 期。

连劭名:《商代岁祭考》,《考古学报》,2007 年第 2 期。

刘一曼:《重论午组卜辞》,《甲骨文与殷商史》新 2 辑,上海:上海古籍出版社,2011 年。

齐航福:《殷墟甲骨文中句式使用的组类差异考察——以"岁"字句为例》,《中国语文》,2014 年第 2 期。

方稚松:《甲骨文用牲法词语连用之句子结构及语义关系》,《文史》,2019 年第 4 期。

.

后　记

这本小书终于要画上句号了。

时间过得飞快，从下决心写到现在已经过去了近七个年头。那还是二〇一七年底的一天，我怀着忐忑之心联系上了常玉芝先生。之前曾一次次拜读常先生的《殷商历法研究》，为书中那些力透纸背的推理论证而折服。常先生是周祭研究的集大成者，岁祭与周祭类似，很希望听听先生的意见。

出乎意料，常先生并没有介意我这个素昧平生又只是通过微信联系的"造访者"，提出了很多中肯的建议。那天的北京刮着大风，气温降到零下十六度，但先生还是冒着严寒亲自到邮局给我寄来了她的著作《商代周祭制度》。被先生的平易、可亲所感动，我随即投入了岁祭的研究。

七年来，学术上遇到大大小小的问题都要求教于先生，每次都会得到热情又耐心的指点。有时先生因工作忙回复晚一些居然还要道歉，让我亲身领略到了大家的风范。先生的指导授我以鱼，也授我以渔，先生是我在甲骨学领域真正的业师。

书稿的写作也得到了宋镇豪先生、已故林小安先生的热情鼓励，刘一曼先生在百忙之中亲自为我挑选、提供了封面图片，他们的温暖鼓舞着我，让我无怨无悔地选择继续努力。

书稿写完、结项后，在中华书局白爱虎老师的指导下进行修改。白老师待人很温和，遇到困难总会提供诚恳又高效的帮助。白老师对业务很严格，校对中的每一个细节都有具体、明确的要求，一丝不苟。他会为句子中省略了一个虚词而担心读者看不明白。他反复强调："不要着急，总以保证质量为第一要务。"这本书能最终出版凝聚了白老师和他的团队的大量心血。

从研究立项到现在，一路沟沟坎坎，能走到现在多亏了各位师友的鼎力相助。在此特别感谢毛东红、张树军二位好友，特别感谢中华书局贾雪飞老师、罗华彤老师。

最后,谨以此书献给我的夫君邓宗良先生,没有他多年来的默默支撑,我很难完成这些任务。

二〇二四年记于太原